财税法治研究文库

5

总主编◎张怡

『纳税人观念』之法意研究

廖呈钱◎著

法律出版社 LAW PRESS·CHINA

北京

图书在版编目(CIP)数据

"纳税人观念"之法意研究 / 廖呈钱著. -- 北京 : 法律出版社, 2021(2022.6 重印)
(财税法治研究文库 / 张怡总主编)
ISBN 978 - 7 - 5197 - 5578 - 2

Ⅰ. ①纳… Ⅱ. ①廖… Ⅲ. ①税法 – 研究 – 中国
Ⅳ. ①D922.22

中国版本图书馆 CIP 数据核字(2021)第 078976 号

"纳税人观念"之法意研究
"NASHUIREN GUANNIAN" ZHI FAYI YANJIU

廖呈钱　著

策划编辑　陈　妮
责任编辑　毛镜澄
装帧设计　臧晓飞

出版发行　法律出版社
编辑统筹　法治与经济出版分社
责任校对　晁明慧　王　皓
责任印制　吕亚莉
经　　销　新华书店

开本　710 毫米×1000 毫米　1/16
印张　14　　**字数**　250 千
版本　2021 年 4 月第 1 版
印次　2022 年 6 月第 2 次印刷
印刷　北京虎彩文化传播有限公司

地址:北京市丰台区莲花池西里 7 号(100073)
网址:www.lawpress.com.cn
投稿邮箱:info@lawpress.com.cn
举报盗版邮箱:jbwq@lawpress.com.cn

销售电话:010 - 83938349
客服电话:010 - 83938350
咨询电话:010 - 63939796

书号:ISBN 978 - 7 - 5197 - 5578 - 2　　**定价**:79.00 元

总　序

“深化财税体制改革”一直是我国打破闭关锁国枷锁,实行改革开放持续探索的扛鼎之题。盖因“财政是国家治理的基础和重要支柱”,其基础和重要支柱的结构及资源的配置,乃是决定国家大厦岿然的关键。由此,十八届三中全会强调:“科学的财税体制是优化资源配置、维护市场统一、促进社会公平、实现国家长治久安的制度保障。”何为“科学的财税体制”?这确实是一个值得理论界和实务界共同深思的问题。诚然,“国家治理”相较于“国家管理”,更加突出法治在国家治理中的作用,但财税法治化实现的方略与路径任重道远。

首先,财税法治有待财税法基础理论的夯筑。财税法基础理论源自宪法思想的指导。从我国历史上来看,古往今来的改革总是以“变法”“修律”的方式进行,而“变法”和“修律”的重点亦垂青于财税问题。诸如商鞅变法中的统一租税制度改革,再如王安石变法中的“青苗法”和“方田均税法”,而明代的“一条鞭法”则更甚更显。苏轼曾言:“财政,为国之命而万事之本。国之所以存亡,事之所以成败,常必由之。”

其次,财税法治有赖于财税法的理论承接与社会现实回应。从我国改革开放的多年实践来看,现代化的浪潮推动了我国财税体制从传统的“国家财政论”到“公共财政理论”的历史嬗变，使我国公共事业的建设发展取得了前所未有的进步。尤其是在“利改税”和“分税制”等一系列税收法律制度建设与调整中，我国税法功能由弱到强，由粗陋到渐成体系并日臻完善，基本形成了社会主义初级阶段比较完整的税收法律理论和制度体系。概言之，“优化资源配置、维护市场统一”以确保财税法治的经济功能；“促进社会公平”以强化财税法治公平、正义和公开原则的社会功能；“实现国家长治久安”以彰显财税法治的政治功能；完善环境税、资源税等税种和税法，以实现财税法治的生态功能；拓展财税法治文化，以因应社会文化现代化发展的全新内容。从财税的深度而论，国家从市场主体和公民私人财富中获得财产的行为，虽然有其无可辩驳的法理依据，然而就其现代财税法治理念而言，国家对市场主体和公民财产权利的有限限制，当然涵盖了国家和公民社会生态不可或缺的“社会契约”前提的存在，涉及国家与社会的界限、国家与市场和公民个人之间的关系；而财税支出涉及国家如何使用公共资金的问题，财税监督又涉及国家、市场、社会和公民个人之间的互动关系。由此可见，财税法治从广度和深度上决定了国家治理所依附的财富及力量之泉源。

综上，即是我们广聚财税法治研究成果，倾力打造财税法治精品，编辑出版西南政法大学《财税法治研究文库》之初衷。

《财税法治研究文库》由西南政法大学财税法学研究团队主持编辑出版，由中国法学会财税法学研究会副会长张怡教授担任总主编。收入文库的成果将涵盖财税法基础理论研究成果，财税法实体法和程序法理论与实务研究成果，财税法学与宪法学、行政法学、刑法学、民商法学、国际法学、程序法学等法学领域交叉研究成果，以及财税法学与制度经济学、管理学领域交叉研究成果。在张怡教授的带领下，我校已在衡平税法、民生财政、人本税法等领域取得了具有较高学术声誉的研究成果。更进一步，我们将围绕国家发展战略和社会重大现实问题展开多学科跨专业的深入研究，期望通过《财税法治研究文库》的编辑出版，加强财税法学界之间的学术交流与合作，为国家治理现代化、法治中国建设奉献出高质量的智识成果。西南政法大学在努力实现“国内一流、国际知名”发展目标的征途上，这支财税法学研究团队也将以“惟精惟一”的学术态度，怀揣“家国情怀”，努力成就一方“名山之业”！

是为序！

付子堂*

2016年5月19日

---

* 西南政法大学校长、党委副书记，法学教授、博士研究生导师，法学博士。

Contents

目录

导　论

一、问题的提出

（一）问题提出的过程

虽然有许多人认为，历史的发展在不同的文明和国度之间存在多元化现象，甚至有人嘲笑历史学者就是将历史上发生的所有事情都解释为历史的必然。然而，在很多时候，历史的发展总是惊人的相似，中外历史上关于财政体制至少存在如下3次惊人的巧合。

第一，不纳税与税收法定。1640年李自成趁着明军主力入川围剿张献忠之际，率领大军进入河南。为了邀买人心，起义军打出了“均田免赋”的口号，广大劳苦百姓则相应地唱出了“迎闯王，闯王来了不纳粮”的歌谣。而几乎在同一时期的古英格兰大地上正处于斯图亚特王朝的统治时期，时任国王查理一世为了弥补连年对外战争所造成的巨大财政压力而被迫召开议会以试图加税，当加税的要求被议会否定之后竟悍然发动内战。在议会与国王斗争期间以及战争结束之后，英国议会先后通过了《权利请愿书》（1629年）和《权利法案》（1689年）这两部法律，财税法学者一般认为，现代意义上的税收法定思想就是通过其得以在英国确定的。[①] 原因在于这两部法律确定了未经过法律的授权，任何机构和个人都不得征税的思想。[②]

第二，救亡图存之下财政改革。历史的车轮来到了 19 世纪，西方经过启蒙运动的思想解放以及工业革命所带来的坚船利炮而开始四处扩张，而古老的东方在经历了几百年的闭关锁国后依旧沉浸在“天朝上邦”的美梦之中。19 世纪初，中西方的第一次正面碰撞就给马可·波罗所描述的黄金之国带来了“三千年未有之大变局”。从隋朝开始就“师法上邦”的日本也面临同样的问题。在“宰相有权能割地，孤臣无力可回天”[③]的现实面前，在救亡图存的巨大压力之下，中日两国统治阶级内部不约而同地在 19 世纪 60 年代进行了名为洋务运动和明治维新的改革活动。[④] 并且财政体制改革无论是在洋务运动还是明治维新中都占据极其重要的位置。[⑤]

第三，国家治理基础的共识。习近平总书记在党的十九大报告中提出，“加快建立现代财政制度，建立权责清晰、财力协调、区域均衡的中央和地方财政关系。建立全面规范透明、标准科学、约束有力的预算制度，全面实施绩效管理。深化税收制度改革，健全地方税体系”；而在 2013 年的党的十八届三中全会报告中也明确指出，“财政是国家治理的基础和重

---

① 参见［日］金子宏：《日本税法》，战宪斌、郑林根等译，法律出版社 2004 年版，第 58 页。

② 这是因为《权利请愿书》规定“no man hereafter be compelled to make or yield any gift, loan, benevolence, tax or such like charge, without common consent by act of parliament”（未经议会以法律的形式作出共同的同意，任何人不得强加以献金）（*Black's Law Dictionary*, p. 1330），《权利法案》规定“不得未经议会同意而仅以国王特权对任何臣民征任何税”（no charge on the subject shall be levied by pretence of prerogative without the consent of Parliament）（John Tiley, *Revenue Law*, Oxford: Hart Publishing, 2008, p. 29），参见陈国文：《社会结构与税法秩序——税收法定主义的社会起源》，载刘剑文主编：《财税法学前沿问题研究 6——依法治国与财税法定原则》，法律出版社 2016 年版。

③ 该诗句来自著名爱国主义诗人丘逢甲的《离台诗》之一。原文为“宰相有权能割地，孤臣无力可回天。扁舟去作鸱夷子，回首山河意黯然”。

④ 参见刘济勇、张楠：《财政视角下洋务运动与明治维新的比较研究》，载《西部论坛》2013 年第 2 期。

⑤ 这一点从人类历史的历次财政改革规律也可以发现，一般而言，财政改革都发生在大变革时期，尤其是战争时期，因为大变革时期的财政压力会冲击现有的财政体制，故而财政体制改革似乎就成了顺理成章的事情。当然也并不是所有的财政体制改革都发生在战争时期。关于战争对于一个国家财政税收体制的影响，参见［美］黛博拉·布罗蒂加姆等主编：《发展中国家的税收与国家构建》，卢军坪、毛道根译，上海财经大学出版社 2016 年版，第 45～49 页。

要支柱,科学的财税体制是优化资源配置、维护市场统一、促进社会公平、实现国家长治久安的制度保障”。2017 年 12 月 22 日时任美国总统特朗普在白宫签署了《减税与就业法案》,而在此之前美国的参议院和众议院已经陆续投票通过了该法案,根据美国宪法的相关规定,意味着该法案已经正式成为法律。这一法案被外界普遍称为“特朗普税改”——特朗普从竞选开始就将税收改革作为其头号承诺。① 由此可见,在现代社会将财政作为国家治理基础基本上已达成共识。②

从历史的视角回到我国的现实。2007 年我国 65% 的个人所得税由工薪阶层缴纳,个人所得税实际上沦为“工薪税”;我国企业的平均税负达 40% 以上,甚至有的产业高达 60% 。据学者研究,我国纳税人的纳税意识从 2005 年以来就一直处于下降趋势。2006 年《中国青年报》所作的一项民意调查也从侧面证实了这一结论:高达 83.4% 的受访者认为,纳税的感受是“亏了”。“十一五”期间我国查处了 136 万起涉税案件,仅仅在 2010 年百万元以上重大案件就达 6425 起。③ 这些数据都表明了我国纳税人的纳税遵从度存在不足。

这 3 次巧合和我国的现实引发了有关财税法治的 3 个疑问:为何在古代中国没有出现“无代表不纳税”的思想?为何清末在内忧外患之下的财政改革,未能实现摆脱“东亚病夫”头衔的目标?在财政体制已经成为国家治理基础的认识之下,我们如何通过财政体制改革来实现国家治理以及法治国家建设的目标?

这 3 个问题的内在逻辑关系在于:在财政体制已经成为国家治理基础的认识下,国家财政体制现代化受到哪些传统文化的有利影响和不利阻碍,并在此基础上寻求财政体制现代化的突破点。长期致力中国文明现代化研究的当代著名哲学家、香港中文大学原校长金耀基先生认为,国

① 不仅在美国,稍作梳理就会发现在国外国家领导人的选举中,财税体制的改革往往是其极其重要的方面。

② 财税从字面上包括财政和税收两个层面的意义,但是税收和财政却并不是同一个层级的概念,财政包括税收,而税收只是财政的一部分。之所以将财政和税收并称为财税,只是因为税收问题在整个财政领域最先为学界所关注,对于税收的研究早于对财政整体问题的研究。所以,财政和财税其实是同一概念,故而本文财政、财税通用。

③ 参见张怡等:《人本税法研究》,法律出版社 2016 年版,第 1 ~7 页。

家的现代化分为3个层次:“器物技能层次的现代化”“制度层次的现代化”“思想行为层次的现代化”。[①] 可以简要归纳为器物的现代化、制度的现代化以及人的现代化,其中人的现代化是最关键的同时也是最困难的。所以,如何在我国法律体系中树立纳税人观念既是完善财税法的关键,也是推动我国法治体系建设的重要突破点。故而,纳税人观念问题应该可以成为破解上述三重疑问的一个突破点。

纳税对于公民来说是现代社会的一种公共生活方式,而对于国家来说则是一种现代治理模式。国家治理的现代化需要现代化的财税制度,而现代化的财税制度却依赖现代化的纳税人方能有效实施。无论是税负过高还是纳税遵从度不足,其根本原因都在于我国纳税人的观念导致税制中纳税人和国家之间关系的倒置。“主体的研究在税法基础理论研究中的重大意义是不言自明的。”[②]为了重塑纳税人的地位,从而建设中国特色的税收国家,就必须对“纳税人观念”进行“法意”研究,即从现代法治角度对纳税人的处境进行涉及经济、政治、法治等多角度的反思,进而讨论如何将纳税人观念融入现代法律体系之中,即如何在我国树立纳税人观念。

(二)为什么是纳税人观念

学科研究必然有其逻辑起点,如商品对于微观经济学。法学研究的逻辑起点为何,对于这一问题我国学者给出了各式各样的回答,其中最主要的有:以张文显先生为代表的“权利说”、以张恒山先生为代表的“义务说”、以文正邦先生为代表的“行为说”、以胡玉鸿先生为代表的“人说”、以李可先生为代表的“规则说”。[③] 这些观点都是学者从各自的学术背景和学术认识出发得出的见解,这些观点和理论看似纷繁复杂,实则具有一个共同的出发点,那便是注重法律主体的地位,即重视法律中的人而非物抑或是其他。如有学者认为,“将人的自由、全面和可持续的发展认定为法的最高追求和终极价值”。所以,“法学是人学”,[④]人的模式抽象为所

---

① 参见金耀基:《中国文明的现代转型》,广东人民出版社2016年版,第5页。

② 黎江虹:《中国纳税人权利研究》,中国检察出版社2014年版,第69页。

③ 参见李可、罗洪洋:《法学方法论》,贵州人民出版社2003年版,第267~268页。

④ 胡玉鸿、许小亮、陈颐:《法学流派的人学之维》,北京大学出版社2013年版,第35页。

有人文社会科学研究的逻辑起点。[①]

无论是按照传统的认识将财税法定位为经济法的分支,[②]还是最近提出的财税法属于领域法学从而应当具有独立法学学科地位的观点,[③]都无法否认其属于法学的一个分支,理所当然,其也应该将人作为研究的起点。如果说"现代社会公民概念的建构,使现代宪制的构建取得了合法性的基础",[④]那么现代社会纳税人概念的建构,为现代宪治的构建提供了唯一的可能路径。故此,"主体的研究在税法基础理论研究中的重大意义是不言自明的"。现代化不仅包括制度的现代化、器具的现代化,还包括人的现代化。智利学者萨拉扎·班迪于1971年6月在维也纳举办的"发展中的选择"研讨会上就曾说过,"落后和不发达不仅仅是一堆能勾勒出社会经济图画的统计指数,也是一种心理状态"。[⑤] 学者阿历克斯·英格尔斯进一步指出,"人的现代化是国家现代化必不可少的因素。它并不是现代化过程结束后的副产品,而是现代化制度与经济赖以长期发展并取得成功的先决条件"。[⑥] 纳税对于公民来说是现代社会的一种公共生活方式,而对于国家来说则是一种现代治理模式。国家治理的现代化需要现代化的财税制度,而现代化的财税制度却依赖现代化的纳税人方能有效实施。是否具有纳税人观念是关键,故而选择纳税人观念作为研究对象。

概念的明确性对于学术研究是至关重要的一步,同时也是最困难的一步,因为准确的概念界定为研究划定了相关内涵和外延,许多学术争论

---

① 参见胡玉鸿、许小亮、陈颐:《法学流派的人学之维》,北京大学出版社2013年版,第17~33页。

② 目前几乎所有的经济法学教材都包括财政法律制度。参见李昌麒、岳彩申主编:《经济法学》,法律出版社2013年版,第352~375页;史际春、邓峰:《经济法总论》,法律出版社2008年版,第170页;张守文:《经济法学》,中国人民大学出版社2012年版,第119~181页;吕忠梅、陈虹:《经济法原论》,法律出版社2008年版,465~529页。

③ 参见刘剑文:《论领域法学:一种立足新兴交叉领域的法学研究范式》,载《政法论丛》2016年第5期;刘剑文、熊伟:《财政税收法》,法律出版社2017年版,第30页。同时,民国时期的著名法学家吴崇毅先生认为,"财政法为具有独立性之专门法律",并对其进行了详细论述。参见吴崇毅:《财政立法原理》,商务印书馆1934年版,第8页。转引自杨大春:《中国近代财税法学史研究》,北京大学出版社2010年版,第73页。

④ 黎江虹:《中国纳税人权利研究》,中国检察出版社2014年版,第68~69页。

⑤ 殷陆君编译:《人的现代化》,四川人民出版社1985年版,第3页。

⑥ 殷陆君编译:《人的现代化》,四川人民出版社1985年版,第8页。

在一定程度上源于在不同内涵和外延之下使用同一术语。“纳税人观念”之法意研究的开展就必须首先明确纳税人的概念,一般认为纳税人的概念有狭义和广义之分。① 狭义上的纳税人源于税收征管实践,是指税收征管行政活动中的行政相对人,即“法律、行政法规规定负有纳税义务的单位和个人为纳税人”。② 广义上的纳税人概念一般放置于公民与国家之间的关系中进行界定,由于税收从本质上讲是纳税人为了享受其自身无法提供亦无法通过其他私群体提供的公共产品而支付的对价,③故而纳税人是指“为国家所提供的公共物品承担了成本的人”。④ 狭义上的纳税人又被称为形式意义上的纳税人,而广义上的纳税人则相应地被称为实质意义上的纳税人。⑤ 在现代社会中,广义上的纳税人范围几乎与公民是重叠的。如果从学科和法律部门划分的角度,我们可以认为广义上的纳税人是政治学、法理学、宪法学的范畴,而狭义上的纳税人则是行政法、税收征管法的范畴。但是,即使是行政法和税收征管法语境下的纳税人概念也必须受到宪法精神的实质约束,这是现代宪治民主的应然之义。当然,有学者也提出了“纳税主体”这一概念,认为纳税主体包括纳税人和扣缴义务人两类,⑥这种划分在税收征管实践中具有重要意义,同时也仅在狭义纳税人概念之下方有意义,而广义上的纳税人概念则完全包括狭义纳税人和扣缴义务人,亦包括其他间接承担了税收负担的人。本书语境下的纳税人除非有特别说明,一律指代广义上的纳税人,即为其享受的公共产品支付对价的单位和个人。

二、“法意”界定

前文从“法学是人学”的角度解释了为什么本书选择“纳税人观念”为研究对象,接下来将具体分析何为“法意”。目前,学界对于“法意”的内涵有三个方面的解读。一是其字面含义,意为“通过文义解释所探知的法律

---

① 参见张怡、邓甲明主编:《财税法实务教程》,中国人民大学出版社2013年版,第13页。
② 《税收征收管理法》第4条第1款。
③ 诚如西方民谚所言,“税收是文明的对价”。
④ 张怡、邓甲明主编:《财税法实务教程》,中国人民大学出版社2013年版,第13~14页。
⑤ 参见张怡、邓甲明主编:《财税法实务教程》,中国人民大学出版社2013年版,第14页。
⑥ 参见刘剑文主编:《纳税主体法理研究》,经济管理出版社2006年版,第7页。

欲表达的含义”。[①] 二是与天意和人意（或民意）相对的一个概念，常用于论述我国乡土社会法治化的困难与出路，其既有法律规定也有法律价值之意。[②] 三是法的精神，清末严复先生用“法意”2 字翻译了著名思想家孟德斯鸠的不朽名著《论法的精神》，不少学者认为“法意”2 字基本上能够表达出原文的意思。[③]

本书的“法意”沿用孟德斯鸠的观点，即法的精神。上文提到的第二种意义上的“法意”在很多时候也将其与实然层面的法制区分开来，从而使其更加偏向法的精神之含义。然而在事实上，法的精神也是一个相对比较模糊的概念，很多以法的精神为名的研究实际上都是在探讨法的价值目标。孟德斯鸠认为，“从最广泛的意义上，法是由事物的性质产生出来的必然联系。在这个意义上，一切存在物都有它们的法。上帝有他的法；物质世界有它的法；高于人类的‘智灵们’有他们的法；兽类有它们的法；人类有他们的法”。[④] 因此，法的精神“存在于法律和各种事物所可能有的种种关系之中”，[⑤]各国和各民族之法的精神受气候、宗教、法律、施政的准则、先例、风俗、习惯等多种因素的支配。[⑥] 所以，孟德斯鸠从法与政体、法与气候、法与贸易、法与宗教等方面来具体探讨“法意”，可以概括为法与政治、法与地理、法与经济、法与宗教等方面。

基于孟德斯鸠的分析，我们得知“法意”就是讨论法与相关事物之间的关系。笔者认为，与现代纳税人观念最紧密的事物便是经济基础、政治生态以及法治发展阶段这三个方面，而“纳税人观念”之法意研究中的法与地理、法与宗教产生的背景予以分析。并且“‘纳税人观念’之法意”主要落实于将纳税人观念之实质要求融入法律体系之中，同时还需要注意税法制度本身的完善。基于此，“纳税人观念”之法意研究就是从现代法

---

① 陈树森：《博弈与和谐：穿行于法意与民意之间的司法》，载《法律适用》2009 年第 9 期。

② 参见于语和、刘志松：《天意 法意 人意——乡土社会法治化的困惑与民间法的命运与选择》，载《西南民族大学学报（人文社科版）》2007 年第 6 期；陈爱蓓：《司法的第三维度：社会学维度——从法意与民意的纠结谈起》，载《社会科学研究》2010 年第 5 期。

③ 参见颜德如：《严复翻译之评析：以孟德斯鸠〈法意〉首段为例》，载《福建论坛（人文社会科学版）》2012 年第 11 期。

④ ［法］孟德斯鸠：《论法的精神》（上册），张雁深译，商务印书馆 1961 年版，第 1 页。

⑤ ［法］孟德斯鸠：《论法的精神》（上册），张雁深译，商务印书馆 1961 年版，第 7 页。

⑥ 参见［法］孟德斯鸠：《论法的精神》（上册），张雁深译，商务印书馆 1961 年版，第 305 页。

治角度对纳税人的处境进行涉及经济、政治、法治等多个角度的反思，进而讨论如何将纳税人观念融入现代法律体系之中，即如何在我国树立纳税人观念。

三、文献综述

虽然我国古代涉及财政的著作十分丰富，如影响了整个封建时期财政制度建构的《盐铁论》等。但是古代中国有的仅是从事财政改革的官员，而并没有专门从事财政研究的学者，也就更加没有财税法学，更遑论近代意义上的财税法学。据财税法学史研究学者杨大春先生的考证，近代财税法学与西学东渐相伴随，即酝酿于洋务运动时期并在清末新政中得以初步建立。[①] 在20世纪50年代，随着法学研究整体向苏联学习的浪潮，中国人民大学组织翻译了M. A. 古尔维奇的《苏维埃财政法》。改革开放之后，随着我国市场经济体制的确立以及财政体制改革的稳步推进，20世纪80年代初期财税法学研究才开始复苏。这一时期，出版了专门的财税法学教材，之后财税法学逐渐成为学术研究的热点。[②] 财税法学作为一个学科的兴起，在体系扩展和理论创新方面都建树颇多。[③] 但是相对税收法定主义、税法基本原则以及具体的财税制度而言，树立纳税人观念问题的研究却较贫乏，学术成果较少且发表刊物等级也相对较低。[④]

在现代社会，税收国家是基于财政角度而提出的与现代国家、法治国家同一内涵的概念。[⑤] 所以，虽然很少有学者专门研究纳税人观念这一问题，但是其在讨论税收国家建立的过程中自然也就无法避免地讨论到如

---

① 参见杨大春：《中国近代财税法学史研究》，北京大学出版社2010年版，第14~58页。

② 关于我国财税法学研究的总体概况，参见刘剑文主编：《财税法学研究述评》，高等教育出版社2004年版，第4~6页。

③ 参见刘剑文、熊伟：《财税法学近十年发展之回顾与反思》，载刘剑文主编：《财税法论丛》第10卷，法律出版社2009年版。

④ 从发表的学术期刊分布来看，核心期刊上关于纳税人观念的文章很少，而学界公认的权威期刊几乎没有发表过纳税人观念的文章。而具体到法学领域，据笔者目前收集到的文献，在核心期刊上仅有《现代法学》和《法律科学》各1篇，由此可见，该问题并没有引起法学界的重视。

⑤ 基于学科划分以及不同的用语习惯，我国法学领域一般用“税收国家”这一术语，而我国财政学领域有时候会使用“税务国家”这一概念来表述。三者在本质、内涵和外延上是完全一致的，故而本书除直接引用相关学者论述外，一律使用“税收国家”这一术语。

何树立纳税人观念,因为纳税人观念和税收国家的建设可以说是相辅相成的。学界普遍认为,最早支持税收国家的是奥地利经济学大师熊彼特,其具体思想体现在传诸后世的《税收国家的危机》(Die krise des Steuerstaats)一文中。① 税收国家又称租税国家,是指国家的收支依赖基于社会契约而形成的税收,其与所有者国家、经营者国家相对应。② 传统观点认为,只有在私有制社会中才会产生税收国家,国家的本质即为税收,税收是国家的象征,税收国家和"所有权国家"是私有经济体制和国家经济体制之根本抉择。③ 而我国有学者经过研究认为,市场经济运行规律为税收国家保持充足的税源提供了牢固的经济基础;国家中的法律体制、法治结构为税收国家的课税权的合法性和正当性提供了坚实的法律基础;公民的权利意识、纳税人意识形成一种税收权利文化,为税收国家植根于社会文化土壤,获得民众认可提供了深厚的社会文化基础,④从而突破了税收国家仅产生于私有制社会的传统论断。在此基础上,进一步认为"改革开放30多年以来,我国逐步开放市场,市场经济体制正在走向成熟和完善,通过实行政企分开,使企业成为独立的市场交易主体,促进产权归属多元化格局的形成、市场良性竞争机制的运行以及社会保障机制的完善,为我国构建税收国家奠定了坚实的经济基础"。⑤ 还有学者将"市场经济体制的确立""产权多元化""国有企业与国家之间的利益分配日益规范""税收在财政收入中的地位越来越重要""税收发展规律受到前所未有的重视"归纳为中国建设税收国家的尝试。⑥ 有学者从民主国家与现代税收的角度论证税收国家的基础,其认为现代意义上的税收是现代国家起源的必要条件,税收国家与法治之间存在相辅相成的关系:如果没有税收国家则不可能有保护公民财产权和经济自由的现代法治国家,而如果没有现代法治的构造则税收国家也无法存续。其进一步分析认为,税收

---

① 参见葛克昌:《租税国危机及其宪法课题——财税改革之法律基础》,载《台大法学论丛》1991年第2期。

② 参见刘剑文:《财税法专题研究》,北京大学出版社2007年版,第206页。

③ 参见葛克昌:《国家学与国家法》,台北,月旦出版股份有限公司1996年版,第97页。

④ 参见张富强:《论税收国家的基础》,载《中国法学》2016年第2期。

⑤ 张富强:《论税收国家的基础》,载《中国法学》2016年第2期。

⑥ 参见刘剑文、熊伟:《税法基础理论》,北京大学出版社2004年版,第32~35页。

国家的基础并非私有制，而是现代税收本身所具备的“公共对价性”“非营利性”“民主法治性”，故而税收国家建构的关键在于“公共目的”和“国家目的”这两个面向。[①] 这些研究虽然没有直接涉及如何树立纳税人观念这一问题，但是讨论税收国家的基础以及中国特色税收国家建设的路径选择。一方面，破除了纳税人观念仅仅能产生于私有制的桎梏，从而为树立纳税人观念奠定了基础；另一方面，纳税人观念的树立本身也是税收国家建设的一部分，所以税收国家的建设必然有助于纳税人观念的树立。

在进行纳税人观念现状、成因及其对策研究之前，有部分学者对纳税人观念进行了具体界定。学者对于纳税人观念的界定一般由两个部分组成，一为纳税人观念生成的基础，二为纳税人观念的内容。一般认为，现代意义上纳税人观念的经济基础是市场经济，而其政治基础是现代民主政治。[②] 在纳税人观念的具体内容方面，学界具有一定的共识。基于法理学权利义务相统一的基本原理，大多数学者认为，纳税人观念包括纳税人权利观念和纳税人义务观念。[③] 但也有学者从现代税收与古代税收的区别出发，认为纳税人观念只包括纳税人的权利观念。[④] 还有少数学者认为，纳税人观念不仅包括纳税人的权利和义务观念，还包括纳税人对于税收的了解程度以及对于税法的熟悉程度。[⑤]

研究问题的选取，基于研究主体认为该问题所具有的重要性和现实性程度。所以在现有的文献中，学者在谈论纳税人观念之前都会或详或略地论证纳税人观念对于税收法治、整体法治建设乃至于政治文明和社会进步的重要性。“纳税人观念”之法意研究，即树立纳税人观念的重要

---

① 参见丛中笑：《税收国家及其法治构造》，载《法学家》2009 年第 5 期。

② 参见杨力：《纳税人意识：公民意识的法律分析》，载《法律科学（西北政法学院学报）》2007 年第 2 期；刘怡、易滢婷：《范拉伊模式下的纳税人意识研究》，载《财贸经济》2005 年第 7 期；刘怡、余向荣：《现代税收的起源：税收意识的视角》，载《财政研究》2006 年第 2 期。

③ 参见包子川、李初仕、陈光宇：《纳税人意识与依法治税》，载《税务研究》2003 年第 5 期；刘锋：《我国公民的纳税意识》，载《税务研究》2005 年第 11 期；杨力：《纳税人意识：公民意识的法律分析》，载《法律科学（西北政法学院学报）》2007 年第 2 期；刘怡、易滢婷：《范拉伊模式下的纳税人意识研究》，载《财贸经济》2005 年第 7 期。

④ 参见刘怡、余向荣：《现代税收的起源：税收意识的视角》，载《财政研究》2006 年第 2 期。

⑤ 参见赵忠诚、周平川、李菲：《浅谈增强我国公民纳税意识的目标与途径》，载《税务研究》1999 年第 9 期。

性之论述可以分为以下 4 个层面:第一,从纳税人观念与社会发展的角度出发。有学者认为,纳税人观念的树立是民主政治和市场经济的必然要求,同时也是一个社会进步的重要标志。① 第二,从纳税人观念与公民意识的角度论述。有学者从纳税人观念与公民意识的关系出发,认为纳税人观念是现代公民意识的基础,公民的纳税人观念是评价和衡量其主体性观念的重要指标。② 第三,从纳税人观念与法治建设的角度论证。有学者从主体权利的维护对于一部法律乃至于一个国家的重要价值和意义出发,认为税法的发展历史可以简要地归纳为作为税法主体的纳税人不断获得更多的自由从而增强其主体性的历史,而纳税人的主体性无疑就是纳税人观念的内核和重要体现。③ 第四,从纳税人观念与税法完善和税收遵从度的角度分析。有学者认为,纳税人观念的树立有利于降低税收征管成本、提高税收支出的约束力。④ 有学者认为,纳税人观念的树立将有利于税收和经济的良性循环。⑤ 纳税人权利研究早已经成为学界和社会的热点,⑥纳税人权利的实现机制研究也日益成为人们关注的重点,然而长期以来,纳税人权利实现的驱动力的研究却被忽视。有学者认为,纳税人权利意识就是其驱动力。⑦

几乎所有的财税法学者甚至是法学和财政学学者都认同我国目前纳税人观念远未树立,纳税人观念的现状与民主法治以及国家治理的要求相去甚远。总体而言,学者从以下 3 个方面总结了我国纳税人观念尚未树立的原因:第一,传统文化的原因。大多数学者都注意到传统文化是导致我国目前纳税人观念尚未树立的重要原因,传统的乡土中国文化、传统

---

① 参见包子川、李初仕、陈光宇:《纳税人意识与依法治税》,载《税务研究》2003 年第 5 期。

② 参见杨力:《纳税人意识:公民意识的法律分析》,载《法律科学》2007 年第 2 期。

③ 参见黎江虹:《经济法主体研究:以纳税人为视角》,载张守文主编:《经济法研究》第 15 卷,北京大学出版社 2015 年版。

④ 参见刘怡、李长湧:《中国传统文化与纳税人意识》,载《北京大学学报(哲学社会科学版)》2006 年第 3 期。

⑤ 参见王焕清:《纳税人意识与税收环境优化》,载《铜陵学院学报》2005 年第 4 期。

⑥ 关于纳税人权利研究的梳理,参见刘剑文主编:《财税法学研究述评》(2005 ~ 2014),法律出版社 2015 年版,第 80 ~ 95 页。

⑦ 参见黎江虹:《中国纳税人权利研究》,中国检察出版社 2014 年版,第 224 ~ 226 页。

法律文化以及传统的税收文化不利于形成现代纳税人观念,[①]由此导致我国历史上并没有自觉纳税的传统。[②] 有学者除从几千年的封建传统分析外,还从新中国建立后计划经济以及源于苏联的“无税”思想的影响来分析我国纳税人观念这一问题。[③] 第二,现实方面的原因。根据马克思主义基本原理,纳税人观念属于意识领域,而物质决定意识,所以有学者认为,造成目前纳税人观念尚未树立的原因在于我国目前经济发展水平和整体依法治国水平的现实。[④] 第三,税法本身的原因。税法本身的原因导致我国目前纳税人观念尚未树立是学术界的高度共识,而税法本身的原因又可细分为3个方面。首先是税收和税法理论方面的原因,理论上将税收的特征归纳为强制性、无偿性和固定性,凸显税收的国家主义色彩是导致纳税人观念不彰的重要原因。[⑤] 其次是目前我国税收法治水平尚待提高,税收立法层级较低、税法本身未能体现税收公平原则、相关配套制度不健全等原因,[⑥]这直接导致了我国纳税人观念无法得以树立。最后是学者从宣传、税务行政人员的工作等方面总结的原因。[⑦]

在对纳税人观念的现状和成因进行了仔细分析之后,有学者提出了树立我国纳税人观念的具体措施,这些措施可以分为宏观、中观和微观三个部分。在宏观上,有学者结合我国传统文化对纳税人观念的影响从而提出,需要通过加快城市化、现代化以打破家族本位以及培育国家和个人

---

① 参见刘怡、李长湧:《中国传统文化与纳税人意识》,载《北京大学学报(哲学社会科学版)》2006年第3期。

② 参见刘锋:《我国公民的纳税意识》,载《税务研究》2005年第11期。

③ 参见张学斌:《我国公民纳税意识:现状、原因及对策》,载《财经论丛(浙江财经学院学报)》1998年第3期。

④ 参见赵忠诚、周平川、李菲:《浅谈增强我国公民纳税意识的目标与途径》,载《税务研究》1999年第9期。

⑤ 参见张学斌:《我国公民纳税意识:现状、原因及对策》,载《财经论丛(浙江财经学院学报)》1998年第3期。

⑥ 参见刘怡、易滢婷:《范拉伊模式下的纳税人意识研究》,载《财贸经济》2005年第7期;赵忠诚、周平川、李菲:《浅谈增强我国公民纳税意识的目标与途径》,载《税务研究》1999年第9期;刘锋:《我国公民的纳税意识》,载《税务研究》2005年第11期。

⑦ 参见张学斌:《我国公民纳税意识:现状、原因及对策》,载《财经论丛(浙江财经学院学报)》1998年第3期;刘锋:《我国公民的纳税意识》,载《税务研究》2005年第11期;刘怡、易滢婷:《范拉伊模式下的纳税人意识研究》,载《财贸经济》2005年第7期;赵忠诚、周平川、李菲:《浅谈增强我国公民纳税意识的目标与途径》,载《税务研究》1999年第9期。

并重的立法观念以改变传统的国家主义色彩从而树立纳税人观念。[①] 在中观领域则为完善法律体制，特别是完善税收法律制度以树立纳税人观念，这几乎是所有学者重点论述的部分。具体的措施包括完善税制、[②]重构纳税人权利体系、[③]完善税收立法和财政监管体制、[④]加强以纳税人权利为中心的税收宣传、[⑤]构建完善的配套设施[⑥]等。微观层面主要表现在加强对税收违法行为惩处[⑦]以及提高税收工作人员的执法水平[⑧]两个方面。

通过对现有文献的梳理发现，相对于税法的勃兴以及财政制度研究的热度，纳税人观念这一问题长期以来受到学术界的忽视。从数量上看，专门研究纳税人观念的论文难以与纳税人权利，甚至是某一具体税收制度相提并论，且大多数研究都集中在2010年之前，最近10年来几乎没有相关论文出现。从质量上看，现有研究虽然也有核心期刊的论文，但是相对财税法学其他研究而言显得尤为薄弱，且大多数具体措施研究都流于泛泛而谈，没有针对性，特别是没有结合我国现实去论述和建构。从学科分布上看，虽然纳税人观念这一问题属于法学、财政学、社会学乃至于心理学等学科关注的领域，但是现有的研究却存在明显的法学学者缺位现象，仅有杨力教授和湛中乐教授有过相关专门的论述，其他法学学者则是在论证具体的财税法律问题时有所涉及。前文提到"法学是人学"，甚至可以说国家治理和社会治理的关键也在于人，而现代国家最重要的主体

---

① 参见刘怡、刘长湧：《中国传统文化与纳税人意识》，载《北京大学学报（哲学社会科学版）》2006年第3期。

② 参见赵忠诚、周平川、李菲：《浅谈增强我国公民纳税意识的目标与途径》，载《税务研究》1999年第9期；刘怡、易滢婷：《范拉伊模式下的纳税人意识研究》，载《财贸经济》2005年第7期。

③ 参见杨力：《纳税人意识：公民意识的法律分析》，载《法律科学（西北政法学院学报）》2007年第2期。

④ 参见杨力：《纳税人意识：公民意识的法律分析》，载《法律科学（西北政法学院学报）》2007年第2期。

⑤ 参见刘锋：《我国公民的纳税意识》，载《税务研究》2005年第11期；张学斌：《我国公民纳税意识：现状、原因及对策》，载《财经论丛（浙江财经学院学报）》1998年第3期；刘怡、余向荣：《现代税收的起源：税收意识的视角》，载《财政研究》2006年第2期。

⑥ 参见刘锋：《我国公民的纳税意识》，载《税务研究》2005年第11期。

⑦ 参见刘锋：《我国公民的纳税意识》，载《税务研究》2005年第11期。

⑧ 参见赵忠诚、周平川、李菲：《浅谈增强我国公民纳税意识的目标与途径》，载《税务研究》1999年第9期。

便是纳税人。所以,纳税人观念不仅对于完善现代化的财政制度来说具有重要价值,而且对于现代国家治理和社会治理也具有极其重大的理论和现实意义。故而,“纳税人观念”之法意研究的重要性也就跃然于纸上了。

四、研究思路

纳税对于公民来说是现代社会的一种公共生活方式,而对于国家来说则是一种现代治理模式。国家治理的现代化需要现代化的财税制度,而现代化的财税制度却依赖现代化的纳税人方能有效实施。纳税人作为财税法最重要的主体,一方面受到税法人本意识淡薄的影响从而导致其地位受到漠视,另一方面纳税人自身也处在后知后觉甚至是不知不觉的状态。纳税人的现代化即为纳税人的自觉,亦即为纳税人观念的普遍树立,其对于现代法治甚至是国家治理均具有极其重要的作用,正如学者阿历克斯·英格尔斯所言,“一个发展中国家有越来越多的现代人,它的社会改革步伐就会越来越快”。[①]

前人早就告诫过我们,“如果一个国家的人民缺乏一种能赋予这些制度以真实生命力的广泛的现代心理基础,如果执行和运用这些制度的人,自身还没有从心理、思想、态度和行为方式上都经历一个向现代化的转变,失败和畸形发展的悲剧结局是不可避免的”。[②] 但人是社会性动物,现代意义上的纳税是公民参与公共生活最根本的方式,所以纳税人本身离不开其所处社会的历史、文化、思想等维度。就连传统上被划分为古典自由法学派代表人物的孟德斯鸠也曾说过,“我首先研究了人;我相信,在这样无限参差驳杂的法律和风俗之中,人不单纯地跟着幻想走的”;[③]马克思曾言,“社会不是以法律为基础的。那是法学家们的幻想。反之,法律应该以社会为基础”;[④]我国著名法学家瞿同祖先生也发表过类似的观点,“法律是社会产物……只有充分了解产生某一法律的社会背景,才能了解

① 殷陆君编译:《人的现代化》,四川人民出版社1985年版,第281页。

② 殷陆君编译:《人的现代化》,四川人民出版社1985年版,第4页。

③ [法]孟德斯鸠:《论法的精神》(上册),张雁深译,商务印书馆1961年版,第27页。

④ 《马克思恩格斯全集》(第6卷),人民出版社1961年版,第291~292页。

这些法律的意义和作用”。[1] 故而,“纳税人观念”之法意研究旨在从现代法治角度对纳税人的处境进行涉及经济、政治、法治阶段等多个角度的反思,进而讨论如何将纳税人观念融入现代法律体系之中,即如何在我国树立纳税人观念。

故而本书选择“纳税人观念”作为研究对象,以“法意”为其研究内容,沿着孟德斯鸠关于“法意”的界定。本书的研究思路遵循着“问题提出—概念界定—中国语境—怎么办”的进路。首先,“问题提出”。本书的导论和第一章从古今中外的角度分析了“‘纳税人观念’之法意研究”这一命题提出的原因、目的及其背景。其次,“概念界定”。本书第二章界定了纳税人观念的内涵,并分析了我国树立纳税人观念的现实基础。再次,“中国语境”。本书第三章从我国现实经济基础、政治生态和法治阶段的角度论证了树立纳税人观念的具体语境。最后,“怎么办”。本书第四章从法治系统论角度分析了树立纳税人观念的法际整合之路,第五章从税法理路上探讨如何树立纳税人观念。

五、可能的创新与不足

(一)可能的创新

1. 研究内容新

学界对于纳税人权利、税收法定、财税立宪等问题都进行了深入的研究,但是目前并没有专门研究纳税人以及纳税人观念的论著。“纳税人观念”之法意研究选择“纳税人观念”作为研究对象,以“法意”为研究内容,最终以纳税人观念的树立作为我国税收国家建构乃至于法治国家建构的突破点。基于此,重点分析了我国如何在宪法以及其他部门法中树立纳税人观念,同时如何通过税收法律制度的完善来落实纳税人观念。本书的研究内容突出了纳税人的主体地位,改变了传统的以制度或者权利为内容的研究思想。

2. 研究进路新

传统财税法研究大多集中于部门法内部的分析,本书结合财税法的

---

① 瞿同祖:《中国法律与中国社会》,中华书局2003年版,“导论”第1页。

领域法学特征，在法治系统论的指导下，以法际整合的方式研究了纳税人观念在各个部门法中的树立，并在此基础上完善税法的相关规定。突破了传统研究进路仅限于税法内部的局限，故而在研究进路上较新颖。

3. 研究突出中国性

以往大多数的财税法研究都在一定程度上忽视了我国经济基础、政治生态和法治与域外存在的不同，其构建税收国家的建议因为脱离了我国实际而导致其研究的中国性较弱。本书在“法意”内涵的指导下，结合我国实际总结了我国树立纳税人观念在经济、政治和法治方面的特殊性，并以此提出树立纳税人观念的具体建议，使本书的研究具有较大的现实性。

（二）可能的不足

1. 实证数据相对缺乏

“纳税人观念”之法意研究涉及对当前纳税人观念的分析以及对我国税收制度的反思，这些都需要一定的实证数据予以支撑方能更好地论述。但鉴于本书的重点在于理论分析，更重要的是，相关数据公开程度有限，故而导致实证数据相对缺乏。

2. 其他学科知识运用相对缺乏

纳税人观念不仅是一个法学问题，其还是一个社会学、心理学、政治学的问题，可以说纳税人观念是一个问题域，需要各学科从不同角度进行研究和分析。但是鉴于笔者的学科划分及智识的有限性，本书主要从法学角度研究和分析这一问题。

第一章　问题提出的背景

经过改革开放后40多年的开拓进取，我国的经济总量早已超越日本而成为世界上第二大经济体，[①]并在2019年上半年GDP总量超过欧元区19国的总和。[②] 这主要是基于经济转型时期两种经济模式的并存，以及制度资源新旧交替的溢出效应。[③] 然而高速的经济发展以及令人瞩目的发展成果，却难掩在一定程度上存在贫富差距扩大、民生改善相对迟缓的情况。故而，下文将主要从政治、经济、文化等多角度讨论提出“纳税人观念”之法意研究的社会背景，即为什么要以树立纳税人观念作为破解我国财税法治建设难题的路径选择。

第一节　传统税收特征

任何国家的文明及其现状都不能是无源之水，

---

① 参见李宗泽、王欢：《日本公布2010年GDP数据　被中国赶超退居世界第三》，载新浪财经网，http://finance.sina.com.cn/j/20110214/08519369574.shtml。

② 参见《上半年，欧元区19国GDP为6.6万亿美元，被中国反超，何时超欧盟?》，载网易新闻网2019年9月15日，https://3g.163.com/news/article_cambrian/EP4A61CQ0515W6FH.html。

③ 参见张怡：《论非均衡经济制度下税法的公平与效率》，载《现代法学》2007年第4期。

也不可能完全依靠移植其他所谓的先进文明而建立，其唯一的可行之路便是在继承本民族传统文化的基础上，经过不断的改进和发展予以建立。

一、专制主义传统及其形成原因

（一）专制主义传统及其特征

虽然钱穆先生认为，我国至汉代之后是一种片面的、具有开放性的“文治政府”。[①] 因为作为“文治政府”支柱的士人阶层并非广大民众的代表，而是代表至高无上的皇帝来控制社会的方方面面。[②] 一般认为，专制主义是对人类社会所存在的一种政治制度的归纳和描述。据学者考证，与现代大多数政治学专业术语一样，“专制主义”一词同样属于西方的舶来品，西语“absolutism”一词出现在19世纪的欧洲，其被用以描述1660～1789年欧洲的政治现状。[③] 当然，在此之前欧洲业已出现了专制主义的政治制度，一般认为，西方专制主义政治的源头可以追溯到公元前6世纪僭主政治时期的希庇亚斯统治时期，而西方专制主义的顶峰当属法国波旁王朝的路易十四时期。[④]

而对于专制主义政体的研究可以溯源到古希腊先哲柏拉图的《理想国》，在这本传世名著之中作者经过对古希腊时期希腊半岛上存在的200多个城邦国家的考察，将这些城邦的政治体制划分为4种基本类型，即荣誉政体、寡头政体、平民政体和僭主政体。这4种政体在内在原则和精神方面具有根本区别：荣誉政体的内在原则和内在精神是荣誉；寡头政体的内在原则和内在精神是财富；平民政体的内在原则和内在精神是自由；而僭主政体的内在原则和内在精神是专制。基于柏拉图对于贤人政治和哲学王几乎乌托邦式的崇信，其认为，由于哲学王兼具智慧、德行与权力，所以其将会是最好的统治，故而认为荣誉政体是最好的政体，而专制政体是

---

① 参见钱穆：《中国文化史导论》，台北，正中书局1951年版，第84页。转引自金耀基：《从传统到现代》，法律出版社2017年版，第25页。

② 参见[美]费正清、赖肖尔主编：《中国：传统与变革》，陈仲丹等译，江苏人民出版社2012年版，第14页。

③ 参见薛国中：《中国专制主义政治的形成与发展》，载《社会科学论坛》2010年第20期。

④ 参见[英]E. E. 里奇、C. H. 威尔逊主编：《剑桥欧洲经济史》（第5卷），高德步等译，经济科学出版社2002年版，第504页。

最坏的政体。柏拉图所主张的哲学王统治，假定统治者拥有完美的德行、无上的智慧，故而赋予其最高的权力，哲学王的行为不必受到来自法律的约束，即使其放逐抑或是处决一个公民都会被认为是正当的。正因如此，西方政治思想史上将柏拉图视为文化专制主义的始作俑者。①

一般认为，我国专制主义文化深厚的重要原因，在于我国经历了2000多年的漫长封建社会。② 我国古代虽然相对西方专制主义时期，士大夫享有一定的参与政治的权利，但并不意味着其就是一个民主社会，因为政治参与其实是被士人阶层所垄断的，而大多数平民百姓对于政治则完全是冷漠的。虽然我国自古就有民本的思想，但是在民本思想之中，人民的价值是一种被动的政治客体，而不是一种主动的政治主体。③ 基于专制主义的历史经验，有学者旗帜鲜明地指出，专制主义政治应当属于人类历史上最坏之政治制度。④ 以武昌起义为开始标志的辛亥革命推翻了封建帝制，我国开启了政治民主化的进程，然而作为一种政治制度的专制主义曾经在我国存在了2000年之久。2000年的封建制度虽然已经土崩瓦解，但是专制主义对于我国来说并非在其形式而在其实际影响，⑤李慎之先生曾言专制主义“完全控制了中国传统文化的各个方面、各个表现”。⑥

根据法律社会学和法律地理学的观点，在不同国家或者地区基于不同的经济、文化传统以及不同的地理环境会使同样的制度和政体呈现不同的具体形态。因此，专制主义的文化和制度会在不同的国家和地区，基于当地不同的经济发展情况、历史文化传统甚至是差异性的地理环境而呈现不同的具体表现，但专制主义文化的本质特征却是基本相同的。⑦ 根据学界的总结，一般认为，专制主义具有以下几个方面的特征。第一，虽

---

① 参见徐大同主编：《西方政治思想史》，天津教育出版社2002年版，第32~34页。

② 对于我国封建社会的起止时间学界有一定的争议，参见薛国中：《秦汉以来中国专制主义社会及其特点》，载《武汉大学学报（人文科学版）》2012年第2期。本书对于封建社会的界定采取通说，即我国封建社会始于秦朝而终于清朝。

③ 参见金耀基：《从传统到现代》，法律出版社2017年版，第152~153页。

④ 参见薛国中：《中国专制主义政治的形成与发展》，载《社会科学论坛》2010年第20期。

⑤ 参见李中：《中国文化传统与现代化——兼论中国的专制主义》，载《太平洋学报》2001年第3期。

⑥ 李慎之：《中国文化传统与现代化》，载《战略与管理》2000年第4期。

⑦ 参见施治生、刘欣如主编：《古代王权与专制主义》，中国社会科学出版社1993年版，第7页。

然专制主义的统治者都号称其权力来自上天的赋予,而大肆鼓吹君权神授,而同时也有部分统治者认识到了“载舟”“覆舟”的道理,但是总体而言,专制权力源于统治者个人。君主本身就是国家合法性以及权力的来源,由此导致在专制主义之下君主拥有至高无上的、不可挑战的权力和权威。第二,与现代国家与社会在一定程度上相分离,公民拥有相对独立的私人领域所不同,在专制主义之下专制权力渗透在社会的方方面面,其支配社会的一切领域,“普天之下,莫非王土”就是其典型体现。第三,既然专制主义表现为统治者的个人决断,其拥有无上的权力且能够支配社会生活的各个领域,那么统治者的权力虽然也会受到诸如起义、上天示警等方面的影响,但是在权力运行的实际过程中其是不受任何实质性的监督和挑战的。第四,专制统治者为了维护其统治往往采取钳制思想的政策,即往往通过愚民教育将所统治的百姓培养成为“顺民”和“臣民”,同时通过严刑峻法打压其所谓的“暴民”和“刁民”。长期的臣民教育使广大老百姓的主体意识受到严重的摧残,广大臣民不知自由、平等为何物,沦为专制统治的客体而为统治阶层服务。

(二)专制主义传统形成的原因

我国在古代为什么会形成专制主义国家,笔者认为,导致中国成为专制主义国家的根本原因在于农业文明。

费孝通先生认为,我国传统社会是一个乡土中国的图景,乡土社会就意味着传统中国是一个以农业文明为核心的社会。其经济基础是农业自然经济,其社会结构是家族制,而其哲学关注的是现实而非理想国,这3个方面都从不同角度造就了我国专制主义的传统。

农业文明是与商业文明相对的一个概念,其经济基础为农业自然经济,这一经济形式则是造就我国古代专制主义思想悠久的重要原因。马克思在研究西方历史之时发现大地产是中世纪封建社会的真正基础。与此相反,现代资产阶级社会,我们的社会,是以工业和商业为基础的。① 由此说明,孕育专制主义的封建社会其赖以依存的经济基础是农业自然经济,而正是现代工业和商业的发展才有了资本主义的萌芽。我国明末资

① 参见《马克思恩格斯全集》(第6卷),人民出版社1961年版,第290页。

本主义在苏杭一带萌芽也证明了马克思这一论断的科学性，只不过我国资本主义萌芽之后就受到了封建专制主义的极力压制和绞杀，从而使我国资本主义未能由本土萌芽进而发展壮大。孟德斯鸠发现，拥有动产的商人在与国王进行税收博弈之时会相对于持有固定资产的农民处于更有利的位置，孟德斯鸠曾言，商人的动产“能够在各地维持下去，最富裕的商人的财产都看不见了，又可以寄送到各地去，什么地方都不留痕迹……使得贸易多少脱离了国王的权力的支配”。[①] 于是“新兴国家与被追求且具有特权的资本家令人侧目地结盟”，[②]从而发展出了现代法治国家，也即为现代的税收国家。然而，在我国封建时期由于长期受到重农抑商的影响，缺乏保护商人的相关制度以及对商事活动激励和约束的相关规定，这就必然导致在现实生活中商人往往积极与权贵者靠拢以寻求权力的庇护，甚至在很多时候工商业直接落入权贵的手中。这样，一方面导致我国工商业无法得到完全的发展，另一方面也导致工商收入沦为当权者的私人收入而非国家财政收入。两者合力导致我国古代社会无法内生出现代的税收国家。[③]这也能够解释为什么南宋时期和清末我国会出现财政转型的巨大压力。[④]

农业文明中最重要的资源便是土地，由于土地具有不可流动性，故而传统乡土中国就具有一定的地域性，即传统中国之下人的生活及其交往的范围局限在一定的区域，对于该区域之外的事情则表现出漠不关心的态度。总体而言处于一种相互隔绝的状态之下。[⑤] 在这种基于土地而形成的相互隔绝的状态之下，生活在一起的人都是具有血缘关系的，而人们也习惯于以血缘的远近来确定相互之间的权利义务关系。于是在农业文明之下的传统中国形成了集政治、经济和宗教等诸职能为一体的家族制度。有学者指出，传统中国最重要的支柱便是家族，中国的文化便是建基

---

① [法]孟德斯鸠：《论法的精神》（下册），张雁深译，商务印书馆1963年版，第67~68页。

② [德]马克斯·韦伯：《经济行动与社会团体》，康乐、简惠美译，广西师范大学出版社2004年版，第253页。

③ 参见刘守刚：《财政经典文献九讲——基于财政政治学的文本选择》，复旦大学出版社2015年版，第28页。

④ 参见刘守刚：《财政经典文献九讲——基于财政政治学的文本选择》，复旦大学出版社2015年版，第29页。

⑤ 参见费孝通：《乡土中国 生育制度》，北京大学出版社1998年版，第9页。

于家族之上的。[①] 在家族制之下，家长具有绝对权威，而人与人之间的关系则是根据血缘关系确定的，从而呈现较明显的差序格局。家长的权威以及人与人之间不平等的差序格局无疑使家族制是具有强烈专制色彩的人治。同时，我国古代实行家国一体制度，在家国体制之下，“皇帝与其臣僚的作用只是父亲作用的扩大”。[②] 著名国学大师钱穆先生在谈到中国社会学之时曾经明确地指出，“中国本无社会一名称，家国天下皆即一社会”。[③] 即国家的治理就是家族治理的扩大而已，君主便是国家这个大家族的家长。在这种基于农业文明而形成的家族体制之下是不可能生长出近代法治的，也不可能有现代的税收平等和公平原则，也就更不可能诞生现代法治国家了，只能不断加强专制主义以维护其统治而已。

农业文明导致我国传统哲学具有鲜明的特点，即我国传统哲学是伦理性、现实性和生活性的。由于受到传统儒家学说的影响，“人道观念的核心是家族不是个人”。[④] “家族的长期存在和成为社会的本位，遂使家族成为中国文化的繁殖和滋生点。”[⑤]中国的哲学是“既入世又出世”的，中国人总是将哲学与生活结合在一起，“不离日用常行内，直造先天未画前”[⑥]就是其典型总结和写照。[⑦]

二、专制主义传统下税收特征的认识

如果将人类文明开始的标志定位为国家的产生，那么税收可以说是在整个人类文明的进程，随着国家产生而产生也必将随着国家的消亡而

---

① 参见钱穆：《中国文化史导论》，商务印书馆1994年版，第145页。

② [美]费正清、赖肖尔主编：《中国：传统与变革》，陈仲丹等译，江苏人民出版社2012年版，第14页。

③ 钱穆：《略论中国社会学》，载钱穆：《现代中国学术论衡》，生活·读书·新知三联书店2001年版。

④ 钱穆：《中国文化史导论》，商务印书馆1994年版，第51页。

⑤ 何兹全：《中国文化六讲》，北京大学出版社2008年版，第37页。

⑥ 来自明代著名哲学家、文学家、军事家王阳明的《别诸生》，以“阳明心学”“知行合一”等重要哲学思想著称于世而被后世称为著名哲学家的王阳明其本业也并非哲学，也恰好证明其诗句所表达出的中国哲学以及哲学家的情况。

⑦ 关于中国哲学及哲学家与西方的差别，具体详见冯友兰：《中国哲学简史》，涂又光译，北京大学出版社2010年版，第2~11页。

消亡的。“我们所知的最早的文明开始于6000年前的苏美尔……历史的萌芽和税收历史的萌芽都记录于在苏美尔的拉喀什(Lagash)所挖掘出的黏土圆锥体上”,[①]而在我国也有“自虞夏时,贡赋备矣”[②]“夏后氏五十而贡”[③]的记载。综观中外历史,无论是《新约》中记载的“凯撒·奥古斯都有旨意下来,整个世界都应当被征税”所进行的税制改革还是唐太宗基于“人君赋敛不已,百姓既毙,其君亦亡”的思想而进行的轻徭薄赋政策,都无一不是以君王为主导的税收制度。在这种税收体制之下,君王虽然会存在来自造反等统治秩序方面的考量但是税收更多地表现为君王的意志,所以税收总体上表现出一种恣意。奥尔森曾经以坐寇和流寇的例子来解读税收问题,颇具启发性。奥尔森认为,坐寇和流寇最大的区别便表现在税收的收取方式上。[④] 坐寇一般按照固定的方式收取带有持续性的税收,而流寇对于税收的收取则带有一定的任意性,其并不按照固定的标准进行收税,而是具有扫荡的特点。虽然流寇对税收的收取不具有固定性,并且基于或然性在一定程度上具有逃避的概率,且坐寇往往收取高额的税收,但是老百姓相对流寇更愿意生活在坐寇的统治区域内。这主要是因为,一方面,坐寇虽然固定收取高额的税收,但是正由于其统治区域的固定性导致其无法竭泽而渔,其必然会留给符合老百姓最低生存要求的财产;另一方面,坐寇无论是基于统治的便利抑或是民心的需求,其往往会在其统治区域内进行诸如维护社会治安、修建公共设施等公共服务。更重要的是,坐寇为了维护其统治,会在其统治的有效区域内垄断行使暴力的权力而对其他非法暴力行为进行打压和取缔。这虽然在最终目的上是为了维护其统治,但实际上却为其统治之下的百姓创造了安定的环境并最终有利于老百姓的安居乐业。于是流寇渐渐地演变为坐寇。[⑤] 从奥

---

① [美]查尔斯·亚当斯:《善与恶:税收在文明进程中的影响》,翟继光译,中国政法大学出版社2013年版,第4页。

② 《史记》卷二《夏本纪》。

③ 《孟子·滕文公上》。

④ 当然,奥尔森所言的寇,并非通常意义上的落草为寇的盗跖,而是指统治一定区域的军阀。

⑤ 参见张怡:《税收法定化:从税收衡平到税收实质公平的演进》,载《现代法学》2015年第3期。

尔森的论述当中我们可以看到,专制主义之下税收的特点在于强制性和固定性,其中更多的是基于统治的精确算计而非作为被统治者的老百姓的权利诉求。

有学者认为,我国传统的财政体制形成于汉武帝时期,与现代的财政体制是国家治理的基础——财政体制服务于国家治理——一样,当时的财政体制无疑是服务于汉武帝所极力构建的中央集权模式的。① 然而这一财政体制却给中国封建社会的所有朝代戴上了一个无法破解的枷锁。中央集权的政府面临的最大问题便是维护社会稳定,维护社会稳定必然需要税收收入,而传统中国的税收收入在很大程度上依赖土地。土地价值的增长缓慢且上限有限,所以封建王朝往往会采取垄断金融以及一些重要物质的方式来筹集财政资金,②这样的后果便是严厉地打击了民间资本的活力,特别是工商业的发展。由此必然带来经济发展的停滞,而经济发展停滞极有可能引发社会的不稳定,这又反过来需要政府维稳,而政府维稳又需要大量财政支持方可实现。至此,封建社会形成了一个极难破解的财政困境循环,这也是中国古代王朝更迭的财政原因。③ 税收问题往往成为我国古代王朝更替的"导火线",在所有王朝的初期都主张轻徭薄赋,而中期则或由于国家建设、或由于对外战争、或由于统治者的私欲而开始增加税赋甚至汲取无度,到最后竭泽而渔导致王朝崩溃。④

一般认为,汉武帝之后我国社会呈现两个重要的特点:权力呈现高度的集中化、广大的民众被纳入了国家体制之中。⑤ 很明显,形成于汉武帝时期的财政专制主义对当前的财政体制依旧存在或多或少的影响,而对

① 该学者甚至认为,楚汉之争在国家模式和财政体制上就表现为集权帝国和分封宗主国之间的争论。参见郭建龙:《中央帝国的财政密码》,鹭江出版社 2017 年版,第 29 ~ 44 页。

② 如著名的《盐铁论》便是诞生于这样的背景之下,同时《盐铁论》奠定了我国封建社会财政体制的理论基础。关于《盐铁论》背景及其重要意义,具体详见刘守刚:《财政经典文献九讲——基于财政政治学的文本选择》,复旦大学出版社 2015 年版,第 11 ~ 35 页。

③ 参见刘守刚:《财政经典文献九讲——基于财政政治学的文本选择》,复旦大学出版社 2015 年版,第 1 页。

④ 参见孙凤仪:《公民社会与公共财政——良政与善治的政治经济学分析》,知识产权出版社 2014 年版,第 222 ~ 223 页。

⑤ 参见蓝元骏:《租税国家与财政宪法:对照〈盐铁论〉与〈租税国危机〉》,台湾大学 2009 年博士学位论文,第 57 页。

于纳税人观念最大的影响莫过于创造并升华了“臣民意识”。“臣民抹灭了人的主体性和自律性……忽视个人的权利……是客体性概念”。[①] 专制主义时期,臣民对于税收多是采取逆来顺受的态度,明末清初的著名理学家和教育学家朱柏庐先生在其《治家格言》中就明确地提出,“国课早完,即囊橐无余,自得至乐”。[②] 同时,由于税收是一种国家治理的方式,专制主义之下臣民对于税款的缴纳在很大程度上是没有任何发言权的。《尚书·禹贡》的记载就是其典型例子:“禹别九州,随山浚川,任土作贡。”该段表述虽然在于说明大禹的丰功伟绩,但是也可以很明显看出,对于税收的收取,作为君主的大禹具有绝对的发言权。所以,专制主义之下臣民对于国家事务是完全不关心的。

有学者指出,我国古代皇帝无须向其臣民说明征税的理由,同时,臣民往往也认为,皇粮国税是天经地义的事情而无须说明其合法性。[③] 毫无疑问,这一传统给我国现代的税制以及税收思想带来了极大影响。专制主义对于我国纳税人观念造成的最大也是最直接的影响便是,我国理论界和实务界单纯强调税收的强制性、无偿性和固定性,而在很大程度上忽视了纳税人的基本权利。虽然我国税法学者关于税收的定义可以分为收入论、活动论、关系论和工具论等几种模式,[④]但由于受到财政学的影响,都十分强调税收的强制性、无偿性和固定性。[⑤] 刘剑文教授对于税收定义的认识有一个变化的过程,在1997年其认为“税收,是指国家为了实现其职能的需要,按照法律规定,以国家政权体现者身份,强制地向纳税人征收货币或实物所形成的特定分配关系”,[⑥]而在其与熊伟教授合著的最新

① 伍华军、周叶中:《我国公民意识及其培植研究》,武汉大学出版社2014年版,第103～104页。

② 方赛迎:《人性维度的纳税人权利法律保护新探》,载《安徽大学学报》2006年第3期。

③ 参见顾銮斋:《中西中古税制比较研究》,社会科学文献出版社2016年版,第86页。

④ 参见刘剑文主编:《财税法学研究述评》,高等教育出版社2004年版,第159页。

⑤ 如“税收是国家为实现其公共职能而凭借其政治权力,依法强制、无偿取得财政收入的一种活动或者手段”(张守文:《财税法学》,中国人民大学出版社2014年版,第109页),“税收是以实现国家公共财政职能为目的,基于政治权力和法律规定,由政府专门机构向居民和非居民就其财产或特定行为实施的强制性的,非罚与不直接偿还的金钱课征,是一种财政收入的形式”(徐孟洲主编:《税法》,中国人民大学出版社1999年版,第5页)。

⑥ 刘剑文主编:《财政税收法》,法律出版社1997年版,第141页。

版《财政税收法》中,将税收定义为“税收是国家或其他公法团体为财政收入或其他附带目的,对满足法定构成要件的人强制课予的无对价金钱给付义务”。[①] 由此可见,在后一个定义中更加注重满足法定构成要件,这也符合税收法定的基本精神,但是两个定义中都依旧带有明显的国家主义色彩,其对强制性和无偿性的强调跃然纸上。

第二节 计划经济影响下的税收观念

一、改革开放前我国的经济和社会管理体制

(一)计划经济:改革开放前我国的经济体制

经过艰难且漫长的革命历程,我国终于在1949年完成了反封建和反殖民的任务,建立了新中国。新中国成立伊始,我国尚处于新民主主义时期,为了实现向社会主义过渡并应对新中国成立之后一穷二白的局面,在参考苏联经济模式的基础上,我国建立起了计划经济体制。一般认为,我国计划经济体制的形成经历了3个阶段:萌芽、初步形成和基本形成。[②] 新中国成立之后,和所有新生政权需要建立其经济基础一样,新中国也通过没收帝国主义遗留的资本以及官僚资本建立起了国有企业,并以此作为国民经济的主导力量。据相关统计表明,此时的国有企业占全国工业资金的78%以上。[③] 1949年年底国营经济在全国的电力产量、原煤产量、生铁产量、钢产量、水泥产量中的比重都已经远远超过了50%,其中,生铁、钢更是高达90%以上,棉纱产量也已经接近50%。[④] 由于有了强大的国有经济作为支撑,我国开始探索建立起计划经济体制。这一阶段被视为我国计划经济建设的萌芽期,之所以称为萌芽主要在于其为计划经济体制初步奠定了经济基础。在接下的3年中,即1950~1952年,一方面,

---

① 刘剑文、熊伟:《财政税收法》,法律出版社2017年版,第161页。

② 参见林浣芬:《我国计划经济体制的基本形成及其历史特点》,载《党的文献》1995年第2期。

③ 参见林浣芬:《我国计划经济体制的基本形成及其历史特点》,载《党的文献》1995年第2期。

④ 参见孙健编著:《中华人民共和国经济史:1949~90年代初》,中国人民大学出版社1992年版,第22页。

新中国继续通过没收官僚资本的方式壮大国有经济；另一方面，国营经济本身也在做大做强，所以其所占比重以每年51%的速度递增。[①] 在国营经济日益壮大的情况下，最高决策层开始思考如何建立起更有效或者说是更符合当时具体情况的经济管理体制和模式。在1950年8月，我国召开了新中国成立之后的第一次全国计划工作会议，在该会议上初步确立了经济管理的决策权高度集中且具体的权力分配以行政命令的方式进行，并最终形成以条块分割为表现形式的经济管理体制，且该经济管理体制具有明显的等级特征。而在对农业和手工业的管理方面，也通过1951年9月召开的互助合作会议上得以明确。农业采取供销社的方式来实现计划管理和经营，而对于手工业则将其纳入地方工业计划从而实现计划管理的目的。经过对国民经济的改造和建设，在1952年国营经济已经占据了绝对主导地位，并以党的七届三中全会为标志表明中国式的计划经济体制已经初步建立。一般认为，1952年9月至1956年12月是我国计划经济体制完全形成的阶段。在这一阶段具有典型代表的事例为专门的计划性管理机构——国家计划委员会的成立（1952年11月）以及"一五"计划的编制及实施，同时计划经济的体制也体现在新中国制定的第一部《宪法》第15条的相关规定之中。[②] 至此，计划经济体制得以完全建立。

一般而言，认识一个事物特点最有效的方式便是与相关事物进行对比，与计划经济相对应的概念便是市场经济，两者的区别抑或是特征，主要在于经济管理中计划（政府）和市场的定位。计划和市场之间的区别可以说是经济学和法学永恒的话题之一，当然也产生了许多遗泽后世的论争及著述，如著名的凯恩斯和哈耶克之争。故此，有学者经过归纳梳理出了计划和市场的区别，见表1－1政府与市场的比较。虽然在20世纪八九十年代有学者对我国计划经济体制的特点进行了较温和的归纳，其认为我国计划经济的特征包括以下几个方面。第一，虽然总体上属于集中统一的领导，但是依旧注重发挥中央和地方两方面的积极性；第二，虽然强

① 参见王胜利：《新中国成立以来公有制经济发展历程解析》，载《长白学刊》2011年第4期。

② 1954年《宪法》第15条规定，国家用经济计划指导国民经济的发展和改造，使生产力不断提高，以改进人民的物质生活和文化生活，巩固国家的独立和安全。

调以计划为主，但是也注重市场的作用；第三，注重运用直接计划、间接计划和估算性计划等多种计划方式来实现管理；第四，注重综合平衡。[①] 但是，这种对于计划经济带有温情的认识，一方面来自特定时期的看法，另一方面计划经济这些温情的方面并非其主流，甚至只是其在一定阶段后才有的。所以根据计划和市场的区别，结合我国改革开放之前经济管理的实际情况，可以得出我国计划经济的特征。第一，公有制为经济的绝对主导。在1956年之后，计划经济体制在我国运行了数十年的时间，并且作为计划经济支撑的公有制经济所占比重不断提高。据相关数据表明，在1978年我国实行改革开放的前夕，公有制经济的比重达到了99.1%。[②] 第二，计划经济最重要的特点表现为通过高度集中的方式来管理经济事务。[③]

表1-1 政府与市场的比较[④]

项目	计划(政府)	市场
认知论	有知论、建构理性主义—— 确信一定有某些机构、组织能掌握所有的知识和信息，由此可以通过计划、命令等手段设计出一个理想的社会、经济秩序	无知论、进化理性主义—— 人类只有承认在许多场合、很大程度上的无知、认识能力上的非至上性，才会尊重自然、经济规律，在社会、经济决策时采取谨慎态度
秩序	社会秩序	自发的内部秩序
交易规则	熟人社会 人格化、特殊主义	陌生人社会 非人格化、普遍主义
国家能力	无限政府、全能国家	有限政府、法治政府
社会观	集体主义	个人主义

① 参见林浣芬：《我国计划经济体制的基本形成及其历史特点》，载《党的文献》1995年第2期。

② 参见王胜利：《新中国成立以来公有制经济发展历程解析》，载《长白学刊》2011年第4期。

③ 参见张云洁：《试论我国的计划经济》，载《陕西财经学院学报》1985年第1期。

④ 参见吕忠梅、陈虹：《经济法原论》，法律出版社2008年版，第63页。

续表

项目	计划(政府)	市场
法律规则	计划法等(严格而言,仅仅是行政计划和命令,算不上规范意义上的法律)	民商法等(确认、保障市场的一般交易规则)

(二)单位制:改革开放前我国的社会管理体制

根据马克思主义经济基础决定上层建筑的基本原理,既然在新中国成立之后通过改造和建设实现了以公有制为主体的经济基础,那么必然会在社会管理体制方面建立起适应计划经济的管理体制。虽然有学者从历史纵深的角度归纳我国单位制的形成原因,其认为我国单位制建立的社会历史根源是几千年传统社会所带来的家族观念;其经济根源是新中国成立之后相对落后的经济状况,为了最大限度地调动现有经济基础以建设社会主义新中国;其文化根源在于单位制比较符合我国文化特点。[①]但是,新中国成立之后单位制建立的最直接也是最重要的原因当属计划经济体制,这一点从单位的定义就可以明显地看出。单位制中的单位一般认为是"适应计划经济体制而设立的一种特殊的组织形式,具有政治、经济与社会三位一体的功能,以行政性、封闭性、单一性为特征"。[②] 与计划经济注重通过行政命令的方式来管理社会经济相一致,单位制也体现了行政命令色彩,其带有人身依附关系。在单位制的社会管理体制之下,社会的每一个个体必然依附到一个单位,而单位又依附于国家而存在。如果某一个个体没有单位归属,那么其将无法在社会上立足。在单位制之下,国家对于单位以及单位对于其所属个体的管理都是采取行政命令的方式予以实现的。从国家渗透力的角度出发考察,国家通过单位直接控制了社会生活的方方面面,而无须通过财政等手段。由于我国长期以来实行城乡二元户籍制度,所以单位制在城市和农村也存在不同的具体

---

① 参见王伟、武中哲、成锡军:《国内学术界关于"单位制"的研究综述》,载《发展论坛》2001年第3期。

② 何海兵:《我国城市基层社会管理体制的变迁:从单位制、街居制到社区制》,载《管理世界》2003年第6期。

表现形式。城市中的单位一般表现为机关、国有企事业单位以及城市居委会，而在农村，单位制则是通过人民公社得以建立的，所有的农民都被划分到相应的公社之中，不存在任何意义上的自耕农。无论企业还是居委会抑或是人民公社，这些单位本身都是国家行政组织网络中的基本构成部门，而这些单位的领导也代表了国家和其上级行政机关的权威性。[①] 所以，个体无论是在农村还是在城市，无论是在国有企事业单位还是在乡间田野，都通过遍布全国的单位被纳入了国家行政管理的网络之中。

单位制的建立本身是为了适应新中国成立后所建立起来的计划经济体制，相对于市场经济模式，其具有自身所应当承担的现实功能。一般认为，单位制具有以下几个方面的功能。单位制是国家集中、分配和利用社会资源的组织化形式；单位制是国家实现社会控制的组织化形式；单位制是国家实现社会整合的基本形式。[②] 为了实现单位的上述功能，造就了单位制功能合一性、非契约性、资源不可流动性等内在性质。[③] 单位制之单位并非如现在所讲的“在某单位任职”中的单位，后者仅具有或者主要具有经济职能，而前者具有政治、经济、文化等综合性的职能，其俨然就是一个小社会。前文提到，单位制之下个人与单位的关系属于行政管理而非劳动契约关系，从本质上讲，单位代表国家对其所属个人进行管理，当然这种管理涉及生产和生活的方方面面。

二、改革开放前对于税收功能的认识

（一）税收无用论

在市场经济之下，税收总体而言具有财政汲取、社会调节和政治治理的功能。无论国家和社会关系如何变化，社会在市场经济之下必定会与国家呈现相对分离的局面，国家要想获得财政就必须通过税收的方式，税收汲取能力甚至被视为国家治理能力的重要表现。同时，国家在通过税

---

① 参见路风：《中国单位体制的起源和形成》，载《中国社会科学季刊》（香港）1993 年第 5 期。转引自赵书文：《公民身份与养老保障的平等——以单位制变迁为视角》，西南政法大学 2014 年博士学位论文，第 47 页。

② 参见李路路：《“单位制”的变迁与研究》，载《吉林大学社会科学学报》2013 年第 1 期。

③ 参见路风：《单位：一种特殊的社会组织形式》，载《中国社会科学》1989 年第 1 期。

收汲取财政之时也是在实现其社会调节和政治治理的功能，很少甚至几乎没有国家的税收仅仅承担财政功能而没有社会和政治方面的考量。而在计划经济和单位制之下，税收的财政汲取功能、社会调节功能以及政治治理功能都被通过单位制所建立起来的联通全国的网络所替代。正是由于计划经济以及基于计划经济而形成的单位制，国家的渗透力达到了前所未有的地步，即国家渗透到了社会生产、公民生活的方方面面。国家对于社会的影响完全可以通过行政命令的方式予以实现，而几乎不需要借助任何的财政税收。首先，由于不存在国家和社会的相对分离，国家将所有的人归属于单位，而通过单位牢牢掌握着社会资源，就不存在向社会中的私人经济征收税收的问题，国家运作所需要的物质基础完全依靠公有制经济的上解就可完成。其次，由于包括政治、经济、文化在内的所有领域全部依靠自上而下的行政命令得以通过单位制的网络实现治理，税收的社会调节功能自然让位于国家与单位、单位与个人之间的命令式控制模式，故而税收的社会调节功能也不具备社会现实基础。最后，由于在计划经济体制和单位制的社会管理模式之下，税收失去了其原本应当具备的财政汲取功能和社会调节功能。

正是因为受到计划经济体制和单位制社会管理模式之下的税收无用论的影响才会出现有学者反对纳税人以及为纳税人服务的提法。该学者从我国《宪法》中关于经济制度以及公有制范围的规定出发，认为“我国公共财富及其生产方式基本上属于公有，而且这些公有财富及其生产方式有国家政权保障或保护，私人或私有经济依法纳的一点税，可以说是沧海一粟，远不足以自大到以社会主人自居”；同时认为，在公有制经济之下从事社会管理工作的人员也是纳税人，属于“一个经济共同体，其中的各种要素不可或缺，不能孤立地片面强调部分群体的贡献”。①

（二）税收万能观念

一般观点认为，在计划经济体制之下，税收的范围及其功能都受到了极大限制，所以税收万能的观念似乎与计划经济和单位制格格不入。这种认识是建立在计划经济条件下对于税收本质和功能的错误认识之上

---

① 温建辉、余丽英：《论“纳税人”概念与“四项基本原则”的对立》，载《重庆与世界》2010年第13期。

的,即将税收视为计划的一种手段,税收万能主义也就理所当然了。基于对税收本质和功能的错误认识而形成的税收万能观念,其本质上可以说是无税论的一个翻版。新中国成立之后,我国建立起了计划经济体制,同时在财税本质的认识上接受了苏联的"国家分配论",该理论的核心观点认为,财政是一种以国家为主体和中心的分配关系。① 这一观点在我国的官方文件中得到确认并得以实施,如1951年《关于划分中央与地方在财政经济工作上管理职权的决定》就将财政作为国家管理的职权从而要求适当地下放给地方政府。② 前文在分析计划和市场的区别时曾经提到,计划经济认为国家是万能的,国家在应对经济、社会问题之时具有足够的能力。那么,既然税收是国家诸多计划方式的一种,其必然能随心所欲地运用于一切社会问题的解决之中。在此背景之下,如果税收政策在具体实践中出现了失败,其原因理所当然是没有充分认识并进而科学地运用税收工具,而非税收工具本身所具有的局限性。于是乎,在这种认识之下,任何社会问题都可以通过作为国家计划手段之一的税收来予以调节和引导。③ 例如,勤俭节约是中华民族的传统美德,同时中华民族又是一个人情社会,故而在筵席中往往容易出现铺张浪费的局面,在税收万能主义观念之下,我国曾经开征了筵席税,并在《筵席税暂行条例》第1条就旗帜鲜明地说明其立法理由在于"引导合理消费,提倡勤俭节约的社会风尚"。据《中国青年报》相关统计表明,筵席税从开征之日起,其税收收入一直都很低,在1994年筵席税仅征收到了税款87万元。④ 筵席税在实际生活遭遇的境况还远不止难以征收这一问题。由于筵席税的开征权限实际上在省一级政府,⑤当1994年"分税制"改革将筵席税划归为地方税之后,基于现实的考量,除陕西省、内蒙古自治区外的大多数地方都并未开征该税

---

① 参见张馨:《我国财政职能观评述》,载《财经问题研究》2001年第11期。

② 关于我国财税法功能变迁的梳理和论述参见刘剑文:《财税法功能的定位及其当代变迁》,载《中国法学》2015年第4期。

③ 当然,这里的调节和引导与市场经济条件之下税收社会功能,特别是引导税所具有的调节和引导功能具有根本上的不同。

④ 参见王东京、李莉:《筵席税遭遇尴尬》,载中青在线网,http://zqb.cyol.com/content/2003-11/23/content_776124.htm。

⑤ 《筵席税暂行条例》(已失效)第4条规定,个别需要免征筵席税的,由省、自治区、直辖市人民政府确定。

种。而2002年内蒙古自治区宣布不再开征筵席税，则宣告筵席税在我国实际上消失了，同时也说明税收万能的观念并不符合现实。

第三节　现代文明中人的价值

历史学界有一个约定俗成的判断标准，那便是一个文明开始的时间是指其脱离原始部落形态从而成立国家开始。如果按照这一标准，人类文明的历史则可以追溯到6000多年之前。然而不同文明的价值取向和其中的本位观念却存在很大区别，总体而言，人类文明的本位观念经历了神本位、国本位到人本位的历程。甚至可以说，以人为本的观念是现代文明区别于之前所有文明最显著的特点。前文分析到专制主义传统是我国树立纳税人观念的历史底色，新中国成立后计划经济体制和单位制的社会管理模式则是我国树立纳税人观念不能不承受的时代遗产，现代文明中对人之价值的凸显则为“纳税人观念”之法意研究扫清了理论上的障碍，从而从正面论证了树立纳税人观念的时代诉求。

一、以人为本思想的提出

如果从最早诞生人类文明的两河文明时代开始起算，人类进入文明社会已经达到6000多年了，然而在漫长的历史岁月之中，人并非一直被视为社会的主体而存在，而是长期依附神抑或是国家之下。著名法理学者於兴中先生从人的秉性和人类文明秩序的角度总结出了人类社会存在的3种文明秩序。[①] 详见表1－2。

表1－2　人的秉性与人类文明秩序

人的秉性	灵性	信仰	宗教性	宗教	宗教文明秩序
	心性	感情	关系	道德	道德文明秩序
	智性	理性	规则/权利	法律	法律文明秩序

一般认为，与宗教文明秩序以其仪式感作为主要特征和以规则和秩

① 参见於兴中：《法治东西》，法律出版社2015年版，第48页。

序为表现形式的法治文明秩序所不同的是，道德文明秩序体现在老百姓的一言一行之中，所以道德楷模的作用就相当于宗教的仪式感和法治的规则和程序。① 於兴中教授进而认为，“一个完全建立在智性和法律之上的法治社会只能造就一大堆现世主义和个人主义者，却孕育不出秉性健全的人来”。② 可见，在其建构的文明秩序中十分注重人的健全。虽然人的心性和灵性对于建构完整且健全的人格具有极其重要的作用，但这番论断是在片面强调理性所带来的不利后果日益凸显后提出来的，具有深厚的后现代色彩。而一般认为，人的价值体现在其主体性方面，“人的主体性是人作为活动主体的质的规定，是在与客体相互作用中得到发展的人的自觉能动和创造的特征”。③ 所以，我们不能将基于片面强调理性而带来的后现代反思运用于现代社会之前的宗教文明和道德文明之中。在传统的宗教文明和道德文明时代，人的价值特别是其主体性并没有得到社会的认可，其往往是作为神抑或是国家（在专制主义社会，国家主要代表的是统治阶层）的客体。

最能体现文明对于人价值之尊重的，便是以人为本思想的提出及其在现代社会的复兴。“标志着人们的精神进入现代社会的则是人们的人文主义启蒙实现的程度。”④“人本主义”源于拉丁文“*humanistas*”，也被称为“人道主义”“人文精神”“人文主义”等，“人本主义”的思想在中西方的历史上都曾经有过精辟的论述。早在古希腊时期，“人本主义”的思想就已经萌芽，当时诡辩派学者普罗泰戈拉提出，“人是万物的尺度，是存在的事物存在的尺度，也是不存在的事物存在的尺度”，⑤“希腊哲学家为探求人权的谱系提供了最有利的开端”。正因如此，后人认为，“古希腊思想最吸引人的地方之一是，它是以人为中心，而不是以上帝为中心”。⑥ 我国古典典籍中最早出现“以人为本”思想的是《尚书》中“民可近，不可下，民为

① 参见於兴中：《法治东西》，法律出版社2015年版，第98页。
② 於兴中：《法治东西》，法律出版社2015年版，第7页。
③ 郭湛：《人的主体性的进程》，载《中国社会科学》1987年第2期。
④ 李景鹏：《中国公民社会成长中的若干问题》，载《社会科学》2012年第1期。
⑤ ［英］罗素：《西方哲学史》（上卷），何兆武、李约瑟译，商务印书馆1963年版，第111页。
⑥ ［英］阿伦·布洛克：《西方人文主义传统》，董乐山译，三联书店1997年版，第14页。

邦本,本固邦宁”[①]与《管子》的“夫霸王之所始也,以人为本”。[②] 与《尚书》和《管子》从维护统治秩序的角度不同,荀子认为,“天之生民,非为君也。天之立君,乃为民也”。[③]

我国古典的“以人为本”思想大多数是从维护统治秩序的角度论证的,其“人本”中的“人”之所以“本”不在于其具有独立的主体地位而是可以实现王道或者霸道。现代的“以人为本”思想主要是由古希腊继承和发展而来的,美国《哲学百科全书》认为,以人为本是指“任何承认人的价值或尊严,以人作为万物的尺度,或以某种方式把人性及其范围、利益作为课题的哲学”。[④]

神本主义是第一对与以人为本相对的概念,同时以人为本思想也是在冲破神本主义之后才得以确认和发展的。以人为本思想在古希腊萌芽之后并不是一帆风顺地驶入现代自由民主的汪洋大海,而是经历了中世纪黑暗的山谷。欧洲中世纪,基督教一统天下,整个社会都处于教会神权的严密控制之下,所有的思想和行为都必须符合基督教的世界观——必须服从于《新约》和基督教教义。“像其他科学和思想的分支一样,法律哲学也为教会及其教义所支配。”[⑤]所以,在这段时间,法律是以神为本而非以人为本的,在以神为本的法律之下,神作为万物的尺度,而人的价值和尊严受到压制。

而随着文艺复兴和启蒙运动的兴起,神本主义受到了古典自然法学家和哲学家的猛烈抨击。人开始从宗教神权中独立出来,人的价值开始得到重新的认识。“以个人主义为核心的人文主义,以自由、平等为口号的人道主义,以唯心史观为基础的抽象的人性论,成为资产阶级人权理论最早的思想渊源。”[⑥]从神本主义中复活的以人为本思想也成为新兴的资

---

① 《尚书·五子之歌》。

② 《管子·霸言》。

③ 《荀子·大略》。

④ 沈恒炎、燕宏远主编:《国外学者论人和人道主义》(第1辑),社会科学文献出版社1991年版,第758页。转引自杨寿堪、李建会:《现代科学主义与人本主义哲学的基本特征及其走向》,载《学术月刊》2001年第11期。

⑤ [美]E.博登海默:《法理学:法律哲学与法律方法》,邓正来译,中国政法大学出版社2004年版,第27页。

⑥ 付子堂主编:《法理学进阶》,法律出版社2006年版,第145页。

本主义法哲学的核心思想，康德认为，“法律就是在使每个人的意志根据自由的普遍法则与别人的意志共存并处的条件下的综合”，[①]黑格尔更直接地表述为“法的命令是：成为一个人，并尊敬他人为人”。[②]

通过文艺复兴、思想启蒙运动以及资产阶级革命，人类社会走出了神本主义从而重新确立了以人为本思想的领导地位。整个人类社会开始日益呈现现代性特征——工具理性占据主导地位。具体而言，“在政治方面，现代性标志着民族国家和与之相应的现代行政组织和法律体系的建立；在经济方面，现代性标志着资本主义新世界的体系趋于形成，包括世界性的市场、商品和劳动力流动；在社会方面，现代性标示着相对于社会的个人自由、个人本位理念的建立；在意识形态方面，现代性标示着人在挣脱宗教的掌控之后，开始过着一种世俗化的生活，理性和科学成为人认识世界的武器”。[③] 以人为本思想提高了人的地位，使人的理性取代了“神谕”成为人类认识世界的工具，但是随着工具理性逐渐占据主导地位，人类社会出现了现代化悖论——现代化是以以人为本思想为基础的，但是随着现代化中工具理性的肆意侵入导致人日益被“工具化”，社会呈现了“物本主义”的特征。以人为本思想创造了工具理性而工具理性的异化反过来又摧毁了以人为本，并将整个社会带入了“物本主义”。

以人为本思想除受到来自“神本主义”和“物本主义”的侵蚀外，在现实生活中，其最直接的危险来自强大的政府，所以西方在很早之前就已经有了驯服“利维坦”的思想，“到文艺复兴时期，资产阶级思想家用人道主义的思想来反对封建主义对人的压制，并以此来论证民主主义。这时候的人道主义，就是一种民主主义，其内涵是自由、平等与博爱”。[④] 国家主义和以人为本思想的区别在于：法律的目的是保障国家权力的行使还是保障公民的人权；法律的运行体现为国家权力的运作还是体现为作为人的法律行为和法律活动。[⑤]

---

① 《西方法律思想史资料选编》，北京大学出版社1983年版，第399页。

② ［德］黑格尔：《法哲学原理》，范扬、张企泰译，商务印书馆1982年版，第46页。

③ 李永成：《经济法人本主义论》，法律出版社2006年版，第46页。

④ 吴建、舒美芹：《从人道主义的发展来揭示发展的人道主义》，载《前沿》2012年第3期。

⑤ 参见张洪涛：《国家主义抑或人本主义——转型中国法律运行研究》，人民出版社2008年版，第56页。

二、以人为本思想的法律化

与人本身在历史的长河中长期被客体化相一致,法律也曾经长期忽视人应有的价值和地位,但是自然“把理性和以理性为基础的意志自由赋给了人类”[①]的目的是要突出人的主体地位而非使人沦为客体。于是,以人为本的思想进入了法律。“现代法的人本主义……一切从人出发,把人作为一切观念、行为与制度的主体,尊重人的价值与尊严,实现人的解放和全面发展,保障所有人的平等、自由与人权,提高所有人的物质生活与精神生活水准,已经或正在成为现代法律的终结关怀,成为现代法制文明的主要标志,成为现代法律创制和实施的重要特征,成为推动法制改革的巨大动力。”[②]

以人为本思想法律化主要表现在法律权利和义务关系的认识上。权利和义务是法律关系的内容,“法是以权利和义务为机制调整人的行为和社会关系的,权利和义务贯穿于法律现象逻辑联系的各个环节、法的一切部门和法律运作的全部过程”。[③] 我国法学研究曾经长期以“义务本位”为特点。在改革开放后,学术界开始对阶级斗争研究范式进行反思和批判,并最终提出了“权利本位”的研究范式。[④] “权利本位”研究范式的支持者认为,法学关系的内容应当是权利和义务;而权利和义务之间的关系应当是以权利为目的、以义务为手段,即权利是第一性的、义务是第二性的。[⑤] 近年来,有学者基于“权利与义务在概念架构上的共性”“权利与义务在互相关系上的并重”“权利与义务在制度建构上的兼顾”“权利与义务在法律精神上的同扬”而提出了我国法学研究的范式应当从现在的“权利

---

① [德]康德:《历史理性批判文集》,何兆武译,商务印书馆1990年版,第5页。

② 李步云:《现代法的精神论纲》,载《法学》1997年第6期。

③ 张文显:《法理学》,法律出版社2007年版,第159页。

④ 当然也有学者对此质疑,认为法律应当是“义务先定、权利后生”的。参见张恒山:《义务先定论》,山东人民出版社1999年版,第1~31页。

⑤ 参见张文显、于宁:《当代中国法哲学研究范式的转换——从阶级斗争范式到权利本位范式》,载《中国法学》2001年第1期。

本位论”转向新型的“权利义务平衡论”。[1] 我们认为,法学研究的范式由其所在时代而决定:在前资本主义时代,因为国家主义盛行以及公民权利意识的淡薄,所以奉行“义务本位”的研究范式;在资本主义以及建设社会主义法治社会的时期,“权利本位”逐渐取代“义务本位”而成为法学研究的主流范式;在现代或者后现代社会,个人不仅作为个体独立而存在,社会人的角色也开始凸显,同时各种社会化问题的凸显都呼吁“权利义务平衡”的研究范式。综上,现代法治研究的范式应当是一种“权利义务平衡”的范式。

税法作为衡平国家课税权与国民财产权的法律,其本身也包含了对人的尊重。“既然私有财产权的宪法作用和意义不是保护财产本身,而是保障财产所有者自由和人格的施展,那么在对私有财产权的限制强度进行整体考量时,我们不应以财产本身为准,而应当衡量对纳税人自由和人格施展的限度强度。”[2]而在社会化问题日益凸显的现代社会,有学者提出了“税法社会化”的重要命题,“税法的社会化是指旨在实现人的全面发展的税法应当致力于回应和解决社会问题,加强税法的人文关怀”。[3] 由此可见,税法在应然层面上应当是以人为本的法律。

第四节 我国纳税人的现实状况

一、纳税人权利不彰的现实

前文提到现代文明相对之前所有文明最明显的特征便是凸显了对人之价值的尊重,而以人为本思想法律化的典型体现为权利观念的树立。甚至无论西方学者还是东方研究者都认为,现代社会就是一个权利

① 参见贺电、马楠:《当代中国法哲学研究范式的新发展——从权利本位范式到平衡范式》,载《社会科学战线》2014 年第 1 期。

② 陈征:《国家征税的宪法界限——以公民私有财产权为视角》,载《清华法学》2014 年第 3 期。

③ 张怡等:《人本税法研究》,法律出版社 2016 年版,第 134 页。

的时代。[①] 权利时代的背景,必然导致财税法的核心价值也应当是保护纳税人的权利。然而,基于学术界对于纳税人权利研究的热度,规范上"保护纳税人的合法权益"也被写入了1992年的《税收征收管理法》中。[②] 而现实生活中纳税人权利不彰却是社会常态:纳税人自身不知道其享有哪些具体权利,税务行政机关工作人员不知道、不认可纳税人的权利。其中,反映纳税人权利不彰现实的典型案例便是被称为"我国纳税人诉讼第一案"的"蒋某林案",虽然此案在一定程度上反映出了我国纳税人权利的觉醒,但是其中却饱含纳税人权利尴尬的现状。

2006年4月3日,湖南省常宁市荫田镇爷塘村的村主任蒋某林向常宁市人民法院递交了一份起诉财政局的诉状。这一消息很快传遍了全中国,并引起了学术界的高度关注,并被称为"我国纳税人诉讼第一案"。2006年1月18日,蒋某林向常宁市财政局寄去一份《关于要求常宁市财政局对违法购车进行答复的申请》,认为财政局2005年购买两辆小轿车违法,是对纳税人的钱的不当利用。2月16日,常宁市财政局党组成员、纪检组长雷某生专程到蒋某林家中,对他的申请材料进行了简单的面对面答复。4月3日,蒋某林对雷某生的答复不满意,将常宁市财政局起诉至常宁市人民法院,请求确认被告超预算购买两辆小轿车、滥用国家税款侵害纳税人合法权利的行为违法。4月10日,常宁市人民法院将《行政裁定书》送达蒋某林,认为"蒋某林所诉事项不属于人民法院行政诉讼受案范围,不符合起诉条件,故法院不予受理"。[③]

此案被学界和媒体称为"我国纳税人诉讼第一案",案件中常宁市财政局局长的3个疑惑可以完美展现出我国纳税人权利不彰的现实。首先,常宁市财政局局长认为,如果每个人都可以对政府的购车提起诉讼,

---

① 美国学者路易斯·亨金认为,"我们的时代是权利的时代"([美]路易斯·亨金:《权利的时代》,信春鹰等译,知识出版社1997年版,"前言"),而我国著名法学家夏勇先生也曾经指出,"在我们这个时代,让更多的人获享更多的权利,已经成为人类的共同理想"(夏勇主编:《走向权利的时代——中国公民权利发展研究》,中国政法大学出版社1996年版,第1页)。

② 1992年公布的《税收征收管理法》第1条规定,为了加强税收征收管理,保障国家税收收入,保护纳税人的合法权益,制定本法。

③ 案件整理参见洪克非:《民告官:超预算购车成被告》,载岳阳人大网,http://www.yyrd.com.cn/rddk/200709/115.html。

那么是否将会给购车单位带来很大的麻烦？其次，我国已经取消农业税，那么作为农民的蒋某林怎么能够有资格以纳税人的身份提起诉讼？最后，当得知蒋某林的确具有原告主体资格之后，再次表示其所缴纳的税款是否能够购买一辆车，如果不能，那么为什么可以提起诉讼？[①] 从常宁市财政局局长的3个疑惑可以明显看出，税务行政工作人员对于纳税人权利的内涵和外延根本就不清楚，这不仅仅是该局长的疑惑和无知，也是当代社会对于纳税人权利认识的一个侧影，其深深根植于且直接反映了我国纳税人权利不彰的现实。

“有权利必有救济，没有救济的权利不是真正的权利。”我国纳税人权利不彰既具体表现为我国纳税人权利救济制度的不足，同时权利救济制度不足也进一步深化了权利不彰的现实。[②] 曾经有过一个关于“如果税务机关对你进行行政处罚，且处罚过重，你该怎么办”的调研，其中有接近89.26%的人会选择找人说情，8.42%的人会选择接受该税务机关的处罚，而只有2.32%的人会选择拿起法律的武器保卫自己的合法权益。[③] 这一调研结果也正好印证了我国税务行政案件数量偏低的现实。[④]

二、纳税人税负偏高的现状

宏观税负是一个经济学上专门用于衡量一个国家整体税负的专业术语，其直观地反映了某一个国家或者地区在一定历史时期内全部产出的分配情况，其从根本上体现了国家与个人之间的经济关系乃至政治关系。虽然在现代税收国家，税收收入是财政收入的主体部分，同时由于现代国家不直接参与生产活动，故而财政收入又是构成政府收入的主体部分。

---

① 参见孙凤仪：《公民社会与公共财政——良政与善治的政治经济学分析》，知识产权出版社2014年版，第263页。

② 关于我国纳税人救济制度存在的不足之具体表现及成因将在本书第三章予以具体论述，此处仅仅提出这一现象以论证我国树立纳税人观念的背景。

③ 参见李炜光：《写给中国的纳税人》，载李炜光：《大家的财税学》，中央广播电视大学出版社2016年版，第168~169页。

④ 根据相关学者的统计，我国税务行政案件在20世纪90年代每年有2000个左右，2004~2006年年均1000件左右，2007年为300件左右，在此以后一般保持在每年400件左右。参见崔威：《中国税务行政诉讼实证研究》，载《清华法学》2015年第3期。

但是由于存在社会保险费、土地出让金以及国企上缴收入等，所以一般而言，一个国家的税收收入、财政收入和政府收入都具有一定的差异，特别是在我国这样一个国有企业居于主导地位的国度，三者之间甚至存在较大差距。基于此，一般认为，宏观税负分为小口径、中口径和大口径，其中小口径宏观税负 = 税收收入总额/年度 GDP × 100%，中口径宏观税负 = 财政收入总额/年度 GDP × 100%，大口径宏观税负 = 政府收入总额/年度 GDP × 100%。财政学者对于我国税负水平进行了测算（见表 1 – 3 和表 1 – 4），虽然基于我国目前相关数据的公开程度以及学者测算之间存在的误差，表 1 – 3 和表 1 – 4 得出的具体数值有一定的差异，但是可以明显地看出，我国目前的大口径宏观税负在 40% 左右的高位运行。

当然，无论是小口径、中口径还是大口径的宏观税负都是一种客观数据，而对于纳税人来说税负高低更多的是一种心理的主观感受而非客观的数值。当然这并非在否定我国宏观税负偏高的现实，而是说明导致我国纳税人认为税负过高不仅有客观的宏观税负方面的因素，还有其他的因素抑或是评判标准，这便是“税痛”指数。与宏观税负的客观数值相对应，“税痛”是纳税人的一种主观感受，一般认为“是否能够反映出纳税人的实际痛苦，并不以纳税人实际收入为指标，也不以纳税人纳税额为指标，而与纳税人心理期待或情感承受密切相关”。[①] 由于其是一种主观感受，故而即使纳税人收入增加抑或是纳税额减少，其“税痛”指数也依然会存在上升的可能性。

虽然“税痛”是一种主观感受，其并不一定与纳税人的收入以及纳税额存在必然的正相关性抑或是负相关性，但是并不意味着“税痛”指数无法解释，更不意味着“税痛”和“税痛”指数属于一个任意的概念和任性的评价体系。一般认为，“税痛”指数除与前文提到的宏观税负水平相关外，还与该国的税制是否优良以及财政支出结构是否合理有关。在假定其他条件不变的情况下，当然宏观税负水平越高则“税痛”指数越高；同样其他条件不变则税制越优良，“税痛”指数就越低；同理，其他条件不变的情况下财政支出结构的合理性与“税痛”指数存在负相关关系。在税制方面，

① 张怡等：《人本税法研究》，法律出版社 2016 年版，第 2 页。

表 1-3 我国内地宏观税负水平①

年份	GDP		税收收入		财政收入		政府收入		宏观税负		
	总额（亿元）	同比（%）	总额（亿元）	同比（%）	总额（亿元）	同比（%）	总额（亿元）	同比（%）	小口径（%）	中口径（%）	大口径（%）
1994	48,197.9	36.4	5126.9	20.5	5218.1	20	7691.1	33	10.64	10.83	15.96
1995	60,793.7	26.1	6038.1	17.8	6242.2	19.6	9661.2	25.6	9.93	10.27	15.89
1996	71,176.6	17.1	6909.8	14.4	7408	18.7	13,128	35.9	9.71	10.27	15.89
1997	78,973	11	8234	19.2	8651.1	16.8	15,645.1	19.2	10.43	10.95	19.81
1998	84,402.3	6.9	9262.8	12.5	9876	14.2	17,599	12.5	10.97	11.70	20.85
1999	89,677.1	6.2	10,682.6	15.3	11,444.1	15.9	19,784.9	12.4	11.91	12.76	22.06
2000	99,214.6	10.6	12,581.5	17.8	13,395.2	17	22,460	13.5	12.68	13.5	22.64
2001	109,655.2	10.5	15,301.4	21.6	16,386	22.3	26,599.2	18.4	13.95	14.94	24.26
2002	120,332.7	9.7	17,636.5	15.3	18,903.6	15.4	31,217.9	17.4	14.66	15.71	25.94
2003	135,822.8	12.9	20,017.3	13.5	21,715.3	14.9	35,933.5	15.1	14.74	19.55	26.46
2004	159,878.3	15.7	24,165.7	20.7	26,396.5	21.5	44,242.5	23.1	15.21	16.51	27.67
2005	184,937.4	15.7	28,778.5	19.1	31,649.3	19.9	53,791.4	21.6	15.56	17.11	29.09

① 参见沈琳、黄雅靖:《中国内地的税负究竟有多重》,载《经济研究导刊》2012 年第 19 期。

续表

年份	GDP		税收收入		财政收入		政府收入		宏观税负		
	总额（亿元）	同比（%）	总额（亿元）	同比（%）	总额（亿元）	同比（%）	总额（亿元）	同比（%）	小口径（%）	中口径（%）	大口径（%）
2006	216, 314.4	17	34, 804.4	20.9	38, 760.2	22.5	65, 987.6	22.70	16.09	17.92	30.51
2007	265, 810.3	14.2	45, 622	31.1	52, 321.8	32.4	86, 395.9	30.9	17.16	19.31	32.50
2008	314, 045.4	18.1	54, 233.8	18.9	61, 330.4	19.5	94, 978.9	9.9	17.27	19.53	30.24
2009	34, 092.8	8.6	59, 521.6	9.8	68, 518.3	11.7	106, 655.8	12.3	17.46	20.1	31.29
2010	401, 202	10.4	73, 210.8	23	83, 101.5	21.3	156, 827.8	47	18.25	20.71	39.09
2011	471, 564	17.5	89, 720.3	22.6	10, 374.0	24.8	191, 356.4	22	19.03	22	40.58

表 1－4　政府实际收入占 GDP 比例①

年份	税收（亿元）	土地出让金（亿元）	社会保险金（亿元）	国有企业上缴（亿元）	彩票销售（亿元）	预算外及非税收入（亿元）	没进入预算统计的（亿元）	政府实际总收入（亿元）	GDP 总规模（亿元）	政府收入占 GDP（%）
1995	6038	缺	187	缺	缺	2938	680	9843	59, 810	16. 45
2000	12, 581	522	1006	缺	181	4919	1476	20, 685	98, 000	21. 10
2005	28, 778	5505	2645	缺	411	8608	2582	48, 529	183, 617	26. 43
2010	73, 211	28, 198	19, 276	440	1662	16, 693	5316	144, 796	399, 759	36. 22
2011	89, 738	31, 140	25, 153	700	2216	14, 136	6016	169, 099	468, 562	36. 09
2012	100, 614	26, 652	30, 739	1154	2615	16, 639	7290	185, 703	518, 214	35. 84
2013	110, 497	39, 073	35, 253	1288	3093	18, 645	8828	216, 677	566, 130	38. 27
2014	119, 158	42, 606	39, 592	2211	3824	21, 192	10, 682	239, 265	636, 463	37. 59
2015	124, 892	32, 547	46, 012	2560	3679	27, 325	12, 818	249, 833	676, 708	36. 92

① 参见李炜光、陈媛媛:《专家谈“曹德旺跑路”:别等企业过不下去了再减税》,载搜狐网 2016 年 12 月 22 日,https://www.sohu.com/a/122249306_114988。

改革开放之后，特别是1994年“分税制”改革之后，我国逐步建立了适应市场经济的现代公共财政制度，但是我国税制在平均税负方面却存在不尽如人意的方面。在财政支出结构方面，之所以存在客观上具有较高的宏观税负而主观上的“税痛”指数相对较低的情况，就在于其通过合理化的财政支出结构使纳税人认识到其所缴纳的税款最终落实到了其能够享受的公共服务之上。而长期以来，我国财政支出模式属于生产性支出而非消费性支出，①使广大纳税人无法直观感受其所纳税款“取之于民、用之于民”的特点，自然而然会出现交一份税就是损失一份财产的“税痛”。

本章小结

我国目前正在进行国家治理现代化的建设，而财政制度是国家治理的基础和重要支柱，所以现代化的国家治理依赖现代化的财政制度当是毫无异议的。在前文提到，制度的实施不仅依靠制度本身设计是否完美抑或是制度移植是否符合国情，而在于实施该制度的人是否具有现代制度所要求的观念。故而，现代财政制度的建立和运行必须以纳税人观念的树立为前提。现代文明对于人之价值的凸显和我国纳税人现实状况的两相对比，无疑一方面为我国建立现代财政制度提供了突破点——树立纳税人观念，另一方面也为我国树立纳税人观念带来了现实的紧迫性。

① 一般而言，消费性支出主要用于提高居民福利，而生产性支出则相对更加有利于企业的扩大，所以消费性支出能够相对地减低纳税人的“税痛”指数。但是不能架空历史来讨论哪一类支出更加合理，对于我国为什么形成生产性支出的格局将在本书的第三章予以讨论。

第二章　纳税人观念的内涵及现实基础

本书第一章提到树立纳税人观念是我国财税法治的重要突破点,且具有现实的紧迫性。在具体论证我国应当如何在法律体系中树立纳税人观念之前,需要明确界定纳税人观念的内涵,同时也要总结我国历次财政体制改革的经验,尤其是财政改革之下纳税人法律图像的变迁,从而为树立纳税人观念提供现实基础。

第一节　纳税人观念的内涵界定

纳税人观念,是指基于对税收、税法制度的理性认识而形成的以权利为核心的主体性观念。首先,“对税收、税法制度的理性认识”是纳税人观念的前提。虽然税收与税法制度与国家相伴随,但是纳税人观念只能产生于现代法治社会之下并依托于现代税收制度,即此时的税收是人类文明的对价而非基于政府单方意志的横征暴敛。本书的预设理论前提为,税收对于纳税人来说是一种现代公共生活方式,而对于国家来说则是现代治理模式。纳税人观念的树立必须要求纳税人对于税收和税法制度具有理性认识,否则将无从谈起,因为理性是主体性不可或缺的部分。当然,纳税人对于税收与税法的理性认识源于税制本身的法治化和人本化。其次,“以权利为核心”是纳税人观念的关键。基于税收本身的运行机制,纳税人必然兼具权利人和义务者两个面向,而在权利本位的现代法治社会之下,理所当然纳税人观念的重心应当是权利人的一面。故而,纳税人观念应当以权利意识作为其核心。最后,“主体性”是纳税人观念的最终归属。前文提到“法学是人学”,而现代文明要求树立人的主体性观念和地位,所以纳税人观念的最终归属便是具有主体性的独立地位。

一、前提:对税法和税收制度的理性认识

纳税人观念无疑属于法律观念的具体体现,而法理学一般认为,法律观念是法律意识的一个子类。法律意识,是指“人们在一定的历史条件下,对现行法律和法律现象的心理体验、价值评价等各种意识现象的总称”。[①] 由此可见,对税收和税法制度的理性认识是纳税人观念的前提,即如果对税收和税法制度的认识存在偏差或者是根本错误是不可能产生纳税人观念的,如在我国封建社会时期和计划经济时期是不可能产生纳税人观念的。

税收伴随整个人类文明的进程,但是在不同的社会背景下基于税收本质特征的差异会产生对于税收、税法制度不同的认识。“我们所知的最早的文明开始于6000年前的苏美尔……历史的萌芽和税收历史的萌芽都记录于在苏美尔的拉喀什(Lagash)所挖掘出的黏土圆锥体上”,[②]而在我国也有“自虞夏时,贡赋备矣”[③]“夏后氏五十而贡”[④]的记载。综观中外历史,无论是《新约》中记载的“凯撒·奥古斯都有旨意下来,整个世界都应当被征税”所进行的税制改革还是唐太宗基于“人君赋敛不已,百姓既毙,其君亦亡”的思想而进行的轻徭薄赋政策,无一不是以君王为主

① 付子堂主编:《法理学初阶》,法律出版社2005年版,第164~165页。

② [美]查尔斯·亚当斯:《善与恶:税收在文明进程中的影响》,翟继光译,中国政法大学出版社2013年版,第4页。

③ 《史记》卷二《夏本纪》。

④ 《孟子·滕文公上》。

导的税收制度。在这种税收体制之下，君王虽然会存在来自造反等统治秩序方面的考量但税收更多的是表现为君王的意志，所以税收总体上表现出一种恣意。在恣意之下的税收和税法制度更多的是表现为统治阶级的需要，当时的“纳税人观念”是惧怕武力之下的“皇粮国税、天经地义”。

学界普遍认为，税收法治的第一缕曙光照向了古老的英格兰大地。在中世纪时期，英国国王在王室领地取得的收入之外还享有两种税赋：一种是国王作为封建君主直接向其封臣征收的税收，既包括常税也包括需要得到封臣同意的非常税；另一种是国王作为国君向国民中有产者征收的税收，其征收必须得到国民的同意。1215 年 6 月约翰王连年的战争失利加上滥征苛捐杂税引起了原本支持国王的大贵族和教士阶层的不满。在贵族、教会和城市市民的联合之下，约翰王最终被迫在著名的《大宪章》上签字。《大宪章》的内容虽然绝大多数都是在重申贵族和教士的特权，但是在课税上却对王权作出了历史性的限制：国王若想征收除固定税收外的其他税，必须要召开贵族会议并得到贵族会议的同意。在 1225 年重新颁布的《大宪章》中明确了对国王征税批准权的归属问题：新颁布的《大宪章》中规定御前会议有权批准税赋。在《大宪章》颁布之后，英国税收的历史一直沿着代议机关控制政府征税权这一公认的税收法治的路径推进。在 1455 年爆发了“红白玫瑰战争”，在这次战争中英国贵族的实力遭到极大削弱，这种削弱给税收历史发展带来的最大影响就在于使传统的“大议事会”转变为近代意义的代议机关。至此，税收和税法制度开始从恣意时期进入法治阶段，税收不再被视为统治者的私利，而被认为是公民支付给国家的其所享受的公共服务的对价。纳税人观念也相应地从基于对武力畏惧而形成的“皇粮国税、天经地义”转向为税收法治思想，使人民主权进入了税收发展的视野，纳税人开始作为税收权利主体而存在。税收法定包括两个层面的要求抑或说是具体体现。一是对于“税收法定”之“法”的理解。税收法定的法必然要求其只能是立法机关的立法而不能是行政立法。当然，这也并不完全排除行政机关在法律的范围之内制定具体的实施细则，并且这些实施细则对于税法的实施往往具有重要意义。[①] 二是"法定"的具体范围。传统观点认为,税收法定包括课税要素法定、课税要素明确和依法稽征三个方面,[②]然而这并非税收法定原则的全部内容,税收法定应当既包括征税法定也包括用税法定,其中征税法定就是传统税收法定的内容,而用税法定则表现在立法机关对政府预算的全口径监督之上。

综上,作为纳税人观念前提的"对税收和税法制度的理性认识"的表现和要求有以下 3 个方面。首先,在应然层面上应该将税收理解为公民支付其所享受的公共服务的对价,而非是出于维护统治者统治秩序的需要。即纳税对于公民来说是现代社会的一种公共生活方式,而对于国家来说则是一种现代治理模式。其次,在规范层面上应当基于税收的征收和使用之统一,建立起包含税收立宪、税收法定和税收救济制度为一体的完善的税收法律体系。最后,在实然层面上税收征管应当表现为征纳互信。

二、关键:以权利为核心

国家的运行对财政具有天然的依赖性,即国家的运行离不开财政的支撑。国家获得财政收入的方式可以分为很多种,诸如国家将私有财产权国有化从而直接从事经济活动等。相较于此,国家通过其公权力向纳税人的经济行为征收一定的税款,在本质上就是一种尊重和保护纳税人私有财产权的行为,因为国家征税的前提就是承认纳税人的合法私有财产,否则将无从征税也没有必要征税。[③] 现代法治国家是建立在对私有财产权保护的基础之上的。国家征税就意味着国家对私有财产权的承认,既然产权是公民的,那么对私有财产进行征收之前就必须取得公民的理

---

① 参见叶金育:《国税总局解释权的证成与运行保障》,载《法学家》2016 年第 4 期。

② 参见张守文:《论税收法定主义》,载《法学研究》1996 年第 6 期。当然,虽然税收法定包括这三个方面是高度共识,但是在用语上却略有差异,比如,刘剑文教授将其表述为课税要素法定、课税要素明确和程序法定三个方面。参见刘剑文:《中国税收立法研究》,载徐杰主编:《经济法论丛》第 1 卷,法律出版社 2000 年版,第 113 ~ 117 页。

③ 参见陈征:《国家征税的宪法界限——以公民私有财产权为视角》,载《清华法学》2014 年第 3 期。

解和同意。[①] 德国学者言简意赅而又意味深远地指出，税收之量能课税的“能”，是指已经获得的给付能力而不是纳税人之营利能力。[②] 我国台湾地区著名财税法学家葛克昌教授也指出，“税者，非国家对财产权之分享，而系对财产权人经济利用行为之分享”，[③]这就是对公民财产权保障的典型观点，因为该观点之下的税收只对实际盈利征税而不会伤及税本。[④] 基于对税收本质的认识以及财产权保障的重要地位，一般认为，政府所享有的税收请求权不应当优先于宪法对于财产权的保障，即宪法对于财产权的保障应当在税源阶段，而不是在税收征管阶段。简言之，税收并非财产权保障的前提，纳税人的财产权不因其欠税而得不到保障。[⑤] 由此可见，从税收本质以及税收实体法的角度，税法本身体现了权利保障的原则。

然而，应然层面和实体法上的税法对权利保障的追求并不必然实现于税收征管的实践之中，税收征管的现实是表现为侵权法。既然税收始终与国家相伴随，因此西谚曾言“唯有死亡和税收不可避免”，特别是在现代社会，“税收是文明的对价”，更是说明税收在现代社会的不可避免和不可或缺。即使如此，税收是否应当有一定的界限以及其界限如何，这一问题便是“以权利为核心”的关键。理论界和实务界对此持肯定的态度，因而形成了课税禁区的思想，可以说，课税禁区思想就是权利保障原则和“以权利为核心”的具体表现。狭义上的课税禁区，是指“维系纳税人人性尊严最低限度的生存性财产不容课税侵害”；而广义上的课税禁区还包括

---

① 参见李炜光：《写给中国的纳税人》，载李炜光：《大家的财税学》，中央广播电视大学出版社 2016 年版。

② Kiechhof, Der verfassungsrechtliche Auftrag zur Besteuerung nach der finanziellen Leistungsfähigkeit, StuW, 1985, S. 319ff. 转引自葛克昌：《租税国危机及其宪法课题——财税改革之法律基础》，载《台大法学论丛》1991 年第 2 期。

③ 葛克昌：《租税国危机及其宪法课题——财税改革之法律基础》，载《台大法学论丛》1991 年第 2 期。

④ 葛克昌教授在多篇论文中表达了这一思想，如“课税乃基于营利之事实，而非营利能力，故所得税制‘量能课税原则’或所谓‘能力原则’非指给付能力（可能性），而系支付能力，现实可支付能力”。具体参见葛克昌：《社会福利给付与租税正义》，载《台大法学论丛》1996 年第 2 期。

⑤ 参见葛克昌：《租税国危机及其宪法课题——财税改革之法律基础》，载《台大法学论丛》1991 年第 2 期。

"对纳税人的'再生利益'予以保障"。[①] 课税禁区不仅涉及纳税人的权利保障,而且事关对于税收、税法制度的认识,故而其对于树立纳税人观念具有重要的意义。有关课税禁区思想已经有学者进行了系统的论述,[②]本书不准备对其进行重复叙述,下文将主要论述3种有关划定课税禁区的理论,即作为纳税人观念的"以权利为核心"的几种理论。

1.财产权社会义务思想

毫无疑问,征税意味着对公民财产权的"侵犯",因为纳税就意味着要承担货币支付的义务。而德国学者一般认为,德国《基本法》第14条第1款对于私有财产保护的效力并不及于税收领域。[③] 但是也并不绝对,而是认为纳税人的纳税义务之宪法根源可以从《基本法》第14条第2款中得出,[④]即税收属于纳税人财产的社会义务。我国也有学者认为,财产权社会义务理论是现在国家课税权的基础,即宪法限制。[⑤] 财产权社会义务思想来自对传统的财产权神圣不可侵犯思想的批判和反思。在资本主义兴起时期,为了对抗封建王权和神权,当时整个社会主张个人权利神圣不可侵犯,而其中的核心便是财产权的不可侵犯性。在资本主义萌芽时期,基于当时的社会背景,绝对的私有财产观念具有重大的历史进步。但是随着社会发展,社会化问题的凸显以及财产权本身所具有的社会属性冲击着私权绝对的理念。在此背景之下,理论和现实都主张对公民的财产权进行限制以使其符合公共利益的需要。对财产权施加限制的措施分为征收(包括管制性征收)与社会义务两种,其区分标准有期待可能性与"特别牺牲说"。[⑥] 基于征收与财产权社会义务的区别,税收不能形成绞杀效应,

---

① 王婷婷:《课税禁区的范畴、机理与建构路径》,载李昌麒、岳彩申主编《经济法论坛》第12卷,法律出版社2014年版,第222~223页。

② 有关课税禁区的详细论述,参见王婷婷:《课税禁区法律问题研究》,法律出版社2017年版。

③ 德国《基本法》第14条第1款规定,财产权及继承权应予保障,其内容与限制由法律规定之。

④ 德国《基本法》第14条第2款规定,财产权负有义务。财产权之行使应同时有益于公共福利。

⑤ 参见陈征:《国家征税的宪法界限——以公民私有财产权为视角》,载《清华法学》2014年第3期。

⑥ 参见张翔:《财产权的社会义务》,载《中国社会科学》2012年第9期。

否则将会构成管制性征收。并且税收必须符合本质内容保障原则，即不能侵害纳税人财产权的本质内容。在实践中，德国更是提出了“半数原则”，即由于税收是公民财产权应尽的社会义务，故而纳税人缴纳的税款不能超过财产价值的一半。①

2. 比例原则

在税收领域对国家课税权的规范就显得尤为重要。史坦恩在其享誉后世的《财政学》一书中就指出税收的正当性不应该是一直不变的，当国家的理念发生变化之时，税收的正当性理应随之发生变化。史坦恩认为，在社会国之下税收是因为个人的经济行为和经济收益需要得到国家的协助方能完成，故而税收是对其经济的增长部分的共享。② 德国法学家基于德国《基本法》第14条第2款的“同时”以及第19条第2款的规定，③得出了社会国之下税收需要受到半数原则的约束的论断。④ 但是半数原则在作为征税的宪法限制之时存在灵活性较差的问题，其死板的特点导致其在德国联邦宪法法院在判决中被逐渐弃用，而代之以比例原则作为判断国家征税权宪法界限最重要的考量因素。⑤

有学者比附诚实信用原则在民法的地位，从而将比例原则视为行政法的帝王条款。⑥ 一般认为，比例原则包括适当性原则、必要性原则和狭义的比例原则。适当性原则要求国家的征税必须有助于实现该税种本身所内含的目标。由于征税是为满足国家的财政汲取或者是社会政策的目标，故而必要性原则要求科学区分政府、市场与个人之间的关系，减少国家不必要的任务从而使征税所要实现的目标的确是必要的，而非可以基

① 参见张翔：《个人所得税作为财产权限制——基于基本权利教义学的初步考察》，载《浙江社会科学》2013年第9期。

② 参见葛克昌：《税捐实质正当性与违宪审查》，载葛克昌：《租税国的危机》，厦门大学出版社2016年版。

③ 德国《基本法》第19条第2款规定，基本权利之实质内容绝不能受侵害。

④ 参见刘连泰：《宪法上征收规范的效力是否及于征税：一个比较法的观察》，载《现代法学》2009年第3期；张翔：《个人所得税作为财产权限制——基于基本权利教义学的初步观察》，载《浙江社会科学》2013年第9期。

⑤ 参见陈征：《国家权力与公民权利的宪法界限》，清华大学出版社2015年版，第97～98页。

⑥ 参见姜昕：《比例原则研究——一个宪政的视角》，法律出版社2008年版，第77～81页。

于市场自发和个人理性得以实现的。必要性原则在社会国之下、税法社会功能凸显的背景下显得尤为重要，下文中，国家辅助原则就在于解决这一问题。狭义的比例原则要求国家征税所要实现的目标与其所侵害之公民财产权必须符合比例的考量，即不能假借公共利益之名而横征暴敛从而损害纳税人的合法权益。[①]

3. 国家辅助原则

传统观点认为，税法的主要乃至于唯一的功能便是财政汲取功能，所以传统的课税禁区理论主要集中于限制政府课税权力以保障纳税人的财产权，如此在自由主义时期就能树立纳税人观念。然而随着社会问题的凸显，社会国的出现导致自由主义之下控制课税权以迎合财产自由保障的做法再也无法回应社会对于公平正义的要求，形式公平的税法以及消极无为的政府无法应对诸如贫富差距日益扩大的社会问题，曾经形成于自由主义时期的纳税人观念在现实面前被击得粉碎。所以，社会国之下的课税禁区理论不能再单纯要求政府的消极无为，而是要树立国家辅助性的原则。

为了应对社会国所出现的社会化问题，存在两种不同的进路，即税法与社会法。[②] 第一种路径是通过税收国家的建设借由税收的社会功能得以实现。社会国的兴起必然带来政府对于经济和公民生活的干预，而传统的法治却要求政府的权力受到规范乃至于在私人领域排除政府的直接干预。在此背景之下，通过政府课税对象、税率以及税收使用方向的设计可以实现政府对于公民经济和生活的引导，特别是对于一些财政目的较弱而引导功能凸显的税种更是如此。[③] 第二种路径则是通过社会法直接对公民的经济和生活进行干预。社会国对于法律部门最大的影响便是社会法的兴起，社会法在国内的流行是最近 20 年左右的事情，故而对社会法的定义和范围都还存在一定的争议。但是一般认为，社会法诞生于“后

---

① 参见陈征：《国家征税的宪法界限——以公民私有财产权为视角》，载《清华法学》2014 年第 3 期。

② 参见葛克昌：《社会福利给付与租税正义》，载葛克昌：《租税国的危机》，厦门大学出版社 2016 年版。

③ 参见葛克昌：《所得重分配——国家任务与团结互助社群》，载葛克昌：《租税国的危机》，厦门大学出版社 2016 年版。

市场经济或后竞争时代”，其所调整的社会关系为“同类社会关系或同质社会关系，这类社会关系基本可归类为基本生活权利保障关系，法律保护的对象为社会弱势群体之自然人，法律关系主体为特定社会团体、国家和受保护之自然人”。① 在社会化问题凸显及弱势群体大量出现的当今社会，社会法的重要性与日俱增。

首先提出社会国原则的是德国，其为了防止社会国之下行政权力的滥用，提出了辅助性原则作为与之相并列的原则，辅助性原则首先是指“经济上的自我责任和合作优先于国家责任”。② 故而从税法和社会法本身所具有的特征表明，国家辅助性原则要求税法的间接调整优先于社会法的直接干预。虽然社会国会增加纳税人的纳税义务并且会对纳税人的经济和生活起到引导的实际效果，但是纳税义务可以说是经济自由之对价。③ 故而其更加有利于纳税人自由的实现以及对国家课税权力的防范。所以更加符合国家辅助性原则的税法路径由于其强调纳税人的自我责任，故而更加有利于树立纳税人观念。

当然，国家辅助性原则作为课税禁区思想的具体表现并不仅仅体现在优先于社会法的适用上，更重要的是，控制政府的财政规模及其支付方向。美国著名政治学者罗斯金基于国家所有和社会福利的高低将现代国家分为 4 种类型：国家所有和社会福利都高的社会主义国家，诸如苏联、古巴；国家所有和社会福利都低的自由放任国家，诸如美国等；国家所有高而社会福利低的统制型国家，诸如南非、巴西等；国家所有低而社会福利高的福利国家，诸如瑞典、丹麦等。④ 在社会国之下，纳税人本身具有享受更多社会福利之愿望，同时包括议员在内的政治家基于自身政治前途的考量也希望不断扩大财政支付以迎合其选区选民和其所代表之利益团

---

① 郑尚元：《社会法的定位和未来》，载《中国法学》2003 年第 5 期。

② [德]罗尔夫·施托贝尔：《经济宪法与经济行政法》，谢立斌译，商务印书馆 2008 年版，第 341 页。

③ 参见葛克昌：《所得重分配——国家任务与团结互助社群》，载葛克昌：《租税国的危机》，厦门大学出版社 2016 年版。

④ 参见[美]迈克尔·罗斯金等：《政治科学》，林震等译，中国人民大学出版社 2009 年版，第 53～55 页。

体之意愿。[①] 综上,由于"福利性支出的财政来源,在当代租税国家,都是以租税的方式为之",[②]所以在社会国之中极易基于纳税人和政治家的"理性"抉择而造就国家财政的巨大压力。故而,国家辅助性原则还要求保持国家财政的适当规模,既为防止成为自由放任国家而无法应对社会化问题凸显的现实,同时也为防止滑入统制型国家。

三、归属:主体性观念

前文提及,广义上纳税人的范围几乎与公民的范围相重叠,而作为纳税人观念之归属的"主体性观念"源于人民主权原则在税法领域的具体化。人民主权又被称为主权在民,当今社会无论实行法治与宪治还是实际上实行专制的国家几乎都在本国宪法或者宪法性文件中明确宣布人民主权的原则。人民主权是对于主权归属的一种界定,据相关学者的考证,"人民主权作为一种政治理念,萌芽于古希腊时期"。[③] 古希腊人对于城邦政治的热情是同时代以及历史上大多数时期的人们所无法比拟的,古希腊先哲们在研究城邦政治和讨论如何构建一个完美政体之时就曾提到过共和政治(有时也称平民政治),有人将其作为人民主权原则最早的表述形式。但是现在所讲的人民主权原则与古希腊时期所讲的平民政治具有本质上的不同,因为现代意义上的人民主权主要是解决国家最高权力的归属性问题而古希腊时期的平民政治则重点在于政体问题。正因如此,有学者认为,现代意义上的"人民主权观念萌芽于14世纪的意大利",[④]著名的思想家马赛流提出了"全权"的概念用以概括说明国家对内、对外的最高权力,进而认为这种"全权"是只能为人民以全体的名义来行使的。马赛流认为,人民主权还仅仅停留在观念上,而洛克通过对其进行具体的论述使其实现了理论化和系统化,而对于人民主权贡献最大也是影响最深远的当属法国著名思想家卢梭。洛克和卢梭在具体论证人民主权时都

---

① 参见[美]B.盖伊·彼得斯:《税收政治学——一种比较的视角》,郭为桂、黄宁莺译,江苏人民出版社2008年版,第1~22页。

② 陈薇芸:《社会福利与所得税法》,台北,翰芦图书出版有限公司2009年版,第41页。

③ 肖君拥、黄宝印:《人民主权宪法原则简论》,载《河北大学学报(哲学社会科学版)》2013年第1期。

④ 邓成明:《论人民主权与公民的民主权利》,载《广东社会科学》2005年第4期。

是基于人类以前处于自然状况这一理论假设之上的，但是两者的不同在于，洛克认为，自然状态是一种美好的状态而只是由于自然状态无法应对人类在进步中所面临的问题才使大家联合起来的；而卢梭认为，自然状态是一种战争的状态——人为了各自的生存就必须战斗，而战斗的结果可能是人的毁灭——人类为了生存就必须联合起来组成共同体。洛克和卢梭之所以会得出自然状态的不同假设是源于各自所处的时代和国家的不同现实以及各自处于的阶级背景差异。洛克的《政府论》发表于英国光荣革命之后，当时英国国内处于资本主义上升时期并且洛克自身的经济境遇较好，所以对于自然状态的假设也倾向美好；而卢梭处于法国大革命前夕，法国社会处于崩溃的边缘加之卢梭处于社会的最底层，一生穷困潦倒的境遇就使其对于自然状态的设定与洛克完全相反。但是，无论是洛克、卢梭还是更早以前的马赛流都涉及现代政治一个最重要的命题，那便是政治合法性的来源以及人民在国家中的地位问题。虽然自然状态以及基于自然状态而建构起来的自然法在历史上并找不到依据，其理论源于假设，但是不能基于此否定其理论的重要性。

以洛克和卢梭为代表的自然法学者主要是在批判传统封建法制的基础上而提出自己的观点。从历史的角度上讲，自然法的主要使命在于破而不在于立，它主要的是驳斥“君权神授”从而为人民主权提供一种正当性解释。传统社会认为，国王的权力并不是源于人民的让渡而是“君权神授”，这就使国王的行为不需要向人民负责，其行使权力不应该有来自人间的任何约束。人民主权的提出打破了“君权神授”的美梦，使权力回到了人间，国王的权力既然来自人民的让渡和授予就必须接受人民的监督。以洛克和卢梭为代表的学者提出的自然法思想是从理论假设的角度为人民主权提供正当性和历史基础，虽然这个历史基础也是出于理论假设，但是任何理论的提出必定有其社会基础和原因。虽然洛克和卢梭在理论假设上存在具体的分歧，但是在目的上却具有高度的一致性，那就是政府的权力来自人民的授予，这主要由于他们的理论来自一个共同的历史大背景——西方社会在当时就已经开始通过代议机关对政府财政的控制来实现制约政府权力的目的，在此过程中人民主权原则得以不断强化。

我国在《宪法》第2条第1款中就明确规定了“中华人民共和国的一

切权力属于人民”，这是“‘人民主权’原则的宣示，也是我国政权本质和政权组织形式的根本原则”。[①] 人民主权从根本上讲，即明确了国家权力的来源性问题，根据人民主权的要求，国家的权力来自人民的授予，即权利是第一性而权力是第二性的，那么国家的权力就必须接受人民的监督。而根据我国《宪法》第2条第2款的规定，“人民行使国家权力的机关是全国人民代表大会和地方各级人民代表大会”，这表明在我国政治运行的实践中，我国公民是通过人民代表大会实现对国家事务的管理的。

由此可见，无论是从人民主权原则的内在含义还是从我国《宪法》中对人民主权原则的具体规定，都可以推导出现代社会的纳税人观念是一种主体性观念。即纳税对于公民来说是现代社会的一种公共生活方式，而对于国家来说则是一种现代治理模式——变专制时期纳税人的被动、附庸地位为具有独立的主体性地位。纳税人观念的“主体性观念”至少包含以下内容和要求。首先，在应然层面上，由于广义上的纳税人范围与公民的范围几乎重叠，所以人民主权原则甚至可以表述为纳税人主权思想，其是人民主权原则在税法领域的别称抑或是细化，其基本内涵为“纳税人与国家之间是一种信托关系，纳税人的权利与自由是国家存在的目的，当纳税人与国家之间发生矛盾时，纳税人对国家享有最高裁判权”。[②] 其次，在规范层面上，应该详细规定纳税人所享有的权利并提供制度保障。最后，在实然层面上，税务机关应当树立为纳税人服务的意识，并加强税务行政柔性执法。

第二节　我国树立纳税人观念的现实基础

虽然纳税人观念根植于社会、经济和法治系统之中，但是其最重要的载体却是财政体制。所以，分析我国财政体制改革的历程并总结出相关的经验以及伴随其中的纳税人之法律图像是开展“纳税人观念”之法意研究的基础和前提，即可以为树立纳税人观念提供现实基础。

---

① 蔡定剑：《宪法精解》，法律出版社2006年版，第167页。

② 赖勤学：《纳税人主权观——新一轮税改的理念精义》，载《经济体制改革》2004年第5期。

一、我国财政体制改革的历程及经验

(一)我国财政体制改革的历程

新中国成立之后,随着政治环境以及经济条件的变化,我国先后经历了多次财政体制改革,具体历程详见表2-1。

表2-1 新中国成立后我国财政体制改革历程①

实行时间	确立标志	主要内容
1950年	1950年3月政务院:《关于统一国家财政经济工作的决定》《关于统一管理1950年度财政收支的决定》	高度集中、统收统支
1951~1957年	1951年3月政务院:《关于1951年度财政收支系统划分的决定》	划分收支、分级管理
1958年	1957年11月国务院:《关于改进工业管理体制的规定》《关于改进商业管理体制的规定》《关于改进财政管理体制的规定》	以收定支、五年不变
1959~1970年	1958年9月国务院:《关于进一步改进财政管理体制和改进银行信贷管理体制的几项规定》	收支下放、计划包干、地区调剂、总额分成、一年一变
1971~1973年	1970年国务院:《第四个五年计划发展纲要(草案)》;财政部:《关于实行财政收支包干的通知》	定支定收、收支包干、保证上缴(或差额补贴)、结余留用、一年一定
1974~1975年	国务院、财政部	收入按固定比例留成、超收另定分成比例、支出按指标包干
1976~1979年	国务院、财政部	定收定支、收支挂钩、总额分成、一年一变;部分省(市)试行“收支挂钩、增收分成”

① 我国财政体制改革的具体历程,参见李萍主编:《财政体制简明图解》,中国财政经济出版社2010年版,第1~51页。

续表

实行时间	确立标志	主要内容
1980～1985年	1980年2月国务院:《关于实行"划分收支、分级包干"财政管理体制的通知》	划分收支、分级包干
1985～1988年	党的十二届三中全会:《中共中央关于经济体制改革的决定》;国务院决定实行	划分税种、核定收支、分级包干
1988～1993年	1988年7月国务院:《关于地方实行财政包干办法的决定》	财政包干
1994年至今	1993年12月国务院:《关于实行分税制财政管理体制的决定》	"分税制"

1949年新中国成立之初,我国财政工作与当时的经济状况一样,面临严重的困难。为了克服当时的困难,在参考苏联经验的基础上建立了高度集中、统收统支的财政体制。在这种财政体制之下,除一些零星的收入外,几乎所有的财政收入都收归中央,而地方的财政支出也一律由中央统一审核之后采取逐级拨付的方式进行。经过近3年的建设,我国的经济和财政状况均出现了好转,同时高度集中的统收统支财政体制的弱点也日益显现,故而在1951年我国实行了"划分收支、分级管理"的财政体制。国家财政划分为中央、大行政区和省三级进行管理,同时各省还在其内部将财政划分为省级和县市级两个层级。1957年随着"一五"计划的顺利完成以及毛泽东同志《论十大关系》的发表,财政分权改革继续深化,在这一阶段我国实行了"以收定支、三年不变"的财政制度,后来又在1958年将"三年不变"改为了"五年不变"。然而"三年不变"和"五年不变"并未实现,1959年针对财政分权改革所带来的弊端实行了"收支下放、计划包干、地区调剂、总额分成、一年一变"的财政体制。该财政体制在收入方面将除中央管理的企业收入以及不便划分为地方收入外的其他财政收入全部下放地方,而在支出方面相应地将除中央各部门直接办理的支出外也全部划归地方。1973年在我国经济实行"大下放""大包干"的背景之下,

我国财政体制改革也相应地进行了大规模下放从而形成了“定收定支、收支包干、保证上缴、结余留用、一年一定”的财政包干体制。针对地区财政之间的不平衡以及总体财政状况不稳定的现实，结合财政包干制存在的问题，1974 年我国实行了“收入按固定比例留成，超收另定分成比例、支出按指标包干”的财政体制。固定比例留成体制存在地区不均衡的情况，故而在 1976 年我国再次实行“定收定支、收支包干、总额分成、一年一定”的财政体制。随着党的十一届三中全会的召开，我国社会和经济状况都发生了巨大变化，为了充分调动中央和地方的积极性，从 1980 年开始我国实行“划分收支、分级包干”的“分灶吃饭”的财政体制。1984 年我国第二步“利改税”完成，所以财政体制相应地变为“划分税种、核定收支、分级包干”的财政体制。1988 年我国财政一方面面临中央财政比例逐渐下降，另一方面出现地方认为其上缴比例过高而无法调动其积极性的现实情况。我国财政体制相应地作出了调整，实行不同地区不同包干的制度。

学界一般将 1980 ~ 1993 年这一段时间的财政体制统称为财政包干制，10 多年的财政包干制度导致中央财政收入占财政收入比例过低从而影响到了国家宏观调控职能的发挥。1993 年颁布的《关于实行分税制财政管理体制的决定》中规定，“将维护国家权益、实施宏观调控所必需的税种划分为中央税；将同经济发展直接相关的主要税种划分为中央与地方共享税；将适合地方征管的税种划分为地方税，充实地方税税种，增加地方税收入”。于是我国形成了以“分权”“分税”“分管”为特点的“分税制”财政体制。2018 年 3 月 17 日，十三届全国人大一次会议通过了《国务院机构改革方案》，[①]其中涉及了国税和地税合并，但是其合并的仅仅是征管机关，而税种依然划分为中央税、共享税和地方税。所以，我国目前依旧实行的是“分税制”的财政体制。

（二）我国财政体制改革的经验

新中国成立之后，我国的财政体制改革经历了多次调整的探索历程，

---

① 参见《十三届全国人大一次会议批准国务院机构改革方案》，载新华网，http://www.xinhuanet.com/politics/2018－03/17/c_1122549771.htm；陈永乐：《国务院机构改革：国税地税机构合并，实行双重领导管理体制》，载新浪网，http://news.sina.com.cn/o/2018－03－13/doc-ifysfiuf9599569.shtml。

在经历探索之后，虽然现行财政体制依旧存在一些问题，但是基本上建立起了现代化的财政体制。而财政体制改革的经历和经验无疑为树立纳税人观念提供了现实基础。

1. 建立公共财政体制

我国财政体制改革的历程可以视为寻求符合我国实际的现代财政体制的建立过程，而学者公认，我国财政体制现代化的过程可以归纳为公共财政建立的过程。① 公共财政是一个在中国语境下的术语。一般认为，国家的成长必然伴随财政的转型，而财政的转型又促进了国家的成长。故而，有学者认为，财政转型实质上是在财政收支和管理领域中国家权力运行日益现代化的过程。② 公共财政的特点为收入的公共性、支出的服务性以及制度建构的理性。③ 无论是收入的公共性还是支出的服务性抑或是制度建构的理性都集中体现在政府、市场与企业的关系以及国企的角色定位上，而我国财政体制改革在这方面都进行了有益的探索并取得了成功。"分税制"改革开始于我国实行市场经济体制之后，并以市场化为导向，其通过税收明确了国家、市场与企业之间的区别和联系，并体现出市场在资源配置中的作用。同时，"分税制"通过"税利分离"实现了政府国有资产出资人和社会事业管理者之间的分离，合理地划分了国家与国企之间的关系，为树立纳税人观念从而建设社会主义税收国家奠定了经济基础。

2. 注重合理划分中央与地方的关系

通过上文对我国历次财政体制改革历程的回顾可以发现，每次财政体制改革中如何处理中央和地方的关系是其重中之重的问题。中央和地方之间的关系是现代政治中的重要命题，合理的央地关系对于保护公民权利、实现国家治理都具有重要的理论和现实意义。而由于我国幅员辽阔导致地区之间的差异较大，故而央地关系较其他国家更复杂，同时也更

---

① 参见高培勇：《公共财政：概念界说与演变脉络——兼论中国财政改革 30 年的基本轨迹》，载《经济研究》2008 年第 12 期。

② 参见刘守刚：《国家成长的财政逻辑——近现代中国财政转型与政治发展》，天津人民出版社 2009 年版，第 348 页。

③ 参见刘守刚：《国家成长的财政逻辑——近现代中国财政转型与政治发展》，天津人民出版社 2009 年版，第 3 ~4 页。

重要。我国经过历次财政体制改革,基本上确立了“发挥两个积极性”的原则,事实证明该原则对于我国央地关系具有重大的指导意义。当然,在后文还将提到财政体制上的央地关系依旧存在一定的问题,这就需要在“发挥两个积极性”的指导下继续深化改革,从而有利于树立纳税人观念。

3. 合理定位财政的功能

在本书第一章提到,我国曾经基于传统意识形态和对公有制的片面认识而对税收功能的认识存在偏差,这一点也体现在历次财政改革之中,其宏观调控和财政汲取的功能长期以来被视为仅有的两项功能。随着财政体制改革的深入,特别是党的十八届三中全会、四中全会以及五中全会中对于财政的相关定位,财政已经从宏观调控、财政汲取这些带有工具性的功能转变为国家治理的基础和重要支柱。① 合理的财政功能定位是纳税人观念中“对税收和税法制度的理性认识”的具体体现,因此是开展“纳税人观念”之法意研究的前提。

二、财政体制改革中纳税人图像的变迁②

(一)纳税人图像:纳税人观念研究的逻辑起点

纳税人图像是“人之图像”理论在财税法领域的具体化。一般认为,关于“人之图像”的理论源于善于思辨的德意志,其译自德语“Menschenbild”,③思想渊源最早可以追溯至康德,而最早明确论述且集大成者为拉德布鲁赫。④ 哲学、社会学、心理学等学科都从不同的视角讨论了人之图像问题,而法学意义上的人之图像则聚焦“法学上对人之观察与预设两个交互影响的问题”。⑤ 即人之图像是指“法律如何想象(设想)人……呈现

① 参见刘剑文:《财税改革的政策演进及其内含之财税法理论——基于党的十八大以来中央重要政策文件的分析》,载《法学杂志》2016 年第 7 期。

② 本部分相关内容曾在《经济法学评论》发表,但结合本书的论述在结构和内容上都作一定幅度的调整。参见廖呈钱:《人之图像变迁与纳税人权利保障》,载史际春主编:《经济法学评论》第 19 卷,中国法制出版社 2019 年版,第 19 ~ 34 页。

③ 该词亦译作人性观、人类图像、人类形象、人之(的)形象、人性图像、众生相等,参见林子杰:《人之图像与宪法解释》,台北,翰芦图书出版有限公司 2007 年版,第 5 ~ 6 页。

④ 参见林子杰:《人之图像与宪法解释》,台北,翰芦图书出版有限公司 2007 年版,第 5 ~ 9 页。

⑤ 林子杰:《人之图像与宪法解释》,台北,翰芦图书出版有限公司 2007 年版,第 38 页。

在法律上的、准备加以法律规定的人类形象”,[①]人之图像是法律规定的前提,同时又通过法律进一步得以形塑。因而,法治模式和法律制度总是与人类社会的历史类型息息相关,[②]不同类型的社会必然会内生出对人之图像的不同假设,“对人之为人的理解和定位,影响着一国政治制度的架构和法治发展方向”。[③]

域外学者将人类社会的历史演进类型化为礼俗社会、警察国、自由法治国和社会法治国4个阶段,由于礼俗社会中的法律往往与伦理、习惯甚至是宗教教义融为一体,故而论述重心无一不集中在后面3个阶段。[④] 在礼俗社会中几乎没有个人存在的社会根源和制度基础,彼时的个人完全依附于家族,更遑论个人权利,故而人之图像呈现为附属的义务者。随着对中世纪黑暗统治的反抗以及国家统一和富强的迫切需求,西方国家开始在“开明专制”的大旗之下加强王权从而进入了警察国时期。此时,人之图像虽然仍为义务者,但已挣脱了家庭的枷锁,有学者生动地称为“植物型个体”。[⑤] 技术的进步带来了商业的繁荣,商业的繁荣最终质变为资本主义的萌芽。新型的生产方式以及作为其理论基础的自然法思想冲破了“普天之下莫非王权”的浓云。个体开始从植物状态苏醒,个人主义由此被推崇备至,商业的成功无疑证实和加剧了这一转变。各国纷纷立法以回应新的时代要求,彼时立法以“商业人”为基础并不断对其进行塑造,法律上“强而智的理性人”图像越发明晰起来。德国联邦宪法法院就曾深刻地指出,基本法上人之图像并非呈现为孤立而不受限制的个人。[⑥] 简言之,此时人之图像表现为“弱而愚的社会人”,即此时人之图像并不仅仅满

---

① [德]古斯塔夫·拉德布鲁赫:《法律上的人》,载[德]古斯塔夫·拉德布鲁赫:《法律智慧警句集》,舒国滢译,中国法制出版社2001年版,第141页。

② 参见严存生:《法治社会中的“法律上的人”的哲理思考——读拉德布鲁赫〈法律上的人〉有感》,载《华东政法学院学报》2004年第6期。

③ 陈林林、张晓笑:《人之图像与法治模式》,载《浙江社会科学》2017年第3期。

④ 参见[德]彼得·巴杜拉:《论自由法治国和社会法治国中的行政法》,曾文远译,载《人大法律评论》编辑委员会编:《人大法律评论》2013年卷·第2辑,法律出版社2013年版,第89~107页。

⑤ 杨乾:《法律上的人和法律下的人》,载《长春工业大学学报(社会科学版)》2007年第2期。

⑥ 参见林子杰:《人之图像与宪法解释》,台北,翰芦图书出版有限公司2007年版,第12页。

足于个人主义的抽象勾勒,还需要“社会融合关系”的重色渲染。[①]

制度建构及对其的观察与反思必然会设定合理的逻辑起点。建构、观察和反思法律制度的逻辑起点为何,我国法理学者围绕该问题形成了众多富有洞见的学术观点。其中最主要有:以张文显先生为代表的“权利说”、以张恒山先生为代表的“义务说”、以文正邦先生为代表的“行为说”、以胡玉鸿先生为代表的“人说”、以李可先生为代表的“规则说”等。[②]这些观点及基于其形成的理论体系看似纷繁复杂,然其差异并非如表面所显示的那么泾渭分明,实则灵犀相通。其无疑都是注重法律主体的地位,即重视法律中的人而非物抑或是其他,而区别仅仅是撷取人之不同特性或侧面而已。如有学者主张“将人的自由、全面和可持续的发展认定为法的最高追求和终极价值”。另外,这些灵犀相通的学说虽然堪称真知灼见,然而几乎都是基于一定的价值判断标准而撷取人之某一特性或侧面并将其作为逻辑起点。虽这一特性或侧面颇具代表性而具有深刻的类型化之意义,然而该特性和侧面却离不开整体上人之图像的预设,并随之不断变化。以目前影响最大的“权利说”为例,该学说认为,法律制度的建构和法学研究应当以权利为本位,[③]然而不同时代场域之下基于人在法律上的图像差异将导致权利的具体内容呈现不同的面向,即权利本位需要在明晰人之图像后方具有实践意义。因此,人之图像既是目前学界建构、观察和反思法律制度的自觉共识,亦为其着笔的薄弱点,即形成了一定的理论自觉但尚未完全自知。[④] 综上,“法学是人学”,[⑤]人之图像预设是法律

---

① 参见余军:《论宪法中的“人的形象”》,载《浙江学刊》2011 年第 6 期。

② 参见李可、罗洪洋:《法学方法论》,贵州人民出版社 2003 年版,第 267 ~ 268 页。

③ 参见张文显:《从义务本位到权利本位是法的发展规律》,载《社会科学战线》1990 年第 3 期。

④ 当然也有一些学者已经意识到人之图像是立法和法学研究的逻辑起点。例如,胡玉鸿:《“人的模式”构造与法理学研究》,载《中外法学》2000 年第 5 期;谢立斌:《宪法上人的形象变迁及其在部门法中的实现》,载《华东政法大学学报》2012 年第 6 期;姜涛:《人之图像与刑法实质解释》,载《政法论坛》2013 年第 3 期;陈林林、张晓笑:《人之图像与法治模式》,载《浙江社会科学》2017 年第 3 期等。

⑤ 胡玉鸿、许小亮、陈颐:《法学流派的人学之维》,北京大学出版社 2013 年版,第 35 页。

制度建构和法学研究的逻辑起点。[①]

财税制度的建构、观察与反思理所当然也应以纳税人之图像为其逻辑起点。如果说,"现代社会公民概念的建构,使现代宪制的构建取得了合法性的基础",[②]那么现代社会纳税人概念的建构,为现代宪治的构建提供了唯一的可能路径。有学者甚至直接将"我们的国家和社会还没有真正理解纳税人的内涵"作为导致纳税人权利不彰这一现实的重要原因。[③]纳税人概念的建构以及纳税人内涵的界定,毫无疑问都必须建基于科学合理的纳税人之图像的预设上,"纳税人观念"之法意研究更是不遑多论。我国台湾地区著名财税法学者葛克昌教授基于自由法治国与社会法治国下人之图像变迁论证了现代法治国应当以税收国家的形态存在以及地方课税权的正当性与必要性。[④] 另外,新中国 70 年的建设历程就是探索建设社会主义现代化国家的过程。现代化不仅包括制度的现代化、器具的现代化,还包括人的现代化。智利学者萨拉扎·班迪于 1971 年 6 月在维也纳举办的"发展中的选择"研讨会上就曾说过,"落后和不发达不仅仅是一堆能勾勒出社会经济图画的统计指数,也是一种心理状态"。[⑤] 美国学者阿历克斯·英格尔斯进一步指出,"人的现代化是国家现代化必不可少的因素。它并不是现代化过程结束后的副产品,而是现代化制度与经济赖以长期发展并取得成功的先决条件"。[⑥] 因而,勾画出符合现代化要求的纳税人之图像是实现财政"国家治理的基础和重要支柱"的必要前提。故此,无论是法律本身的逻辑还是建设社会主义现代化国家的现实需求,纳税人之图像都是"纳税人观念"之法意研究的逻辑起点。

(二)从阶级性到主体性:财税体制改革下我国纳税人图像之变迁

与其他国家一样,我国法律上纳税人之图像总体上也经历了"附属的

---

① 参见胡玉鸿、许小亮、陈颐:《法学流派的人学之维》,北京大学出版社 2013 年版,第 17 ~ 33 页。

② 黎江虹:《中国纳税人权利研究》,中国检察出版社 2014 年版,第 68 ~ 69 页。

③ 参见刘剑文:《财税法专题研究》,北京大学出版社 2007 年版,第 7 页。

④ 参见葛克昌:《国家与社会二元论及其宪法意义》,载《台大法学论丛》1994 年第 1 期;葛克昌:《地方课税权与纳税人基本权》,载《台湾本土法学杂志》2002 年第 35 期。

⑤ 殷陆君编译:《人的现代化》,四川人民出版社 1985 年版,第 3 页。

⑥ 殷陆君编译:《人的现代化》,四川人民出版社 1985 年版,第 8 页。

义务者—强而智的理性人—弱而愚的社会人”的变迁历程。但是由于救亡图存和后发赶超的现实,导致我国纳税人之图像变迁存在明显的中国特色,因此我国“纳税人观念”之法意研究也显得尤为复杂。

1. 集体主体意识的崛起:从附属的义务者到强而智的革命者

新中国成立之前,虽然北洋军阀曾在其制定的宪法中设定了强而智的理性人图像,但是其最终目的并非基于实现人之权利,而在于通过制造其为理性人所选举的幻想来塑造其合法性,故而此时人之图像(理所当然也是纳税人之图像)依然为附属的义务者甚至于为强权之工具。[①] 所以,新中国成立之前漫长的封建社会阶段,在“君君臣臣,父父子子”的纲常之下,纳税人之图像总体上呈现为附属的义务者。

经过艰难且漫长的革命历程,我国终于在 1949 年完成了反封建和反殖民的任务,建立了新中国。以人民民主专政为国体的新中国与附属的义务者这一人之图像天然不相容,其开始基于自己的人之图像假设进行制度建构并通过制度建构不断强化这一图像。在具有临时宪法性质的《中国人民政治协商会议共同纲领》(以下简称《共同纲领》)序言中明确规定了人民作为新国家主人的地位,同时在正文中详细地列举了人民所享有的权利。此时的人民并非如现在所言的公民,其为一具有阶级性的政治概念。由此可见,新中国通过《共同纲领》塑造了一个强而智的革命者集体形象。在该图像之下国家税收政策的原则被确定为“保障革命战争的供给、照顾生产的恢复和发展及国家建设的需要”。[②] 1950 年颁布的《全国税政实施要则》中将纳税与爱国相联系,并要求税务工作人员提高革命品质,[③]无疑就是强而智的革命者图像之下纳税人权利的必然体现。1954 年《宪法》基本沿袭了《共同纲领》对于人之图像假设。1975 年和 1978 年《宪法》关于人之图像假设依旧是强而智的革命者。在强而智的革命者图像假设之下,革命者是国家的主人,其利益与国家利益休戚相关甚至融为一体,故而纳税是一种爱国的革命观念。

因此,革命者这一人之图像昭示主体意识的强势崛起,然而该主体意

---

① 参见喻中:《变迁与比较:宪法文本描绘的人》,载《法商研究》2009 年第 5 期。

② 《共同纲领》第 40 条第 2 款。

③ 《全国税政实施要则》第 7 条。

识却并非如西方所言的基于个人主义的主体意识，而是集体主义之下的主体意识。即革命者的强而智表现在于革命者群体而非具体的个人，如前文所述，法律在形塑强而智的革命者之时总会相应地塑造一个与之对应的群体。隐身于国家主人这一宏大政治话语体系之下的纳税人显得那么强有力而又弱无影，故而此时的革命者个体虽然独立于家庭，但却在一定程度上成为国家的附属。这一点从计划经济体制和基于其建立的单位制管理体制可以清晰地看出。新中国成立伊始，我国尚处于新民主主义时期，为了实现向社会主义过渡并应对新中国成立之后"一穷二白"的局面，在参考苏联经济模式的基础上，建立起了计划经济体制。根据马克思主义经济基础决定上层建筑的基本原理，既然新中国通过改造和建设实现了以公有制为主体的经济基础，那么必然会在社会管理方面建立起适应计划经济的管理体制，这一体制被学者称为"单位制"。单位制中的单位一般认为是"适应计划经济体制而设立的一种特殊的组织形式，具有政治、经济与社会三位一体的功能，以行政性、封闭性、单一性为特征"。[①] 与计划经济注重通过行政命令的方式来管理社会经济相一致，单位制也体现出了行政命令色彩，其带有人身依附关系。在单位制的社会管理体制之下，社会的每一个个体必然依附于一个单位，而单位又依附于国家而存在。

2. 个人主体意识的觉醒：从强而智的革命者到强而智的理性人

新中国成立之后，人之图像从附属于家庭的义务者转变为强而智的革命者，带来了集体主体意识的崛起。计划经济时期，个人乃至于完全依附于所在单位，[②]此时人呈现不独立、无主体性的图像，[③]纳税人观念掩盖在纳税光荣的政治口号之中。1978 年党的十一届三中全会的召开，意味着我国开始抛弃阶级斗争为纲的思路转以经济建设为中心。场景的转换必定呈现不同的风景，因此，纳税人之图像将随着新时代的来临而蜕变为

---

① 何海兵：《我国城市基层社会管理体制的变迁：从单位制、街居制到社区制》，载《管理世界》2003 年第 6 期。

② 参见张树义：《中国社会结构变迁的法学透视》，中国政法大学出版社 2002 年版，第 34 ~ 35 页。

③ 参见谢立斌：《宪法上人的形象变迁及其在部门法中的实现》，载《华东政法大学学报》2012 年第 6 期。

新的面向，从而为纳税人观念的树立带来深远的影响。

为了落实党的十一届三中全会的精神和要求，财税领域的立法逐步得到重视并陆续得以建立，如《中外合资经营企业所得税法》（已失效）、《个人所得税法》和《外国企业所得税法》（已失效）。这3部法律虽然条文简单，但是在其内容表述上已经没有了之前政治话语的痕迹。1984年和1985年全国人大常委会前后两次授权国务院在工商税制改革、经济体制改革和对外开放方面制定税收暂行条例。基于授权，国务院结合现实需求先后制定了众多的税收暂行条例。同时从表2－2所梳理的立法目的亦可以清晰地看出，这些税收暂行条例所预设和形塑的纳税人图像已经不再是强而智的革命者，而是具体存在于现实经济中的人。纳税人图像的这一变迁也集中而深刻地体现在了1982年《宪法》的规定之中，虽然其依旧在序言中使用人民的概念并明确了其国家主人的地位，但是结合体系解释，此时的人民所含有的革命性和阶级性相较之前的《宪法》大为淡化。更重要的是，《宪法》以国籍来标识公民从而使宪法权利主体从集体逐渐走向个体化的人。①

虽然这一时段《宪法》和税收法律法规将个人从强大的政治话语体系中解放出来，个人的主体意识开始萌芽，但是作为独立自主的理性纳税人图像却远未实现。因为，虽然税收的立法目的脱离了阶级斗争，然而也并非旨在保障纳税人的权利，从表2－2可以看出其立法目的在于实现财政收入和其他特定社会目的。此时，学界仅有的数篇财税法文章几乎只字不提纳税人权利而重点聚焦如何强化税收征管，②亦为此时人之图像及纳税人权利保障状况的旁证。

---

① 参见喻中：《变迁与比较：宪法文本描绘的人》，载《法商研究》2009年第5期。

② 参见刘剑文主编：《中国改革开放40年与中国财税法发展》，法律出版社2018年版，第259页。

表 2-2 重要税收暂行条例的立法目的(1985~1992)①

税收暂行条例名称	立法目的表述	税收暂行条例名称	立法目的表述
《国营企业奖金税暂行规定》(1985 年)	为了促进国营企业推行内部经济责任制,调动企业和职工发展生产、提高经济效益的积极性……从宏观上控制消费基金的过快增长	《国营企业工资调节税暂行规定》(1985 年)	为了促进国营企业职工工资制度的改革,有计划地逐步地提高职工的工资水平,并从宏观上合理地控制消费基金的增长速度
《城市维护建设税暂行条例》(1985 年)	为了加强城市的维护建设,扩大和稳定城市维护建设资金的来源	《个人收入调节税暂行条例》(1986 年)	为了调节公民个人之间的收入状况,有利于促进经济体制改革的顺利进行
《耕地占用税暂行条例》(1987 年)	为了合理利用土地资源,加强土地管理,保护农用耕地	《筵席税暂行条例》(1988 年)	为引导合理消费,提倡勤俭节约社会风尚
《城镇土地使用税暂行条例》(1988 年)	为了合理利用城镇土地,调节土地级差收入,提高土地使用效益,加强土地管理	《固定资产投资方向调节税暂行条例》(1991 年)	为了贯彻国家产业政策,控制投资规模,引导投资方向,调整投资结构,加强重点建设,促进国民经济持续、稳定、协调发展
《税收征收管理暂行条例》(1986 年)	加强税收征收管理,确保国家财政收入,充分发挥税收调节经济的杠杆作用,促进经济体制改革和国民经济协调发展	—	—

① 此时的税收暂行条例远不止这 9 部,但是其他暂行条例都未规定立法目的,故而在此没有列举和梳理。

强而智的理性纳税人图像和纳税人观念与市场经济发展息息相关。[①]随着市场经济体制的建立及高速发展,公民的权利意识开始觉醒,一个强而智的理性纳税人图像日益清晰。市场经济之下的人是具有独立自主意识的个人,其为自身利益最佳的判断者而不必依附于包括单位在内的任何外在形式,并基于自己的理性判断参与社会经济活动以获得最大利益。[②] 在强而智的理性人图像之下,纳税人权利本身就应当是财税法赖以存在的目的和据以解释的根基,而不是将其作为获取财政收入、实现特定社会目的的工具。当然并不是否定财税应当具有财政和社会目的,而是旨在说明财政和社会目的应当是实现纳税人权利这一终极目的的中介。基于强而智的理性纳税人图像,纳税人权利保护的阳光开始温暖每一位具体个人,从而纳税人观念开始萌芽。1992 年制定的《税收征收管理法》将“保护纳税人的合法权益”作为其立法目的之一,同时税收征管从条例到法律体现了税收法定的要求从而实现了对纳税人权利的保障。2001 年修改的《税收征收管理法》增加了“规范税收征收和缴纳行为”的目的,其亦是纳税人权利保障的体现。在具体的权利方面,《税收征收管理法》先是笼统地规定了税务人员的责任和纳税人的检举权,在 2001 年修法之时将纳税人权利充实为获得税务咨询服务权、知情权、要求保密权、享受减免退税权、陈述权、申辩权、获得救济权、控告权和检举权。同时,内蒙古自治区 1996 年 8 月成立了我国第一家省级纳税人协会,2017 年常州市税务部门更是创造性地推出了“纳税人保护官”制度。强而智的理性人图像更是通过 2004 年人权条款和私有财产保护条款入宪,得到了根本法的确认和形塑。结合人权条款和私有财产保护条款对《宪法》第 56 条进行体系解释,[③]

---

① 参见陈林林、张晓笑:《人之图像与法治模式》,载《浙江社会科学》2017 年第 3 期。

② 参见郭春镇:《法律中“人”的形象变迁与“人权条款”之功能》,载《学术月刊》2010 年第 3 期。

③ 《宪法》第 56 条规定,中华人民共和国公民有依照法律纳税的义务。

可以使纳税人权利保障获得宪法慈母般的关怀。[①] 此外,我国税收法定也迈出了坚实的步伐,2013 年“落实税收法定原则”被写进了党的十八届三中全会的决定之中,2015 年《立法法》修改中明确规定了税种、税率和税收征管只能通过法律加以规定,[②]同年中共中央通过了《贯彻落实税收法定原则的实施意见》。综上,我国《宪法》《立法法》《税收征收管理法》基于强而智的理性纳税人图像基本建立起以财产权为核心的纳税人权利保障体系,这无疑为纳税人观念的树立奠定了坚实基础。

本章小结

本书第一章论证了我国当下树立纳税人观念的时代背景,树立纳税人观念是时代的呼吁和我国法治建设的重要环节之一。本章在于厘清纳税人观念的内涵以及我国树立纳税人观念的现实基础。纳税人观念,是指基于对税收、税法制度的理性认识而形成的以权利为核心的主体性观念。“对税收和税法制度的理性认识”是其前提,“以权利为核心”是其关键,而“主体性观念”是其最终归属。纳税人观念主要体现在我国现行财政体制之中,所以总结我国历次财政体制改革的经验可以为树立纳税人观念提供现实基础,其中最重要的便是建立公共财政体制、注意合理划分中央和地方的关系,以及合理定位财政的功能这 3 个方面。而蕴含在财政改革之中的纳税人图像之变迁,则是“纳税人观念”之法意研究的逻辑起点和重要基础。

---

① 关于该规定是否能够成为我国税收法定原则的宪法依据,学界存在不同观点。有学者认为,根据法律的目的解释和体系解释——宪法存在的终极目的在于保护公民的合法权利,结合《宪法》第 13 条关于“公民的合法的私有财产不受侵犯”的规定——从而得出该规定“可以成为税收法定主义的最高法律依据”(参见刘剑文、熊伟:《税法基础理论》,北京大学出版社 2004 年版,第 108 ~ 109 页)。更多的学者认为,将该条规定解释为税收法定的宪法依据存在明显的逻辑难题,无论是从文义解释、体系解释、目的解释都无法得出该条规定能够成为税收法定主义的宪法渊源,只有正视税收法定主义在宪法中的缺失才能有益于我国税收法治的建设(参见李刚、周俊琪:《从法解释的角度看我国〈宪法〉第五十六条与税收法定主义——与刘剑文、熊伟二学者商榷》,载《税务研究》2006 年第 9 期)。笔者认为,立法论当然是其最理想的方式。但是理想的方式却往往并非现实的方式。如果通过立法论实现纳税人权利入宪就必然意味着要修改我国现行宪法,如此极有可能导致寄希望于立法论的入宪路径沦为空谈。结合系统解释,该条可以成为我国税收法定原则的宪法依据。后文将对此问题进行专门论述。

② 《立法法》第 8 条。

第三章 树立纳税人观念的中国语境

随着我国法治建设的稳步推进以及法学研究逐渐走向成熟,关于法治建设和法学研究中的“中国问题”被不断提出和强化,并渐趋成为主流。即法治建设更多地属于本土性事务,因而法律移植成功的范例并不多,应当坚持本土化道路。在本土化道路之下即使有借鉴和移植,其根本目的也在于要解决中国实实在在的问题。树立纳税人观念也一样,我国在一些方面面临和域外财税法治建设存在同样的问题,同时更加需要注意我国问题的特殊性,即树立纳税人观念的中国语境。2016 年习近平总书记在全国哲学社会科学工作座谈会上指出,哲学社会科学研究必须要“结合中国特色社会主义伟大实践”。①

第一节 经济基础:公有制主导下的税收国家建设

传统观点认为,只有在私有制基础上才能建立起现代税收国家。然而,我国改革开放后公共财政

① 《习近平:构建中国特色的哲学社会科学》,载央视网,http://news.cctv.com/2016/05/22/ARTIvrMJ1roGaCewYo8BmOxr160522.shtml。

制度建设的经历向世界证明公有制社会同样可以建立起现代税收国家。当然，由于我国税收国家的建设是基于公有制的主导地位，所以我国纳税人观念树立的相关问题必然呈现相当的中国特色，即具有一定的中国语境。

一、劳动者：传统公有制下的经济主体

从事制度或制度思想研究的学科都会基于本学科的角度对现代国家进行具有本学科特色的归纳和分类，这从某种角度上讲是该学科成熟和自洽的标志之一。而税收国家（tax state）则是财政学和财税法学对于现代国家的称呼，其基本含义是指政府运行主要依赖税收的国家形式。[①] 通过我国财政社会学者的归纳，财政学将国家的类型分为家财国家、税收国家、公债国家和租金国家[②]（具体见表 3－1）。颇具讽刺意义的是，据相关学者考证，最开始提出税收国家的学者则是主张放弃税收国家模式的奥地利财政学者鲁道夫·葛德雪（Rudolf Goldscheid）。第一次世界大战之后，德国面临严重的财政危机，而德国建基于正常时期的税收已经无法应对特殊时期的状况，故而葛德雪在其《国家资本主义或国家社会主义》一文中认为，化解危机的唯一方式便是放弃税收国家而回归家财国家的模式。[③] 该观点一经提出便遭到了以约瑟夫·熊彼特（Joseph A. Schumpeter）和约瑟夫·伊森斯（Joseph Isensee）为代表的学者的坚决反对，他们从税收国家的本质及其与法治和民主的关系出发，详细地论证了税收国家的必然性和可能性。

---

① 参见葛克昌：《宪法国体——租税国》，载葛克昌：《租税国的危机》，厦门大学出版社2016 年版。

② 当然不同学者也存在不同的分类模式，如贡纳国家、租金国家、自产国家和税收国家（参见王婷婷：《范式与路径：中国财政治理法治化研究》，载《财经法学》2016 年第 1 期）；领主国家、贡赋国家、关税国家、税收国家、贸易国家和自产国家（参见马骏：《中国公共预算改革：理论性与民主化》，中央编译出版社 2005 年版，第 31 页）。即使具体分类和用语存在差异，但是基本上大同小异，基本上都认同家财国家、税收国家、公债国家和租金国家这几种模式。

③ 参见［日］坂入长太郎：《欧美财政思想史》，张淳译，中国财政经济出版社 1987 年版，第347～348 页。转引自丛中笑：《税收国家及其法治构造》，载《法学家》2009 年第 5 期。

表 3-1　财政收入形式及其对现代国家构建的影响①

项目	家财国家	税收国家			公债国家	租金国家	
收入形式	依靠君主或者政府拥有的财产收益来取得收入	主要征税于国内贸易、流动资本和劳动收入	主要征税于进出口贸易	主要征税于大企业收入	以健全的税收制度为基础发行公债获得收入	自然资源租金	战略租金
典型国家	中世纪欧洲	17~19 世纪的英国，现代波兰	拉美国家	现代俄罗斯	19 世纪的英国	近代早期的西班牙、现代沙特阿拉伯等国家	埃及(控制运河)、巴基斯坦(在军事联盟中地位重要)
对国家构建和制度建设的影响	政府(君主)收入与公众(臣民)无关，不需要公众同意，容易形成绝对专制政体	政府收入主要取决于公众的收入并需要获得其同意，容易形成代议民主政治和更制度化的政治结构	政府机构发育不足，制度建设落后	制度建设落后	能够迅速和低成本地举债以巩固财政基础，国家制度建设能够适应更复杂的政治和经济状况	政治制度相对不民主，缺乏公民政治建设，法治程度低，公共官僚机器效率差	租金流入和国家制度特性之间的联系比较复杂，一般不利于现代国家制度建设

① 参见刘守刚:《国家成长的财政逻辑——近现代中国财政转型与政治发展》，天津人民出版社 2009 年版，第 17 页。

前文提到纳税人具有广义和狭义之分，狭义的纳税人主要是指税务行政行为的相对人，而广义上的纳税人则几乎是与公民重叠的概念。当然，这是从法学和政治学角度来讨论纳税人的范围，而如果从经济学角度，那么广义上的纳税人可以说包括所有经济行为的参与者。所以，在西方传统的以私有制为基础的税收国家之中，纳税人便是其政治经济主体。这主要是因为西方在经济私有制基础上形成了国家和社会的相对分离，而基于无产国家和社会契约的理念，国家本身不从事生产经营活动，甚至不掌握任何的经济资源，而由公民通过纳税的方式来供养政府，故而纳税人是私有制国家的政治经济主体实属理所当然。

前文提到新中国成立之后，结合我国的现实情况以及我国的计划经济体制和单位制的社会管理模式。计划经济虽然在现在看来并非理想中完美的以及契合当下现实的经济建设模式，但在新中国成立之初我国选择建立计划经济体制具有一定的历史必然性。计划经济的必然性至少反映在当时的经济、政治和法律文化3个方面，在计划经济体制和单位制管理模式之下，国家通过单位的方式掌握几乎所有的社会资源并且控制社会的所有主体。一方面，不存在国家和社会的两分；另一方面，国家也不需要通过税收才能维持运作，于是乎诞生了前文提到的税收无用论思想。在此背景之下，并不存在现代意义上的纳税人之生成基础，就更不用说，其享有税收国家的政治经济之主体地位了。

虽然我国通过改革开放建立起了社会主义市场经济，并基于市场经济的需要建构起了现代化的财政制度，同时纳税人的地位也得到了极大的提升。但是基于计划经济和单位制而形成的传统观点依然具有一定的影响力，其典型表现就在于前几年依然有学者撰文指出，纳税人概念与我国社会主义制度是不相容的。该学者从我国《宪法》中关于经济制度以及公有制范围的规定出发，认为"我国公共财富及其生产方式基本上属于公有，而且这些公有财富及其生产方式有国家政权保障或保护，私人或私有经济依法纳的一点税，可以说是沧海一粟，远不足以自大到以社会主人自居"，同时认为在公有制经济之下从事社会管理工作的人员也是纳税人，属于"一个经济共同体，其中的各种要素不可或缺，不能孤立地片面强调部分群体的贡献”。[①]

既然在传统观念之下,纳税人并未受到应有重视,其在经济的主体地位并未得到认可,那么,传统观点之下公有制的经济主体是什么?根据对文献的梳理和对现实的总结,笔者认为,传统公有制下的经济主体是劳动者,即用劳动者而非纳税人来确定其享受权利的身份依据。因为社会主义之所以实行公有制的经济制度,在于其认为私有制是具有原罪的,人类的剥削制度就是建立在生产资料私有制的基础之上,掌握生产资料的阶层通过“经济基础决定上层建筑”而建立起维护其根本利益的社会制度。而在社会主义公有制经济之下,生产资料为全民所有,理论上不存在剥削阶级和被剥削阶级,因为全民都仅仅是分工不同的劳动者而已。在私有制社会之下,由于纳税人是其政治经济主体,所以“为纳税人服务”是其典型表现。而基于传统公有制之下的观点,理所当然应当为劳动者服务,如毛泽东同志就曾经说过,“劳动者管理国家、管理军队、管理各种企业、管理文化教育的权利……是社会主义制度下劳动者最大的权利,最根本的权利”,[②]“我国的教育方针,应该使受教育者……成为有社会主义觉悟的有文化的劳动者”。[③]

劳动者作为传统观念下公有制的政治经济主体不仅反映在新中国第一代领导人的思想和论述中,其也深深地根植于当时的法律之中,特别是我国改革开放之前的历部《宪法》之中。如我国 1954 年《宪法》结合当时社会主义改造的现实,提出要在一定时期内剥夺封建地主和官僚资本家一定的政治权利,并促使其通过劳动变为社会主义国家的新公民,[④]同时还规定公民应当遵守劳动纪律。[⑤] 为了实现将其培育成社会主义新时期劳动者的目的,1957 年 8 月全国人大常委会批准了国务院《关于劳动教养

① 温建辉、余丽英:《论“纳税人”概念与“四项基本原则”的对立》,载《重庆与世界》2010 年第 13 期。

② 毛泽东著、中共中央文献研究室编:《毛泽东文集》(第 8 卷),人民出版社 1999 年版,第 129 页。

③ 《建国以来毛泽东文稿》(第 6 册),中央文献出版社 1992 年,第 340 页。

④ 1954 年《宪法》第 19 条第 2 款规定,国家依照法律在一定时期内剥夺封建地主和官僚资本家的政治权利,同时给以生活出路,使他们在劳动中改造成为自食其力的公民。

⑤ 1954 年《宪法》第 100 条规定,中华人民共和国公民必须遵守宪法和法律,遵守劳动纪律,遵守公共秩序,尊重社会公德。

问题的决定》，该决定的目的在于“把游手好闲、违反法纪、不务正业的有劳动能力的人，改造成自食其力的新人”。[①] 劳动者作为我国公有制之下政治经济主体的认识，在我国 1975 年和 1978 年《宪法》中得以进一步贯彻，这两部《宪法》中甚至明确规定了“不劳动者不得食”的原则。[②] 也正是因为传统观点之下公有制的政治经济主体是劳动者，所以直到 21 世纪都还存在私营企业是否为社会主义劳动者的争论。[③]

二、税收本质：公有制与税收国家的相容性

在上文提到财政学关于国家的分类时，可以看到国家与税收之间明显的相伴关系，即“税收是国家在获得独立性的过程中的伴生物；在国家的概念被认识以前，事实上是没有税收的”。[④] 每一种财政学上的国家类型就有其相应的经济基础和制度建设，传统观点认为，现代的税收国家只能够建基于私有制经济之下，而公有制经济必然沦为家财国家。

对于一个观点的看法和评价不能脱离其产生的历史背景，即对于税收国家经济基础只能是私有制这一观点的评价必须回到税收国家诞生之初予以看待。可以说，在 20 世纪之初认为税收国家的经济基础只能是私有制是一种正确的论断，但是这一论断放在当代却是错误的，原因在于我们应当结合具体的历史来看待公有制和私有制这一问题。在 20 世纪之初，私有制无疑是当时所有经济制度中最先进的，因此其符合保障人民财产权、自由权乃至政治权利的要求。当时的公有制并非在社会主义国家之下，为了实现最广大人民群众最根本幸福的公有制模式，当时的公有制往往表现为封建王权、教权的帮凶，是人民权利的天然障碍。故而，在当时的历史背景之下，税收国家只能诞生于私有制之下。而随着社会主义国家的建立，以及社会主义公有制经济的确立，此时的公有制不仅不是人民权利实现的阻碍，而且是实现最广大人民最根本幸福的经济基础。所

---

① 关于国务院《关于劳动教养问题的决定》与培育新时期劳动者的关系，参见王人博：《宪政的中国之道》，山东人民出版社 2003 年版，第 141 ~ 173 页。

② 1975 年《宪法》第 9 条和 1978 年《宪法》第 10 条。

③ 参见黄如桐：《私营企业主不是社会主义劳动者》，载《真理的追求》2000 年第 11 期。

④ [美]理查德·A. 马斯格雷夫、艾伦·T. 皮考克主编：《财政理论史上的经典文献》，刘守刚、王晓丹译，上海财经大学出版社 2015 年版，第 53 页。

以,社会主义之下的公有制在满足一定条件时,是能够与税收国家相融的,甚至能够更好地实现和建设税收国家。

认为社会主义国家与税收国家格格不入的德国学者伊森斯,将税收国家的特点归纳为以下十个方面:(1)在税收国家中,纳税人以金钱货币履行税收债务,不承担劳务或者实物给付的义务;(2)税收国家的建立与国家军队和官僚体制的建立有直接关系,纳税人的金钱给付义务应当是定期且以具有规律性的收入为标准的;(3)在现代税收国家之后,税收应当是现代理性国家的重要标志,在某种程度上讲,税收国家与现代国家是一体两面的;(4)税收国家的税收应当符合民主的要求,具有宪法上的意义,具体表现为税收并非政府专断的权力,而应该是基于人民的公意;(5)税收相对其他公法上的义务,诸如特别公课,不具备直接的对待给付义务是其重要的特点;(6)在税收国家之中,取得财政收入为税收的唯一目的;①(7)国家不从事营利的经济活动;(8)税收国家的理论基础是自由主义,所以其建基于国家和社会两分的基础上;(9)现代的税收国家对传统的自由放任进行反思,民生福利导向开始成为税收国家的理念之一;(10)税收国家所固有的税收平等、税源保持等原则不容违反。② 从伊森斯的归纳,我们可以明显地看出,私有制并非税收国家的重要特征,更遑论是其本质特征了。这一问题近年来也为相关学者所注意。我国财税法学者一般认为,税收国家的构建必须满足以下几个方面的条件:以市场经济和公共财政为其经济基础;以税收作为国家财政收入的主要来源;以法治作为其保障。③

结合学术界的观点,笔者认为,税收国家与我国这样一个以公有制为主体的国家具有相容性,其主要原因在于,税收国家的下列本质特征与社会主义政治制度和社会主义公有制经济体制具有内在的一致性。

首先,税收国家的基础是现代国家。虽然综观当今世界,大多数现代

---

① 伊森斯所指的获得财政收入为税收的唯一目的,并非是指税收不能有调节分配等方面的目的。此处的财政收入是在区分税收国家和自产国家而言的,其意在指明税收国家税收作为其财政的唯一来源,而非基于国家营利活动。

② 参见葛克昌:《租税国——宪法之国体》,载《经社法制论丛》1989 年第 3 期。

③ 参见徐阳光:《预算国家:财政法治的理想——源自美国的经验与启示》,载《环球法律评论》2009 年第 3 期。

国家都是实行私有制的国家,但是私有制并非现代国家的必然特征更遑论本质特征了。一般认为,现代国家的特征为:以现代社会为基础,而现代社会则是自由、民主和平等的社会;现代国家的核心是公共权力;现代国家的组织特征为集中与统一。[①] 税收国家诞生之初所指代的现代国家是新生的资本主义国家,在当时,资本主义的生产方式和政治制度是体现了自由、民主和平等的。但是随着社会发展,资本主义经济及其政治制度也有其本身无法解决的固有矛盾,而社会主义作为更高级的生产方式和政治制度最终从理论走向了现实。无疑,无论是在体现自由、民主和平等上,还是在国家权力的公共性上,抑或是国家组织的集中与统一方面,公有制经济之上的社会主义都远胜私有制之上的资本主义。

其次,税收国家的税收必须体现公共性和国家性。公共性,是指税收及其建基于税收之上的国家的存在目的在于公共利益,而非诸如皇族、教士等个别群体和阶层的利益;而国家性则体现在既然税收国家具有公共性,那么公共性的代表只能是现代国家,并且现代国家应当具有法治化的运行机制。[②] 依然回到税收国家诞生之初,税收国家对于税收所要求的公共性和国家性主要针对的是前资本主义时期,当时税收乃至于国家存在的目的并非公共利益,而更多的是仅仅代表了王权和神权。以公有制为经济基础的社会主义国家理所当然在公共性和国家性方面比当时税收国家所要求的要高得多。

再次,税收国家要求市场经济和公共财政体制。前面所分析的两点理由更多的是,从应然层面得出以公有制为经济基础的社会主义应当比以私有制为经济基础的资本主义国家更有利于建设税收国家。但是仅仅有应然的分析还不够,税收国家建设属于现实且具体的理论和制度的建构,其必然要求有实然层面的论证。市场经济体制和公共财政模式便是税收国家构建在实然层面的要求。虽然新中国成立之后,我国经历了计划经济体制和单位制的管理模式,但是随着改革开放的春风拂过,我国已经建立起了市场经济体制,以公共财政作为财政体制改革的目标基本上

---

① 参见刘守刚:《国家成长的财政逻辑——近现代中国财政转型与政治发展》,天津人民出版社2009年版,第3页。

② 参见张富强:《论税收国家的基础》,载《中国法学》2016年第2期。

得以确立。市场经济体制和公共财政模式的建立，使我国财政无论是在收入面还是在支出面都摆脱了家计财政而具有了公共性，这是税收国家与我国相容的关键。

最后，税收国家要求现代法治作为其保障。虽然有国家开始便有了税收，但是现代话语意义下的税收却是伴随现代法治而形成的，甚至可以毫不夸张地说，税收国家与法治国家仅仅是学科话语体系的不同而已，即现代税收国家必然是法治国家，而法治国家的财政面也必然表现为税收国家。改革开放之后，我国在结合本国实际的基础上通过借鉴等多种方式已经基本建立起了中国特色社会主义法律体系。并且在 2014 年 10 月召开的党的十八届四中全会上通过了《中共中央关于全面推进依法治国若干重大问题的决定》。所以，虽然我国法治建设的进程还处于“在路上”的状态，法治建设的效果也并非尽如人意，但是已基本上树立了法治理念和法治思维。同时，社会主义法治从其核心价值和根本目标上看，其理所当然应当优于资本主义法治。所以，在税收国家的法治保障方面，我国与税收国家也具有相容性。

三、政府有产理念：公有制下我国树立纳税人观念的阻碍

上文分析到了以公有制经济为基础的社会主义国家是不可能建设税收国家的传统观点具有明显的时代滞后性，基于对税收国家本质特征及其具体要求的归纳和分析，最终发现公有制与税收国家是相容的，甚至以公有制为经济基础的社会主义国家是实现税收国家的更好方式。

税法本位的上位概念当属法律本位，据相关学者考证，法律本位问题是一个具有浓厚中国语境的原创命题，其核心在于解决法律制度以及法学研究的价值取向问题，一般认为，法律本位是法学理论的元理论，“法律本位之演进……标志了法律制度上的革命”。[①] 虽然在人类社会的历史长河中以及现代社会一些地区依旧存在神本位的法律理念和制度，但是一般而言现代国家的法律本位可以分为国家本位、个人本位和社会本位 3 种。相应的税法也可以分为国家本位税法、个人本位税法和社会本位税

① 董延林、孙宇：《法律本位之演进论略》，载《学习与探索》1998 年第 2 期。

法。虽然在整个法律体系中,有些部门法以社会本位来代替个人本位具有历史的进步性。[①] 但在税法领域,社会本位税法其实质在于税法对于社会化问题的回应,故而社会本位税法实质上并没有突破个人本位税法的范围,[②]其只是个人本位税法的一个新发展而已。所以,基于法律本位的角度,税法可以分为个人本位税法和国家本位税法。

个人本位与国家本位的区分深刻地体现了个人与国家之间的关系,而税收作为连接个人和国家之间的纽带,其本身就直接而又深刻地体现了这一对关系。现代税收关系中,究竟是纳税人还是国家处于主体地位,是个人本位税法和国家本位税法的根本区别。在资本主义兴起之后,基于私有制而形成了无产政府,政府的运行必须依赖财政的支撑,但是无产政府本身是不能也不被允许直接参与生产经营活动的,而只能通过税收的方式来筹集财政收入,这就是税收国家在财政方面的形成原因和原理。熊彼特认为,税收国家的兴起伴随现代国家的诞生,而无论是税收国家还是现代国家都建基于对个人利益进行良好保护的私人经济体制之上,并进一步认为,国家财政支出越高,则对个人利益的内在要求就越高。[③]

综上,之所以德国著名学者伊森斯会认为,社会主义体系的兴起就必然意味着税收国家的没落,[④]主要在于形成于公有制之上的有产政府会有颠覆税收国家中税法本位的危险。基于无产政府理念,政府的运行依赖纳税人所缴纳的税收,故而国家在与纳税人的讨价还价之中形成了现代的民主思想和政治制度。[⑤] 在无产政府之下,纳税人是税法主体,而税法理所当然应当是个人本位的。而在有产国家理念之下,国家依赖自己的财产而得以运行,就很难产生无产国家之下的个人本位税法,而基于权力天然的扩张性往往会最终形成国家本位的税法。虽然,我国经过了 30 多

---

① 如经济法就是以社会本位为基础的部门法。具体参见李昌麒主编:《经济法理念研究》,法律出版社 2009 年版,第 147～171 页。

② 参见王婷婷:《课税禁区法律问题研究》,法律出版社 2017 年版,第 210 页。

③ 参见葛克昌:《国家学与国家法》,台北,月旦出版股份有限公司 1996 年版,第 97 页。

④ 参见刘剑文、熊伟:《税法基础理论》,北京大学出版社 2004 年版,第 32 页。

⑤ 参见季卫东:《杂谈“有产政府”思路对税制的影响》,载季卫东:《法制的转轨》,浙江大学出版社 2009 年版。

年的公共财政改革,有产国家在事实上已经不存在了。但是,一方面由于税收来源过度依赖国有企业而呈现非典型税收国家的特点,①另一方面观念的转变尚需一定的时间,所以有产政府的理念还将在一定时间内影响我国纳税人观念的树立。这是“纳税人观念”之法意研究不得不面对的语境。

第二节　政治生态:国家主义下的税制设计

一、我国国家主义观念及其形成原因

与大多数学术术语一样,“国家主义”一词也属于舶来品。由于国家主义词源的舶来,故而国家主义思想的溯源也免不了言必称希腊的俗套。据相关学者的考证,国家主义的思想脉络可以归纳为“发端于柏拉图的‘理想国’、亚里士多德的‘政治共同体’,经马基雅维利的‘新君主’、霍布斯的‘利维坦’、卢梭的‘社会契约论’,并在黑格尔的‘绝对理性’中达到巅峰”。②

个人与国家之间的关系是政治哲学永恒的课题,作为一种政治哲学的国家主义,一般认为其是与个人主义相对的一个概念或者政治哲学术语,其属于集体主义的范畴。③ 简言之,相对于属于自由主义的个人主义,无论如何界定国家主义的内涵和外延,其核心都应该是在国家和个人的关系之中强调国家的至上性,即国家相对于个人和其他组织拥有更高的权威、更大的自由和更重要的利益。一般认为,国家主义和民族主义在内核上是一致的,从词源学的角度,国家主义和民族主义都是舶来品,其都源自西语的“nation”一词。但是随着现代民族国家的建成,也有学者认为,国家主义和民族主义存在一定的区别,而主张用“statism”来指代国家主义以示其与民族主义之间的不同。④ 即民族主义一般是指在民族国家

① 参见李文彬、张龙平:《非典型税收国家:当代中国的表现与陷阱》,载《广东行政学院学报》2012 年第 4 期。

② 于浩:《共和国法治建构中的国家主义立场》,载《法制与社会发展》2014 年第 5 期。

③ 参见于浩:《共和国法治建构中的国家主义立场》,载《法制与社会发展》2014 年第 5 期。

④ 参见于浩:《共和国法治建构中的国家主义立场》,载《法制与社会发展》2014 年第 5 期。

建成之前而具有强烈的建立民族国家的愿望,而国家主义则是民族国家建立之后处理国家和个人之间关系的政治哲学。这种以民族国家建成作为区分民族主义和国家主义的观点恰好说明了民族主义和国家主义在内核上是一致的。有学者毫不客气地指出,国家主义属于绝对主义的一种,其具有反现代性。其在一个国家面临外患以及统一问题之时具有非常重要的意义,即其为民族国家的建立提供了意识形态的支撑。由此可见,在一定时期内国家主义是建立现代民族国家的思想基础。但是当民族国家得以建立,国家的任务从成立新中国转向现代化建设之时,国家主义的思想就会在很大程度上成为民族国家现代化的阻碍。①

本书所讲的国家主义主要是指在清末经历“三千年未有之大变局”之后,为了救亡图存而寻求建立现代独立自主的民族国家的过程中所产生的国家主义思想。我国现代化历程在面临民主与救亡之间存在的内在矛盾时,基于时势的要求而选择弱化民主,在一定程度上承认专制抑或是减弱通常意义上现代化对于专制的批判以实现救亡的时代使命。19 世纪,清朝政府天朝上邦、万邦来朝的迷梦被西方殖民主义者的坚船利炮击碎,一时间曾经的世界至强变为软弱可欺的典型,曾经的世界文明中心变成了落后愚昧的象征,曾经的黄金之国变成了西方探险家的乐园。在经历强制开放通商口岸、巨额的战争赔款以及割让租界之后,随着西方第二次工业革命的完成,西方殖民主义者已经不再满足将中国变为其半殖民地,而是试图将中华大地沦为其完全的殖民地。傲立于世界东方且具有几千年璀璨文明的中华民族第一次面临亡国灭种的危险。于是乎,中华儿女开始痛苦地思索民族的未来,半殖民地和半封建社会的现状使中华儿女在反对外来殖民者的同时也必须反对本国的封建专制主义者。反对外来殖民者从而建立起一个独立、自主的民族国家就需要团结国内力量,甚至是需要一个强有力的领袖;而反对本国的封建专制主义者就需要民主、自由的思想。然而,稍加思索就会发现这两者之间存在矛盾,或者说两者之间存在明显的价值先后之分。因为团结国内力量以争取独立必然会在一定时期、一定程度上牺牲民主,而民主的推进必然会影响暴力革命的进

① 参见杨春时:《中国现代化进程中的民族主义和国家主义》,载《海南师范大学学报(人文社会科学版)》2002 年第 1 期。

行。如戊戌变法的领导者之一、我国清末民初的著名思想家梁启超先生就曾经明确地说过,“自由之者,团体之自由,非个人之自由也。野蛮时代,个人之自由胜而团体之自由亡;文明时代,团体之自由强而个人之自由弱”。[①] 梁启超先生此处所指的团体即为国家,为了实现建立独立、自主民族国家的救亡目的,梁启超先生甚至将个人自由与团体自由之对比关系视为区分文明时代和野蛮时代之标准。和梁启超先生的认识一样,清末大多数学者如严复先生也是将自由、民主放在国家独立、富强这一维度上进行考量的。[②] 王人博教授在对清末宪治和自由思潮进行研究后得出了如下结论:“中国的自由主义者都是从关切民族和国家的深处出发思考问题的。他们在终极价值上,都是把自由作为一种工具来看待。”[③]

关于救亡和民主之间的矛盾并非来自学术上的臆想抑或是来自逻辑上的推断,而是有清末的确切现实可以证明的。我国从清末面临亡国灭种危机开始学习西方政治制度之时就对集权政治体制具有极大的兴趣,国家元首集权型成为首要选择,如孙中山先生在广州建立的军政府、中华民国政府以及大本营都是采取集权模式的。[④] 在经历了一系列革命失败之后,孙中山先生要求当时新加入的国民党员通过打手模的方式向其个人效忠,李慎之先生曾经回忆到“把生命交托给总理”也是一个例证。[⑤] 这就是在救亡和自由、民主的两难之中选择了国家主义的方式以实现救亡的目的,其必然就会牺牲个人自由和民主。

1949 年我国建立了独立自主的新中国,但是国家主义的色彩并没有随着新中国的建立而消散。这一方面来自新中国成立之后我国在社会主义建设之中的曲折探索经历,另一方面也是基于后发国家赶超的必然选择。新中国成立之后面临“一穷二白”的现实状况,旧中国只有残缺的轻工业和零星的重工业基础,新中国当时依旧是一个落后的农业国。而发

---

① 梁启超:《新民说》。转引自王人博:《中国近代的宪政思潮》,法律出版社 2003 年版,第 20 页。

② 参见王人博:《中国近代的宪政思潮》,法律出版社 2003 年版,第 22 页。

③ 王人博:《宪政的中国之道》,山东人民出版社 2003 年版,第 134 页。

④ 参见陈峰:《中国宪政史研究纲要》,贵州人民出版社 2003 年版,第 247 ~ 257 页。

⑤ 参见李慎之:《中国文化传统与现代化》,载《战略与管理》2000 年第 4 期。

达国家早已经过两次工业革命实现了国家各方面的现代化，新中国虽然获得独立自主的地位，但是要想屹立于世界民族之林就必须实现追赶甚至赶超的目标。其实并非仅仅中国面临这样的问题，19 世纪的德国以及第二次世界大战之后的日本同样面临这一问题。1841 年德国著名经济学家弗里德里希·李斯特在其《政治经济学的国民体系》一书中，对于后发国家的经济发展战略给出了自己的看法，其认为后发国家应当分为三步走：第一步为了获得其他国家先进的理念和技术就必须和其他先发达起来的国家实行自由贸易；第二步则是为了保护本国建立起来的脆弱的民族工业则应该在开放到一定时间后采取商业限制措施；当本国的民族工业已经达到了一定的高度则实现全面对外开放的第三步。① 同样，日本在其发展的过程中也采取了十分明显的带有国家主义色彩的扶植政策。结合历史经验，作为后发国家的我国为了实现在经济上的赶超，就不能走英美国家的完全依靠市场自由发展的道路，而需要借鉴法德日基于国家利益而采取一定的政府扶持或者规划的做法，这些政府扶植和规划又加强了本身的国家主义。综上所述，我国属于后发国家的现实，导致了基于赶超目标而加强了国家主义的思想，而在国家主义思想下制定的赶超规划又进一步巩固了现存的国家主义思想。

无论是在清末民初基于救亡图存的国家主义，还是在新中国成立后建基于后发国家赶超现实的国家主义，其虽然面临的具体任务不同而导致其在具体面向上存在极大差异，但是其对于公民权利的限制都是一样的。当然，世界上大多数民族在其尚未获得民族独立以及独立之后实现国家现代化之前，都必然在政治哲学和制度建构中偏向国家主义的思想。如意大利尚未统一之前马基雅维利高呼君主集权而写就了传扬后世的《君主论》，日本和韩国为了实现国家的富强而设置了具有高度集权以及带有计划性质的通商产业省和经济企划院等。②

---

① 参见［德］弗里德里希·李斯特：《政治经济学的国民体系》，陈万煦译，商务印书馆 1961 年版，第 105 页。

② 西方学者几乎一致认为，战后日本的经济奇迹，通商产业省是其至关重要的原因。参见［美］查默斯·约翰逊：《通产省与日本奇迹——产业政策的成长（1925～1975）》，金毅、许鸿艳、唐吉洪译，吉林出版集团有限责任公司 2010 年版，第 1～36 页。

二、国家主义下税法的价值方位

税收直接并深刻地体现了国家与纳税人之间的关系，在税收国家之下国家应当时刻保持对人民主权的尊重以及对民意的敬畏，而现代税法理所当然也应当体现为纳税人本位。[①] 然而，一个国家法律思想和体系中的本位选择虽然有其应然层面的必然性，更多的却是基于现实状况而形成的阶段性现实抉择。国家主义的政治生态之下，我国法律状况在整体上形成了被学者称为国家法制主义的思想和制度。[②] 该学者认为，国家法制主义是一种传统人治向现代法治过渡时期的产物，其既区别于传统人治同时也并非现代意义上的法治。在国家法制主义之下，法律并未被视为至高无上，而仅仅是作为国家建设和社会控制的工具性手段。其具体特点表现为：“抽象的国家至上观念”“规则中心主义的乌托邦思想”“实用主义的法律工具论”“相对主义的文化观和演绎推理的思维方式”。[③] 毫无疑问，基于国家主义形成的国家法制主义也是我国税收法律体系的底色，理所当然地影响了我国税法的价值取向。根据相关现实情况的归纳和总结相关学者的论述，我们可以发现，国家主义的思想造就了我国税法在下述三个方面的价值方位。

（一）国家主导的税收法治建设

现代税收及其税收法治是伴随民主制度兴起而建立的，其本身就在于排斥税收领域的权力主导，特别是行政权力主导。然而，国家法制主义的税法虽然与人治时期的税法具有根本不同，但是其本身仅仅是国家建设和社会控制的工具，而工具论的主体必然不可能是纳税人，而只能是政府。

我国税收领域具有权力主导色彩并非仅仅是基于我国法治发展阶段而逻辑推演得出的结论，而是对其现实的总结。我国从20世纪80年代开始推动“依法治税”的建设，据相关学者对于“依法治税”实践的梳理可以

① 关于我国税法应当如何体现纳税人本位或者纳税人中心主义的论述详见本书第五章的相关内容。

② 参见於兴中：《法治东西》，法律出版社2015年版，第99～119页。

③ 参见於兴中：《法治东西》，法律出版社2015年版，第99页。

发现：该话语体系的主体是行政机关，即行政机关依据法律来治理；而作为其治理依据的法律则被广泛地理解为法律、法规和规范性文件甚至于行政机关的红头文件等，最重要的是，治理的对象并非税务工作人员而是纳税人。所以，该学者在对我国“依法治税”进行考察后得出结论，“依照国家颁布的法律以及法律性文件把纳税行为以及征税行为纳入到法制的轨道，要求纳税人依法纳税、履行纳税义务以及征税人依法征税、履行征税职责，最终完成中央财政任务、保证中央财政收入”。① 从中我们可以发现，国家法制主义的税法主要强调对纳税人之税收不遵从行为的治理，而其中涉及的对税务工作人员的规范并非基于保障纳税人权利的考量，而仅仅是为了保证足额征税以上缴国库。有学者分析总结了我国20多年来税收宣传月的口号也印证了税收法治中权力主导的基本特点。②

（二）国家发展先于纳税人权利保障

前文分析到了我国国家主义乃至于世界上所有国家主义思想几乎都形成于救亡图存的历史需求而最终现实化于后发赶超的时代诉求。国家法制主义之下，税收和税法制度被视为国家建设和社会控制的工具，其根本目的在于通过包括财政体制在内的所有制度的合力以实现国家发展的现实目的。如此的路径选择既是世界上所有后发国家的通行范例，同时也具有相当的合理性。但是，一方面，后发国家在基本实现现代化之时必然面临转型问题；另一方面，发展法学所要求的发展理念应当是一种保障人民基本权利以及发展的成果和福祉应当由人民共享的发展。③ 然而，基于历史和现实，国家主义之下的我国税法在价值上存在国家发展先于纳税人权利保障的偏差。

后发赶超的实现导致我国经济发展带有一定的“强制增长”的色彩。④

---

① 张怡、谭志哲：《我国近30年“依法治税”的理论言说——基于法律话语的分析》，载《西南政法大学学报》2012年第3期。

② 参见叶金育：《理解中国的税收法治意识——基于税收宣传的实证考察》，载《人大法律评论》2013年第2期。

③ 参见张守文：《经济法学的发展理论初探》，载《财经法学》2016年第4期。

④ 参见[匈]雅诺什·科尔奈：《社会主义体制——共产主义政治经济学》，张安译，中央编译出版社2007年版，第187页。

当然,一个国家在处于后发赶超时期采取“强制增长”的方式是具备合理性的并且也符合后发国家的发展规律,如第二次世界大战之后日本的通产省与韩国的经济企划院在其经济腾飞的过程中扮演了极其重要的角色。但是发展型国家当其经济发展到一定程度之时,纳税人的诉求也会要求税收的使命随着经济的发展而做出调整,本书第一章第四节早已详细论述我国纳税人权利不彰的现实。

(三)经济管理先于民生建设

经济管理优先于民生建设与国家发展先于纳税人权利保障是一体两面的。虽然从20世纪八九十年代开始,由于民营企业的兴起以及国企改革等方面的原因,国企在绝对数量和相对比重上都呈现下降趋势,但是政府却通过强化对经济的行政管制来实现对经济强有力的干预。这就出现了中国在迈出“所有者国家”的同时极有可能进入“统制型国家”的境况。要想建立现代的法治社会和税收国家,推动我国纳税人的现代化、树立纳税人观念,就必须注意在国企改革中既防止退回以前的“所有者国家”,又避免同时落入“统制型国家”。[①]

经济管理先于民生建设最典型的范例当属财政支出具有明显的生产性偏好,一般而言,财政支出除为了维护政府运行外可以分为生产性支出和福利性支出。虽然生产性支出其最终目的也在于通过发展经济等来实现纳税人的权利,但在财政支出总额一定的情况下,福利性支出比例越重越能说明政府致力民生建设的决心,也在一定程度上反映了纳税人的地位和纳税人观念在社会中的现实状况。截至2017年,我国社保和就业上的财政支出占总体财政支出的11.6%就是其典型体现。[②] 有学者专门对我国生产性财政支出和福利性财政支出所占比重进行了统计(见表3-2)。从该表的数据统计,我们可以得出以下几个结论:首先,在我国财政支出中虽然总体上福利性支出远远超过了生产性支出,但是生产性支出也保持在高位运行,这本身也说明了我国目前属于非典型的税收国家;其次,由于各地的发展经济的考量,生产性支出所占比重有明显的上升趋

---

① 参见周刚志:《财政转型的宪法原理》,中国人民大学出版社2014年版,第54页。

② 参见《2017年全国财政支出:教育社保医卫成“前三甲”》,载搜狐网2017年3月7日,https://www.sohu.com/a/128114775_435996。

势,相应的福利性支出的比重呈现明显的下降趋势;最后,东部地区、中部地区和西部地区呈现了一定程度的地域差距,总体而言,东部地区的福利性支出高于中部地区,而中部地区又相应地高于西部地区。

表 3－2　我国各项财政支出占当年总支出的比重①

单位:%

区域	项目	2001 年	2002 年	2003 年	2004 年	2005 年
东部	生产性支出②	12.13	12.08	13.25	14.63	14.90
	福利性支出③	28.28	29.38	28.31	27.57	26.11
东部	生产性支出	10.70	10.32	11.71	11.31	12.46
	福利性支出	30.34	31.88	30.18	29.96	27.42
中部	生产性支出	9.91	9.80	11.31	13.17	13.26
	福利性支出	29.87	30.86	29.21	28.24	26.55
西部	生产性支出	15.10	15.21	16.15	18.17	18.12
	福利性支出	25.57	26.63	26.38	25.49	24.91

财政支出中生产性支出和福利性支出所占比重不仅体现了国家用于民生建设的比重,从而深刻地展现出我国国家主义之下税法价值的偏差。而且由于财政作为国家治理基础和重要支柱的功能,生产性支出偏高的现实还会深深影响国家治理的方方面面从而影响我国纳税人观念的树立。在生产性支出居高不下的背景下,政府往往成为事实上经济建设的主体,于是形成了政府主导的经济模式。财政生产性支出在高位运行的本身就已经偏离了税法本身的价值取向从而对树立纳税人观念造成了阻碍,而基于生产性支出居高而形成的格局更加深了这种阻碍。

三、国家主义下税法的制度不足

法理学相关理论告诉我们,法律价值和具体法律制度之间呈现相辅

---

① 参见尹恒、朱虹:《县级财政生产性支出偏向研究》,载《中国社会科学》2011 年第 1 期。

② 该学者的生产性支出包括农业生产支出和基础建设支出。

③ 该学者的福利性支出包括教育支出、社会保障支出和医疗卫生支出。

相成的关系,即有什么样的法律价值必然会建设成为怎么样的法律制度,而有什么样的法律制度必然内生出什么样的法律价值。所以,既然国家主义的观念造就了我国税法的价值偏差,毫无疑问,这种价值偏差会导致我国税法制度的缺失。有人在分析我国制度现状时曾言,“因为制度上有问题,所以才特别强调局部利益服从全局利益、地方服从中央等等这一套口号,为什么不能改革现有体制,使得地方做得越好,对整体越有利”。[①]该论断运用到财税领域也颇具启发性。正是因为我国税法制度存在缺失才导致现实生活一再加强公民纳税人义务和遵从度的宣传,这种以纳税人为客体和管理对象的宣传,如果没有相关制度的完善,注定是不能达到预期效果的。虽然国家主义导致我国纳税人观念无法得以有效树立的制度缺失表现在很多方面,但是根据归纳,我们认为以下几个方面的缺失是最重要的。

(一)税收立宪制度不足

虽然我国在原《物权法》制定过程之中,曾经出现了关于对宪法最高位阶质疑的声音,[②]但是法治社会的最高境界应当是宪治社会,即宪法在一个国家中应当具有最高的法律权威和效力,所以有学者认为,现代社会的治理应当是一种宪法治理。[③] 之所以现代社会必须以宪法治理为基本手段和目标,其根本原因在于宪法是一个社会共识的最高体现,而现代文明社会的治理应当基于社会共识而非基于武力优势而形成的暴力垄断。其实,在任何社会,其社会治理都建基于一定的社会共识之上,只不过不同社会的社会共识以及体现社会共识的载体具有极大乃至于本质上的差别。在前资本主义社会之下,当时的社会共识主要体现为身份、血统。资

---

① 楼继伟:《中国需要继续改革的六项制度》,载[日]青木昌彦、吴敬琏编:《中国经济型转型》,姚志敏等译,译林出版社2014年版。

② 有学者批判了宪法具有最高法律效力的观点,而认为民法和宪法应当分别是私法和公法的母法,所以这些学者抛出了民法宪法同等位阶的观点(参见赵万一:《从民法与宪法关系的视角谈我国民法典制订的基本理念和制度架构》,载《中国法学》2006年第1期;赵万一:《再谈民法与宪法的关系》,载《清华法学》2009年第2期)。该观点一经提出,便遭到了宪法学界的激烈反对(参见林来梵、朱玉霞:《错位与暗合——试论我国当下有关宪法与民法关系的四种思维倾向》,载《浙江社会科学》2007年第1期)。当然本书支持宪法具有最高法律效力,无论是规范上还是价值角度当是毫无异议的。

③ 参见韩大元:《宪法与社会共识:从宪法统治到宪法治理》,载《交大法学》2012年第1期。

本主义建立之后,身份、血统作为社会共识的正当性已经被启蒙运动击得粉碎,而代之以法律作为社会共识的载体,而其中具有最高法律效力的宪法理所当然成为社会共识最好也是最高的载体。所以,在人类进入资本主义社会之后,国家重大的思想以及制度往往通过宪法予以明确,以使其具有庄严的地位。

当今世界大多数国家都建立了税收立宪的相关制度。这些国家税收立宪制度可以分为3个层面:第一,通过宪法和议会树立了"无代表不纳税"的现代纳税人观念;第二,在宪法中或繁或简都明确规定了纳税人的权利;第三,在宪法中具体规定了国家的财政制度。

(二)税收法定制度的不足

如果我国仅仅是税收立宪制度存在不足,而税收法定已经得到很好的贯彻与执行,那么基于法律的体系解释和实施,我国税收法治也能在一定程度上得以实现。然而相对于我国税收立宪制度缺失,更大的问题是税收法定制度的残缺。税收法定与罪刑法定是现代法治社会的两大支柱,即保障公民的财产权和保障公民的人身自由权。基于税收法定的重要性及其在税法研究中的基础性,所以学者从各角度对其进行了深刻研究,并对于其内涵达成了高度共识。一般认为,税收法定包括课税要素法定、课税要素明确和依法稽征三个方面。[①]

截至2020年9月20日,我国开征了18个税种,其中只有11个税种的依据是全国人大及其常委会制定的法律。[②] 一方面,从税种的个数角度,我国税收法定主义仅仅覆盖了不到2/3的税种;另一方面,已经制定为法律的11个税种中除个人所得税和企业所得税外,其他9个税种的收入占整体税收和财政收入的比例极低,而作为我国第一大税种的增值税却依然是行政法规级别的暂行条例。

当然,近年来我国税收法定及其制度建设取得了巨大突破。《立法法》修改虽然经历了曲折并与严格的税收法定有一定的出入,但是总体上

① 参见张守文:《论税收法定主义》,载《法学研究》1996年第6期。

② 它们分别是个人所得税、企业所得税、车船税、环境保护税、烟叶税、船舶吨税、车辆购置税、耕地占用税、资源税、契税、城市维护建设税。

树立了税收法定的原则。① 同时在十三届全国人大常委会委员长会议上公布的人大常委会立法工作计划中，明确将研究制定消费税法、房地产税法和修改现行的《税收征收管理法》。② 虽然说，税收法定主义正在稳步前行，但是基于国家主义色彩，还存在以下两个方面的问题从而影响我国纳税人观念的树立：全国人大常委会对于国务院税收立法概括性授权尚未废除，同时在实践中存在行政主导立法的现象，这都会影响税收法定的实现；虽然目前加快了制定税种法的进程，但是对于第一大税种的增值税的立法尚未完成，这无疑折损了税收法定的建设效果。

（三）税收救济制度不力

法理学一般理论告诉我们，有权利就必定要求有救济，没有救济就相当于没有权利。从权利实现和权利救济的角度出发，我们甚至可以认为法律最重要的内容并不在于规定权利，而在于提供权利救济。虽然现代社会存在许多法律创设的权利，即其并非基于道德权利转化而来，但是毫无疑问，所有的法律权利都是由现实生活中的权利诉求转换而来的。某一权利是否应当上升为法定权利，一方面在于该权利的重要性，另一方面则是由于该权利必须受到法律保护否则无法实现。而法律对于权利提供保护最普遍的做法便是提供救济制度。基于救济制度的重要性，我们可以得出结论，税收救济制度是实现纳税人权利和树立纳税人观念的重要制度支撑。

然而，我国的税收法律法规体系存在救济制度不力，使纳税人合法权益受到损害时面临救济难的局面，从而影响了我国纳税人观念的树立。第一，基于我国整体环境以及司法与行政的现状，司法机关在行政诉讼中难以保持客观中立的态度，故而基于现状，我国纳税人极少选择行政诉讼的方式来维护其合法权利。第二，除整体的司法环境外，更重要的是，我国税收救济制度设计的不足，根据我国现行《税收征收管理法》的相关规

① 参见郝如玉、曹静韬：《〈立法法〉修订对税收法定意义重大》，载人民网，http://theory.people.com.cn/n/2015/0319/c40531-26716620.html。

② 参见胡浩、刘慧、吴嘉林：《完善和发展以宪法为核心的中国特色社会主义法律体系——全国人大相关负责人回应人大立法工作热点问题》，载新华网，http://www.xinhuanet.com/politics/2018lh/2018-03/12/c_1122526186.htm。

定，当纳税人对税务机关的决定不服从而提起行政诉讼时面临复议前置和税款先行缴纳两个条件的制约。

第三节　法治阶段：税收功能定位[①]

本章前两个部分从经济基础角度分析了树立我国纳税人观念的具体语境。经济基础从宏观上决定了我国树立纳税人观念这一命题的中国性，同时，树立纳税人观念是一个与法治发展紧密相关的问题。所以，下文将从我国法治发展的阶段来说明我国树立纳税人观念的中国语境。

一、税收法治的阶段性考察

随着历史的发展，社会开始出现了传统自由主义无法解决的社会化问题，即社会国的出现。在日益复杂的社会中，公民无法凭借个人自由实现个人的权利和发展，甚至包括一些传统意义上的消极权利也无法通过公民个人自由得以实现，社会法治国的观念应运而生。社会法治国的现实要求政府积极作为来回应公民的权利诉求，政府积极作为必然需要大量的财力作为支撑，而政府需要的财力支撑所面临的第一个难题就是已经步入形式法治时期的税法，特别是进入了税收法治第二个阶段——限制税收立法权的税法。[②] 法律应该以社会为基础而不是社会以法律为基础，税法的现实定位必然会发生改变，税法的历史将会从自由法治国时期注重形式理性的形式法治阶段再次远行。

社会化问题的出现使税收的历史脚步从注重形式理性的形式法治阶段再一次发展，这一次发展使税收和税法步入了社会法治国之下的回应性的阶段——税法需要对社会化问题进行回应，这就突破了形式法治阶

---

① 本部分相关内容曾在《现代经济探讨》发表，但结合本书的论述在结构和内容上都作一定幅度的调整。参见廖呈钱：《回应性：地方税收立法制度的一种理论支撑》，载《现代经济探讨》2016 年第 8 期。

② 北野弘久教授认为税收法治经历了 3 个阶段：对税收行政权力的限制、对税收立法权的限制、对纳税人权利的保障，参见［日］北野弘久：《日本税法学原论》（第 5 版），郭美松、陈刚译，中国检察出版社 2008 年版，第 76～83 页。

段主要以控权为目的的现实定位。税收的政策性以及税收调节作用的日益突出都说明了税法的回应性,比如,环境税、消费税等具有引导功能的税种开征。更不用说,一些为了应对危机而进行的税法调整,如在罗斯福新政中为了应对大萧条而调整所得税,“1932 年最高税率提高到 63%, 1936 年 79%,1941 年 81%,1942 年 88%,1944 年 94%,1946 年 91%”。[①]北野弘久教授提出的“租税应该尽可能朝人税化方向发展。且在租税中尽量考虑纳税者各种人的因素方面”[②]的租税人税化思想其实就是税法在朝向回应性发展的一个具体体现。需要特别说明的是,税法的回应性是在税收法治基础上的回应性,所以税法的回应性虽然在外在表现形式上与恣意时期的税法有一些类似,但却存在本质上的差异:恣意时期的税法以君王的意志为基础,回应性税法以法治为前提、以社会现实为基础;恣意时期的税法以增加君王和国家的税收为主要甚至是唯一的目的,而回应性税法以回应公民社会需求为目的——“权利是公共物品:是纳税人资助、政府管理的社会工作,计划促进集体和个人的福利”。[③] 如有学者提出,税法具有收入功能、调节功能、监督功能和保护功能,[④]其实这些功能就是税法回应性的具体表现。

税法的回应性容易与税法的实质正义或者说实质法治相混淆,[⑤]实质正义(对应实质法治)是与形式正义(对应形式法治)相对的概念,形式正义对公民主张机会均等而对国家主张有限的权力行使,实质正义对公民主张结果均等而对国家要求有效的权力行使。税法的回应性与税法的实质正义(法治)的相同点在于,主张保障公民的实质平等、赋予政府一定的自由裁量权。但是回应性和实质正义也存在极大不同,回应性要求税法必须回应社会需求以及以目的为导向,而这个社会需求和目的并不仅仅

① 王丽颖:《罗斯福当年如何增税》,载《国际金融报》2015 年 2 月 16 日,第 22 版。

② [日]北野弘久:《日本税法学原论》(第 5 版),郭美松、陈刚译,中国检察出版社 2008 年版,第 116 页。

③ [美]史蒂芬·霍尔姆斯、凯斯·R.桑斯坦:《权利的成本——为什么自由依赖于税》,毕竟悦译,北京大学出版社 2004 年版,第 30 页。

④ 参见鲁篱:《税法功能论》,载《现代法学》1996 年第 1 期。

⑤ 如国内有学者就用从形式法治到实质法治来说明自由法治国到社会法治国的税法之转变。参见王婷婷:《课税禁区法律问题研究》,法律出版社 2017 年版,第 235~236 页。

是公民的实质平等，而是从税法具有的治国理政的角度所带来的全局性与全面性的一个功能定位。所以，回应性比实质正义（法治）的含义更广、要求更高。基于税法的特点，税法形式法治之后并不是实质法治的阶段而是回应性的阶段，因为这一阶段税法的功能定位不仅在于结果平等，还包括治国理政——当税法处于以控权为主的形式法治阶段是无法承担起治国理政的重担的，而当税法开始突破形式法治走向“实质”之时就必须承担起治国理政的任务，那么就不仅是实质法治而是回应性的定位了。

二、我国税收法治的双重困难

我国税收法治的发展历史大概也经历了从恣意到形式法治并最终走向回应性的历程。我国税收法治起步较晚，即必须在几十年的时间走完域外税收法治数百年的历程。于是，社会高速发展以及法治快速发展无疑带来了赶超型社会的必然后果：基于发展阶段耦合而存在的双重困难。

（一）形式法治阶段与回应性阶段的耦合

总体而言，我国税收领域还没有能够完全实现税法的形式法治，即目前虽然《立法法》中规定了税收法定这一重要的税法原则，但是综观我国现行的税法体系，目前实行的18个主要税种中只有11个税种采取了法律的形式，超过1/3的税种的征收依据是国务院制定的暂行条例，而在现实中更多依据的是国家税务总局和财政部制定的实施细则。所以，从整体而言，我国税收法治的发展阶段还处于形式法治中限制行政权力的阶段。这也是为什么学者呼吁要推动“在各类关联要素的交互影响下，在税制变迁过程中会不断吸纳现代的法治理念和价值，并形成现代税收国家通行的税制机构”①的税收法治现代化建设的现实原因。

在转型时期，我国税收法治的特殊性就表现在税法的形式法治尚未实现之时就必须面临社会对于税法回应性的需求。我国历次税法变革都清晰地展现出了这一调整，我国从改革开放到现在一共经历了3次税改，每次税改都通过先修宪、后立法、再实施的方式来实行税法的形式法治，同时每次税改都为了回应当时社会的重大变革，与政治、经济、社会等外

---

① 张守文：《税制变迁与税收法治现代化》，载《中国社会科学》2015年第2期。

部因素具有极强的关联性。①

(二)发展阶段耦合下税法的双重困难

税收形式法治与回应性阶段的耦合使我国在税收法律制度的构建上更显复杂。域外社会经历了长则数百年的、短则近百年的自由国时期的税收法治历程,其税收法治是先形式法治后回应性。在自由国的税法形式法治阶段,税法秉承形式法治的要求,其严格控制政府权力,使全社会基本上树立了权力源于人民并为民所用、公权力越权无效的理念,并切实地树立了纳税人观念。国家(行政机关和立法机关)的税收权力已经得到了较好控制。而我国的现实是,国家税收权限还没有得到形式法治的控制之时——行政机关的税收权限都没有得到很好的控制,更遑论立法机关——就必须赋予国家一定的自由裁量权来应对公民对于社会问题的诉求。有学者提出,我国税收法治化应该遵循“先衡平后法定再到实质公平”的路径,②这本身也说明了在转型时期我国税收法治面临形式法治和对社会回应的双重任务。

关于我国税法所面临的双重困难,有学者称为税法的双重现代性难题。该学者认为,一方面,我国税法还没有完成形式法治的建设,税法需要完成现代税法通过对国家主义的批判以树立现代税法正当性和合理性的基础之任务,从而将税法带向成熟;另一方面,我国税法却已经日益显现出法治的后现代性问题,故而我国税法又需要对税法的现代性进行反思从而建构起符合我国实际的合理的税法体系。③ 该学者所提出的税法双重性难题便是由于我国税法发展阶段的耦合而出现的形式法治与回应性法之间的重叠。

由于制度建设的滞后,我国税法双重困境不仅会带来政府征税权滥用的危险,还会导致财政制度所具有的国家治理职能无法得以有效发挥,这些最终都会影响纳税人观念的树立。基于国家与市场本身的互动关系,在后现代社会的社会国家时期,财税法本身的功能已经远远溢出原本

---

① 参见张守文:《税制变迁与税收法治现代化》,载《中国社会科学》2015 年第 2 期。

② 参见张怡:《税收法定化:从税收衡平到税收实质公平的演进》,载《现代法学》2015 年第 3 期。

③ 参见张怡等:《人本税法研究》,法律出版社 2016 年版,第 44 页。

仅有的财政汲取功能，市场失灵对于国家的要求必然通过一系列信息反馈于国家，而一旦国家没有接受或者足额接受市场反馈的信息，抑或是对于市场反馈的信息无法给予强有力的回应，那么财政作为社会基础和支柱的功能将无法发挥。而基于税收是纳税人购买公共服务的对价之理念，国家以及国家的征税行为将再难获得民众的认可，那么避税、逃税、抗税等税收不遵从行为必然会相伴而生。①

我国税法发展阶段重合不仅带来上述普遍性的问题，因为这些普遍性的问题在所有后发赶超国家都会不同程度的存在，而我国还具有一定的特殊性，那就是我国还面临实现共同富裕的现实。我国税法在回应性上主要面临的问题不是公民经济、文化、社会权利等需要政府积极作为来保障的第三代人权，而是社会分配正义。我国地区之间、行业之间离共同富裕还有不小的距离早已是社会共识。有学者认为，“分配正义不仅是收入分配的基本原则，也是财税法的核心价值”；②还有学者提出，“税法功能要实现公平分享改革成果，至关重要的是要厘清税法赖以存续的宏观经济调控对效率与公平原则所持的理念，这不仅是财富再分配重要调节工具的税法重构必须承载的，而且更是社会主义法制经济必须要解决的重大理论和实践问题”，③这些都说明我国税法学者已经对社会分配正义于税法的现实需求给予了高度关注。我国离共同富裕尚有一定距离的问题，既需要课税权不能过度伤及税源从而在制度上造就社会不平等，实际上我国目前城乡、区域以及行业之间收入分配的不均在很大程度上是由于我国非均衡的经济制度所造就的。④ 另外，收入分配过大的现实又需要国家利用税收的调节作用予以衡平。在应对收入分配过大的两个层面无疑体现了税收中立这一形式法治和税收回应社会需求之间的两难困境。

三、双重困难下我国税法的功能

前文提到，无论是在宪法层面还是在法律层面，我国税法的形式法治

---

① 参见张怡等：《人本税法研究》，法律出版社2016年版，第43页。

② 刘剑文：《强国之道——财税法治的破与立》，社会科学文献出版社2013年版，第68页。

③ 张怡：《论非均衡经济制度下税法的公平与效率》，载《现代法学》2007年第4期。

④ 参见张怡等：《衡平税法研究》，中国人民大学出版社2012年版，第12~25页。

阶段尚未完全实现,而这也深深地影响了我国目前税法的功能定位。下文将主要以我国税法回应性功能为主线,分析在形式法治和回应性耦合阶段,我国税法的功能问题。

(一)我国现行税法中的回应性规定

一方面,作为单一制的大国,税法形式法治与实质法治的耦合在很大程度上表现在中央统一的立法和地方因地制宜的立法之间的冲突与协调;另一方面,我国幅员辽阔加上历史原因所带来的地区之间分配不均问题以及目前日益严重的地方债务、土地财政、以费收税等问题都具有较大的地区差异。所以,我国税法的回应性在很大程度上表现在地方政府如何应对当地具体情况的规定之上。

虽然我国《立法法》并未明确授予地方政府享有税收立法权,但是在实践中地方政府基于 2000 年《立法法》第 9 条对于国务院税收暂行条例制定权的一般授权以及税收单行法的具体授权而获得了一定程度上的税收立法权限。[①] 地方基于其获得的有限权限,在形式法治的基础上开始通过税收以回应社会现实。需要指出的是,省级人民政府在车船税中所享有的确定税额和减免税的权限直接来自《车船税法》的规定(见表 3－3)。

表 3－3　我国税法中地方回应性规定概况

税种	享有依据	地方权限	行使主体	回应性事项
车船税	《车船税法》第 2 条第 2 款、第 5 条;《车船税法实施条例》第 3 条、第 10 条第 2 款、第 17 条	确定税额(在一定幅度范围之内);确定税收减免额(针对农民拥有的在农村地区使用的摩托车、三轮汽车和低速载货汽车)	省、自治区、直辖市人民政府	经济发展情况、环境保护、能源产业扶持、自然灾害中人权保障

① 虽然《立法法》已经修改并获得通过,但是由于现行具体的单行税法都是基于原《立法法》的规定而制定的,所以此处依然依照 2000 年《立法法》。

续表

税种	享有依据	地方权限	行使主体	回应性事项
城市维护建设税	2000年《立法法》第9条；《城市维护建设税暂行条例》第9条	制定实施细则	省、自治区、直辖市人民政府	各地城市建设的具体情况
房产税	2000年《立法法》第9条；《房产税暂行条例》第6条、第7条、第10条	确定税收减免(确有困难)额；确定纳税期限；制定实施细则	省、自治区、直辖市人民政府	各地经济社会发展情况、人权保障、为了各地税务行政便利
城镇土地使用税	2000年《立法法》第9条；《城镇土地使用税暂行条例》第3条、第5条第1款、第13条	计税依据的组织测量；确定税额(在法定的幅度范围之内)；制定实施细则	省、自治区、直辖市人民政府	市政建设现状、经济繁荣程度(各地经济发展情况)
营业税	2000年《立法法》第9条；《营业税暂行条例》(已失效)第2条第3款	确定税率(仅针对经营娱乐业)	省、自治区、直辖市人民政府	各地经济发展情况和娱乐业发展情况
资源税	2000年《立法法》第9条；《资源税法》第7条	确定税收减免	由省、自治区、直辖市人民政府提出，报同级人大常委会决定	意外事故和自然灾害、资源利用
土地增值税	2000年《立法法》第9条；《土地增值税暂行条例实施细则》第7条第3项、第10条、第11条、第15条第1项、第16条	确定扣除比例(开发土地和新建房及配套设施的费用)；税基的划分依据；一定范围的纳税期限和纳税方式	省、自治区、直辖市人民政府；省、自治区、直辖市人民政府地方税务局；税务机关	各地经济发展情况；土地市场情况；为了各地税务行政便利

续表

税种	享有依据	地方权限	行使主体	回应性事项
契税	2000年《立法法》第9条;《契税暂行条例》第3条第2款	确定税率(在一定幅度内)	省、自治区、直辖市人民政府	地方经济发展情况;各地土地市场、房地产市场发展情况
烟叶税	2000年《立法法》第9条;《烟叶税暂行条例》(已失效)第8条	确定纳税期限	税务机关	为了各地税务行政便利
耕地占用税	2000年《立法法》第9条(已失效);《耕地占用税法》第4条第2款和第5条	确定税额(一定范围内)	由省、自治区、直辖市人民政府提出,报同级人大常委会决定	各地经济发展情况、各地土地资源现实情况
房产税试点(重庆、上海)	国务院第136次常务会议有关精神	试点	重庆、上海市人民政府	收入分配、房价增长过快

从表3-3可以看出,除房产税试点这一个非常规的税收立法权外,地方政府所有享有的税收立法权限主要集中在确定税额、决定税收减免、确定税率、确定纳税期限和方式以及制定实施细则五个方面。此外,针对个别税种,地方政府还享有税基划分、扣除比例确定和测定计税依据等方面的税收立法权限。而对地方政府赋予这些方面的立法权限主要是基于地方政府必须回应社会下列方面的要求:(1)当地经济发展的现实情况,包括城市繁荣程度、市政建设的现实、行业发展的情况等;(2)当地的环境问题和资源现状;(3)当地的某些产业的发展情况和产业结构;(4)当地房价增长速度问题;(5)当地实现共同富裕中所面临的问题;(6)一些应急问题,如自然灾害等。可以说,无论是立法有意为之还是出于偶然的结果,我国税法体系在赋予地方政府有限的立法权限之时已经在一定程度上注

意到了税法的回应性这一现实功能定位。但是，我国目前地方税收立法权限中带有回应性性质的规定似乎更多的是出于央地财政权力分配以及税收行政的便利，而非基于保证纳税人权利的目的而进行的在税收法治的基础上对社会需求和公民权利诉求的回应性制度设计。

（二）我国税法功能定位的迷失

可以说，无论是立法有意为之还是出于偶然的结果，我国税法都已经注意到了发展阶段耦合之下的双重现代化困境，地方政府享有一定的回应性权限无疑是社会国之下回应性税法的要求，而地方政府回应性权限的依据在中央立法中予以规定则是自由国之下税法形式法治的诉求。与形式法治的协调问题并没有得到很好的解决，由此带来了我国税法功能定位的迷失。主要表现在以下几个方面。

第一，整体功能定位的价值偏离。梳理目前涉及地方税收立法权限规定中的回应性事项会发现，大多数集中在经济发展这一主题。基于经济发展的考量，为了税收行政的便利，其成为地方税收权限的回应性事项也就不奇怪了。这种制度设计符合改革开放之初我国的社会现实和国家的主要任务，当时国家处于建设时期，也就是前文所提到的发展型国家时期，在这一时期国家为了实现经济上的赶超从而加强政府权力来集中力量发展经济具有现实性和必要性。同时，这一段时间政府的合法性就在于能否通过经济建设来实现国家经济的现代化。但是随着国家经济基本实现现代化，发展型国家的政治、经济制度的价值取向和具体制度设计都面临转型。这个转型的大背景就是政府合法性基础从经济建设转为人民主权，所以税法的价值取向也应该从保障经济发展为主转变到以保障纳税人权利为主，因而税法应当成为真正的纳税人权利保护之法。那么税法的回应性，包括地方税收立法权限的回应性，也必须走出回应经济发展情况和税收行政便利，应该关注公民的现实诉求，如此方能树立纳税人观念。

第二，回应社会功能不足。虽然目前地方根据《立法法》整体原则性授权加上单行税收法律、法规具体授权的方式获得了一定的税收立法权限，但是这种权限来源形式难以回应现实的需求。首先，目前《立法法》已经修改，税率法定已经写入《立法法》，以后各地能否行使一定幅度内的税率确定权还存在争议,而且2000年《立法法》中“基本事项”和“部分事项”的区分也导致了地方税收立法权限存在违法甚至违宪的可能性。其次,目前地方政府享有的地方税收立法权限主要来自中央授予,而非地方作为一个主体所享有的。国务院《关于实行分税制财政管理体制的决定》就明确规定:“中央税、共享税以及地方税的立法权都要集中在中央,以保证中央政令统一,维护全国统一市场和企业公平竞争。”这种在中央统一基础上,基于中央授予有限税收立法权的模式不利于地方政府回应地方现实需求。正是因为目前地方政府享有的税收立法权限无力回应现实寻求,才会有地方债台高筑、以费之名行税收之实的情况存在。地方政府是提供公共服务最直接的主体,地方政府在回应社会功能中的无力将直接影响纳税人观念的树立。

第三,税收形式法治的不足。目前,税收法律、法规授予地方政府的税收立法权限的行使主体都是地方行政机关,其中大多数为省、自治区、直辖市的人民政府,甚至个别税种将一些非基本事项授予了税务部门。税法的回应性的确要求重视行政机关在应对社会问题方面的作用并在一定情况下授予其自由裁量权,这是由于行政机关相对立法机关拥有较高效率这一优点。但是鉴于我国税法处于形式法治和回应性相耦合的阶段,基于税收形式法治的基本要求,同时也由于我国国家结构形式和根本政治制度决定了地方税收立法权限的回应性主体应当主要是地方权力机关而非行政机关,当然这与税收在现代社会本身具有的社会契约性质也有关系。

第四,形式法治与回应性之间的两难困境,即地方税收立法的回应性与税法形式法治之间不协调。地方税收立法权限的大部分回应性措施就是,在中央立法规定的幅度之内决定具体的税率以及在一定的条件下决定税收减免,这可以为地方回应当地经济发展状况提供法律依据和制度支撑。但是地方税收优惠特别是区域性税收优惠政策的滥用以及这种滥用所带来的地方政府间税收竞争导致了“原本应该统一的市场实际上形成一个又一个的税收洼地,资源的流动不再取决于市场,而是受制于税收优惠的力度，不仅违背了税收中性原则，税收逃离的现象日益严重”，[①]“地方政府间不当的税收竞争是制约当下我国全国统一市场形成的重要障碍，税收不当竞争也许能让地方政府获利一时，但从长远来看则可能贻害无穷，它以破坏地区宏观经济的平稳为代价，还会扭曲地方政府的财政支出结构，加剧地区同质化建设，导致地区分割、封锁和地区发展的不平衡，甚至危害到整个国家的市场经济秩序”。[②] 其实这种两难的问题在国家对于地方税收优惠政策的态度上也可以看出，如2014 年11 月发布的国务院《关于清理规范税收等优惠政策的通知》中就明确要求全面清理已有的各类税收等优惠政策，而在半年之后的2015 年5 月发布了旨在暂停清理地方税收优惠的国务院《关于税收等优惠政策相关事项的通知》。

本章小结

中国问题的提炼需要注重其中的中国语境，“纳税人观念”之法意研究亦然。即我国在树立纳税人观念上有以下几个方面的特殊语境需要引起高度重视。首先，传统的税收国家以及税收国家之下的纳税人概念及观念产生于私有制的经济模式，并认为公有制经济是不可能产生税收国家的。虽然基于税收国家的本质特征可以得出，我国可以甚至可以更好地建设成为税收国家，但是基于曾经对公有制的认识而形成的有产政府理念容易导致国家和个人关系的倒置，即认为国家在供养人民而非相反，这严重阻碍了纳税人观念的树立。其次，由于我国法治建设处于自由国和社会国重合的阶段，由此导致税法形式法治和回应性法治阶段重合，进而造就我国税法在具体功能定位及其实现上达不到税收法治的要求，从而影响纳税人观念的树立。只有注意到并解决了上述两个特殊性问题，我国才能够真正树立起纳税人观念。

---

① 熊伟：《法治视野下清理规范税收优惠政策研究》，载《中国法学》2014 年第6 期。

② 靳文辉：《论地方政府间的税收不当竞争及其治理》，载《法律科学（西北政法大学学报）》2015 年第1 期。

第四章 树立纳税人观念的部门法整合

笔者认为，在现代国家之中纳税人观念应当是一个国家重要的认同，其涉及国家和国民、国民之间关于利益分配的认同，其通过财政体制体现制度认同，当然纳税人观念本身就是一种价值认同。德意志先哲黑格尔曾言，“大自然迫使人类去加以解决的最大问题，就是建立起一个普遍法治的公民社会”。[①] 著名学者伯尔曼就曾经指出，“真正能够阻止犯罪的乃是守法的传统，这种传统又根植于一种深切而强烈的信念之中，那就是法律不仅是世俗政策的工具，而且是生活终极目的和意义的一部分”。[②] 所以，纳税人观念应当在法律体系中得以塑造方能真正在现代社会中树立纳税人观念。

学科的划分对深化相关知识的研究具有极其重要的意义，甚至可以说，科学的学科划分是人类社会关于知识探索的前提和重要阶段，也可以作为衡量相关学科成熟与否的标准之一。但是美国学者沃勒斯坦认为，学科的划分在很大程度上是学术

---

① ［德］康德：《历史理性批判文集》，何兆武译，商务印书馆1990年版，第2页。

② ［美］伯尔曼：《法律与宗教》，梁治平译，生活·读书·新知三联书店1991年版，第43页。

研究的便利以及学术相关制度运作所导致的结果，因为其涉及学术资源分配以及相关学术共同体的形成，但是学科的划分并不必然具有科学性和必然性。① 故而，纳税人观念在法律体系中树立并非仅仅是指在财税法律制度中重塑，而是要在包括宪法在内的所有部门法中树立。“有税必有法，无法不成税”，因此，本章在于论证如何在包括宪法在内的所有部门法中树立纳税人观念。全国人大将我国法律部分划分为宪法、行政法、刑法、诉讼法、民商法、经济法和社会法 7 个具体法律部门。虽然诉讼法本身具有其独立的价值，但是其重点在于实施实体法；传统观点认为，财税法属于经济法的一个子部门法；纳税人观念的社会法整合的相关论述散见于本书关于社会国之下财税法的价值取向和功能定位的论述之中。故而本章主要讨论树立纳税人观念的宪法整合、行政法整合、民法整合和刑法整合。

第一节　树立纳税人观念的宪法整合

由于财政体制是国家治理的基础，所以学界一般认为，财政体制改革特别是其中的税收制度改革是国家治理现代化的关键和重要组成部分。虽然预算体制问题是其中的重要体现，甚至可以说是其中最难的“攻坚战”之一，但是财政体制改革根本上还是依赖我国基本制度框架按照现代税收国家、法治国家的要求所进行的改革。② 因此，宪法作为社会共识和现代基本政治制度的法律载体，树立纳税人观念首先且最重要的应当是在宪法中对其精神进行认可。

一、宏观层面：“税”概念的宪法重塑

（一）宪法之“税”与法律之“税”的区别

据相关学者考证，在域外由于税收与现代民主的紧密关系，从《大宪章》起，在宪法和法律中普遍规定了涉税条款，然而“税”之概念却没有在

① 参见[美]伊曼纽尔·沃勒斯坦：《沃勒斯坦精粹》，黄光耀、洪霞译，南京大学出版社 2003 年版，第 165～168 页。

② 参见韦森：《大转型：中国改革下一步》，中信出版社 2012 年版，第 106～107 页。

宪法和法律之中予以明确,似乎其本身并没有任何争议。然而随着司法实践的发展,关于宪法之“税”与法律之“税”是否具备同一性的问题开始了旷日持久的争论,形成了“同一说”和“非同一说”两派针锋相对的观点。① “同一说”来自联邦德国宪法法院的判决,而后为德国联邦财务法庭、行政法院所接受。② “非同一说”多为学者所持观点,其基本立论根基在于现代宪治社会之下,宪法与法律之功能和权威性不同,故而其中“税”之概念也应当具有差异。

要想评判“同一说”与“非同一说”之正误,不应仅仅停留于相关概念之表述,而是放在现代宪治社会之下,宪法的功能和期待之上。著名法理学者於兴中先生认为,人类社会的文明秩序虽然具有众多要素,但是有四个方面的要素却至关重要:普遍认同的概念范畴、体现这些概念范畴的制度设计、解决概念矛盾和制度冲突的权威及集团秩序意识。并进一步认为,如果在一个社会中,某种秩序意识尚未为社会大多数成员所认同,则该秩序很难被称为文明秩序。③ 由此可见,於兴中先生将秩序的集团认同视为文明社会的必需要素。而宪法中的“税”的概念就可以看作现代社会集体认同的一种标志。国家的课税权关涉纳税人的自由权和财产权,故而现代国家在宪法层面对课税权加以规定和约束已经成为时代潮流。④

所以,笔者认同“非同一说”的观点,主要在于现代宪治社会之下,宪法具有防止通过法律侵犯纳税人合法权益的功能。基于宪法的功能要求,一般而言,宪法的修改程序都要远远严格于法律,甚至在某些国家,宪法的部分条款为不可修改之条款。所以,如果将宪法之“税”概念等同于法律之“税”,在应然层面将会由于宪法无法启动对法律之中“税”概念的违宪审查而导致现代宪治所包含的民主、自由等精神受到极大损伤,而规范层面上则无疑将宪法降低位阶从而导致通过普通法律即可修改宪法,抑或是普通法律在“税”上获得了宪法之位阶。⑤

---

① 参见陈丹:《宪法税概念之论争》,载《税务研究》2008 年第 10 期。
② 参见葛克昌:《税法基本问题(财政宪法篇)》,北京大学出版社 2004 年版,第 72 页。
③ 参见於兴中:《法治东西》,法律出版社 2015 年版,第 38 页。
④ 参见刘丽:《税权的宪法控制》,法律出版社 2006 年版,第 8 页。
⑤ 参见葛克昌:《税法基本问题(财政宪法篇)》,北京大学出版社 2004 年版,第 72 页。

其实,我国学术界已经注意到了宪法之“税”与法律之“税”的区别,主要体现在相关学者关于纳税人概念和纳税人权利体系的论述之中。虽然学术界区分了狭义上和广义上的纳税人概念,并认为狭义上的纳税人是指基于法律、行政法规的规定负有纳税义务的单位和个人。但是在现代宪治民主背景之下,即使是狭义上的纳税人概念也不能违背宪法实质精神的要求,即法律、行政法规意义上的纳税人概念必须接受来自宪法的审视,否则将会有违宪之虞。在2018年中共中央政治局集体学习时,习近平总书记用“最高的法律地位”“最高的法律权威”“最高的法律效力”来定位宪法,这也为法律、行政法规上纳税人概念的合宪性提出了明确的要求和方向。基于现代宪治民主的要求,有学者将狭义上的纳税人(税法上的纳税人)定义为,“是为了对所享有的国家提供的公共产品支付价格而基于宪法的规定,按照符合宪法的理念和原则制定的税法的规定承担纳税义务的单位和个人”。[①] 虽然纳税人权利直接表现为决策权、参与权以及知情权等政治性权利,税收征管过程中的程序性权利以及保障前两项权利的救济性权利,但是纳税人权利存在的目的在于保障公民的合法财产权不受国家征税权的不法侵犯。[②] 从这些区分狭义和广义的纳税人,并认为作为狭义之纳税人承担纳税义务之依据的税法必须符合宪法的理念和原则,以及纳税人权利存在之目的和纳税人权利保障的分析都可以明显地看出,其中包含了区分宪法之“税”与法律之“税”的意图。

(二)“税”概念宪法重塑之具体内涵

1. 宪法“税”概念之具体内涵

刘剑文和熊伟教授认为,税收的概念可以从国家层面和纳税人层面两个角度进行定义。其中,国家层面的税收,是指“国家基于向社会提供公共产品,满足社会公共需要等合宪目的,依法向符合课税要件的纳税人固定征收一部分财产的分配活动”;而从纳税人的层面,“税收只是纳税人基于要求政府提供公共产品和公共服务等宪法性权利而依法承担的最低限度的物质性给付义务”。[③] 除从国家层面和纳税人层面区分税的概念

---

① 刘剑文主编:《纳税主体法理研究》,经济管理出版社2006年版,第8页。

② 参见张怡等:《人本税法研究》,法律出版社2016年版,第174~175页。

③ 刘剑文、熊伟:《财政法学》,北京大学出版社2009年版,第21页。

外,两位学者也注重区分法律意义上的“税”与宪法意义上的“税”。其认为,法律意义上的“税”包括以下几个方面的内容:“税收的权利主体是国家或地方公法团体”[①]“税收的义务主体包括自然人和社会组织”“税收以财政收入为主要目的或附随目的”“税收以满足法定构成要件为前提”“税收是一种公法上的金钱给付义务”“税收是一种无对价给付”“税收是强制性给付”。[②] 在论述法律意义上“税”的定义和特征之后,两位教授又从人民主权出发论证国家课税权的宪法来源,间接论及了宪法中“税”的概念与法律上“税”的概念并不具有同一性。而在两位教授最新的论述中,明确提出了虽然宪法中“税”的概念可以借鉴一般法律上的规定,但是基于现代宪治和民主的要求,两者之间依旧存在很大差别,如果一般法上的“税”违背了宪法精神原则则当然无效。一般法律上“税”的概念要想上升成为宪法上的“税”,必须要符合公民基本权利保障、推动社会全面发展以及限制国家权力的滥用等方面的要求。基于此,宪法上“税”的概念应当从以下三个方面进行把握:税是面向不特定公众强制征收的无对价的金钱给付义务;税是遵从宪法最低约束的给付义务;税是用于合宪开支的给付义务。[③]

近年来有财政学学者对税收的定义进行了更新,其既包含了传统的税收“三性”,同时也突出了现代税收的民主法治内涵,值得法学特别是财税法学者的注意,该学者认为,税收是“基于社会公益而形成的立法权,对公众的收入或财产进行普遍、平等、直接、规范地征收而形成的财政收入,其使用方向是公共服务,其征收与使用的过程应由预算控制并最终决定于民众”。[④] 这一定义具有以下优势:第一,强调了课税权的政治基础是人民主权,即突出了税收是基于纳税人的同意;第二,强调了税收的公益性,即税收的目的是提供公共产品而非满足统治者抑或是主权者的私欲;第三,强调征税与用税的整体化,传统观点关于纳税人及其权利的关注大多

---

① 一般认为,我国税收权利的主体是国家,而不是地方公法团体。但是在国外基于政治联邦制抑或是财政联邦主义,许多国家的地方公法团体也具有税收权利主体地位。

② 刘剑文、熊伟:《财税法专题研究》,北京大学出版社 2007 年版,第 141 ~ 148 页。

③ 参见刘剑文、熊伟:《财政税收法》,法律出版社 2017 年版,第 164 ~ 165 页。

④ 刘守刚:《财政经典文献九讲——基于财政政治学的文本选择》,复旦大学出版社 2015 年版,第 7 页。

甚至是仅仅集中在征税领域,而该定义实现了征税和用税的一体化以实现对税收的全过程监督,即建立起全口径的预算监督与管理制度,这也正是有学者提出的从税收国家到预算国家的时代背景和理论期待。①

基于对学界研究的总结以及现代宪法的基本原理,笔者认为,宪法之"税"概念应当定义为:税收是公民基于宪法的规定而支付公共服务的对价。基于该定义,宪法中"税"之概念的重塑应当立足于以下三个方面:国家权力与公民权利的平衡、税收的征收与使用的统一、必须符合正义的价值要求。②

第一,宪法之"税"概念必须体现国家权力与公民权利的平衡。

有学者认为,我国社会的特点是基于集体主义而形成的国家治理的行政主导性,因此我国税收文化主要表现为立法的"法律父爱主义"、实践中政府的税收权高于个人的财产权。③ 传统观点仅仅从负有纳税义务这一经济角度来解读"税"和纳税人的蕴含,但是"税"和纳税人概念无论是在历史演变中还是社会现实中都具有深刻的政治蕴含。有学者认为,"纳税人范畴的出现与现代国家公民概念的建构一样,是历史的必然……纳税人和征纳机关的关系是围绕着财产展开的,它们之间的关系比国家与公民之间的关系更为纯粹一些,它的出现是为了公民私有财产免受公权力的侵害"。④ 所以,在现代宪治社会中税收的合法性并不在于强势,而重点体现在国家征收税收之后通过政府的理性行为来最终保障个人的权利、促进个人发展与完善。⑤ "个人对私经济的自由性与积极性,系作为租税国家之前提条件,国家一面对此加以保障,一面借此取得税收以推展国家任务。"⑥综上,宪法之"税"概念应当体现国家权力与公民权利的平衡。

---

① 参见王绍光、马骏:《走向"预算国家"——财政转型与国家建设》,载《公共行政评论》2008 年第 1 期。

② 参见陈晴:《以权利制约权力:纳税人诉讼制度研究》,法律出版社 2015 年版,第 31 页。

③ 参见单飞跃、王霞:《纳税人税权研究》,载《中国法学》2004 年第 4 期。

④ 黎江虹:《中国纳税人权利研究》,中国检察出版社 2014 年版,第 75 ~ 76 页。

⑤ 参见[美]理查德 · A. 马斯格雷夫、艾伦 · T. 皮考克主编:《财政理论史上的经典文献》,刘守刚、王晓丹译,上海财经大学出版社 2015 年版,第 55 页。

⑥ 葛克昌:《税法基本问题(财政宪法篇)》,北京大学出版社 2004 年版,第 4 页。

第二,宪法之“税”概念必须体现税收征收与使用的统一。

从关于税收法治历史的梳理以及税收法定原则的定义可以明显地看出,传统法律上之“税”的概念突出税收征收必须基于体现民意之立法机关所制定的法律,以保障纳税人之财产权。这种观念是自由法治国之下,基于小政府和自由主义的观念而形成的。但是社会法治国产生之后,小政府已经不能应对日益严重的社会化问题,纳税人的权利特别是人格尊严保障无法通过仅仅控制政府的征税权得以实现。社会国要求政府通过税收的使用来保障纳税人基本生存的权利,而税收使用是一个与征收一样具有权力滥用可能性的领域,故而现代税收立宪主义一般都强调税收征收和使用的统一。这也是有学者提出预算国家的现实基础,①当然我们认为,预算国家只是税收国家的自我完善而非税收国家之后的新一种财政社会的国家模式。

第三,宪法之“税”概念必须体现正义的价值要求。

前文提到,在现代宪治社会之中,宪法是普通法律的效力来源,同时通过对普通法实行违宪审查的方式来保障宪法精神和宪法原则的贯彻和实施。之所以宪法能够具有最高的法律效力不仅在于宪法在规范层面上的相关规定,更在于宪法在价值层面上更能体现社会正义的要求。所以,宪法之“税”概念不仅体现普通法律“税”之价值,而更应当体现诸如人民主权、权利保障、社会分配正义等宪法上的正义价值。

2. 税收特点的宪法解读

前文提到税收的无偿性、固定性和强制性在很大程度是由于我国专制主义历史传统而造就的税收特点,但是税收“三性”的确也在一定程度上归纳出了税收的部分特点。并且结合宪法之“税”概念,对税收“三性”进行宪法解读和改造是有可能的,同时也是有其理论和实践意义的。日本著名税法学者金子宏认为,税收是“国家以实现为提供公共服务而筹集资金这一目的,依据法律规定向私人所课的金钱给付”,②我国台湾地区学者陈清秀教授关于税收的定义为,“国家或地方公共团体,基于其课税权,为获得其财政收入之目的,而无对待给付的,对于一切具备法定课税要件

---

① 参见王绍光:《从税收国家到预算国家》,载《读书》2007 年第 10 期。

② [日]金子宏:《日本税法》,战宪斌、郑林根等译,法律出版社 2004 年版,第 7 页。

的人,所课征的一种金钱给付”。[①]

张守文教授关于税收“三性”的分析颇有道理,“三性”必须同时具备才能在一定程度上反映税收的特征,并且,这种“三性”的概括也并非绝对,因为其中某些特征并非税收所独有,且有时体现得并非十分明显。[②]在此分析的基础上,张守文教授提出了自己关于税收特征的总结,即国家主体性、公共目的性、政权依托性、单方强制性、无偿征收性、标准确定性。[③] 著名财政学者李炜光先生亦曾经指出,从税收的本质来看,税收强制性的正当性基础在于其有偿性。[④] 所以,传统的税收“三性”需要在税收宪法的精神之下重新审视和解读,即将人民主权原则注入其中,如此方能符合纳税人观念之要求。

二、微观层面:纳税人权利入宪

(一)纳税人权利的宪法缺失及其原因

1954 年《宪法》第 102 条规定:“中华人民共和国公民有依照法律纳税的义务”,1975 年《宪法》和 1978 年《宪法》中没有税收的相关内容。我国现行《宪法》第 56 条规定,“中华人民共和国公民有依照法律纳税的义务”,关于该规定是否能够成为我国税收法定原则的宪法依据,学界存在不同观点。有学者认为,根据法律的目的解释和体系解释——宪法存在的终极目的在于保护公民的合法权利,结合《宪法》第 13 条关于“公民的合法的私有财产不受侵犯”的规定——从而得出该规定“可以成为税收法定主义的最高法律依据”的结论。[⑤] 更多的学者认为,将该条规定解释为税收法定的宪法依据存在明显的逻辑难题,无论是从文义解释、体系解释、目的解释都无法得出该条规定能够成为税收法定主义的宪法渊源,只

---

① 陈清秀:《税法总论》,台北,翰芦图书出版有限公司 2001 年版,第 1 页。

② 参见张守文:《财税法学》,中国人民大学出版社 2014 年版,第 108 页。

③ 参见张守文:《财税法学》,中国人民大学出版社 2014 年版,第 108 ~ 109 页。

④ 参见李炜光:《税收的逻辑:纳税人应该知道的基本财政常识》,世界图书出版公司 2011 年版,第 5 页。

⑤ 参见刘剑文、熊伟:《税法基础理论》,北京大学出版社 2004 年版,第 108 ~ 109 页。

有正视税收法定主义在《宪法》中的缺失才能有益于我国税收法治的建设。[①]。

当然,宪法文本中没有规定纳税人权利也并不必然意味着纳税人观念在宪法中存在缺失。有学者认为,在社会转型时期,结合我国基本政治制度以及司法现状,我国宪法适用的可行路径应该是让全国人大常委会充分地适用《宪法》,并同时发挥司法机关以及其他宪法关系主体在全国人大及其常委会监督《宪法》实施的协助作用,即应当是发挥全国人大常委会在《宪法》实施中的作用,而非采取不具备我国基础的宪法司法化等模式。还有学者认为,由于由法院解释《宪法》会面临诸多的质疑,导致其无论是秉承原教旨主义抑或是采取实证主义的解释模式都无法摆脱“自说自话”的指责,故而我国无法通过法院解释《宪法》的方式来建构本土的宪法释义学。[②]

有学者经过考察发现,许多亚洲国家往往在宪法中强调纳税是公民应尽的义务而对纳税人权利普遍在宪法上呈现缺失的状况。同时,该学者认为,这不能仅仅归咎于法律规定的不完善,而应该从纳税人的心理角度出发寻求答案。所以为了避免因为宪法和宪法性文件上缺乏对于纳税义务的明确规定而导致纳税人抵制足额缴纳税款、履行税收义务情况的发生,从而造成国家财政收入减少、国家宏观调控能力减弱,并最终导致后发国家经济赶超和社会进步的目的无法实现,亚洲各国采取了将纳税义务在宪法和宪法性文件中予以明确规定的做法。[③] 其中,典型的规定,诸如1946年日本宪法第30条规定:国民以法律之规定而负纳税之义务;1987年韩国宪法第38条规定:全体国民负有依法纳税的义务;1992年越南宪法第80条规定:公民有按照法律规定纳税和参加公益劳动之义务。当然也包括我国现行《宪法》第56条之规定:中华人民共和国公民有依照法律纳税的义务。

---

① 参见李刚、周俊琪:《从法解释的角度看我国〈宪法〉第五十六条与税收法定主义——与刘剑文、熊伟二学者商榷》,载《税务研究》2006年第9期。

② 参见周刚志:《财政转型的宪法原理》,中国人民大学出版社2014年版,第32页。

③ 参见张怡等:《人本税法研究》,法律出版社2016年版,第189页。

(二)纳税人权利入宪的路径选择

1. 纳税人权利是否应当宪法化

从权利入宪的实际效果而言,那些主张通过权利宪法化而忽视基本法律作用的观点和行为,即使能够实现入宪的目的,权利的保障也无法实现。[①]

可以说,对权利宪法化表示隐忧的思想具有相当的深刻性和科学性,因为宪法并非法律汇编,那么,公民享有依法纳税的权利是否应当入宪?我们认为,这一问题的答案应当基于税收本身的特点以及依法纳税权利的属性来分析。税收伴随国家的产生而产生,税收从其产生开始就是连接国家和个人的纽带,特别是在现代宪治国家,其更是作为国家治理的基础和支柱。同时可以毫不夸张地说,整个人类社会的法治史就是一部控制税权的历史。故而,基于税收对于国家治理的作用以及税收法治在社会中的重要地位,决定了税收制度以及依法纳税的权利与宪法具有天然的契合性。另外,目前对于权利宪法化的隐忧主要集中于社会国家之下的社会权利,因为社会权利具有一定的不确定性以及高昂的税收成本,加之需要政府一定的自由裁量权,故而需要立法机关根据当年的情况来具体决定,同时在立法机关决定之时需要充分发挥民主协商的价值。然而,公民具有依法纳税的权利从根本上讲属于政治性权利,同时可以说是人民主权原则最直接的体现,故而没有社会权宪法化所存在的问题。综上所述,我们认为,公民具有依法纳税的权利应当入宪,以完善我国税收立宪的精神和制度,从而为树立纳税人观念提供宪法保障。

2. 立法论抑或是解释论:纳税人权利入宪的现实路径

既然我国《宪法》中没有公民具有依法纳税的权利之相关规定,同时相关规定的入宪具有理论和实践的双重重大意义。那么,我们应当以何种方式推动纳税人权利入宪?即符合我国实际的纳税人权利入宪的路径为何。对于法律的发展在实践中有两种完全不同的思维方式,学者将其总结为立法论和解释论。根据日本著名法学家铃木贤先生的归纳:立法论,是指站在立法者的角度思考如何设计理想的法条;而解释论则从法官

① 参见王磊:《人权的宪法保护的几个误区》,载《法学家》2004 年第 4 期。

的角度出发，在现行立法的框架之内综合运用各种法律解释方式以推演出具有说服力的观点来回应社会现实诉求。①

在纳税人权利入宪的路径选择之上也相应地分为立法论和解释论两个阵营。大多数学者基于我国《宪法》中纳税人权利缺乏明确规定的现状，认为应当在适当的时候通过修改《宪法》的方式，将诸如纳税人具有依法纳税的权利等直接体现税收宪定的规定写入《宪法》，如此方能在完善我国现行宪法规定的同时，也使税收法治更加完善和健全。② 采取立法论的学者除基于对立法论本身的偏好外，还认为体系解释和目的解释本身也需要受到文义解释的制约，即只能从可能的文义中进行选择。现行《宪法》第 56 条规定中的“法律”一词，根据我国的立法体制很难解释为全国人大及其常委会所制定的法律；“有依照法律纳税的义务”包含的可能文义也无法涵盖税收法定主义的内容。通过现行《宪法》关于民主集中制原则、平等原则、法治国家原则、保护私有财产原则、市场经济基本制度以及尊重和保障人权原则的贯彻和执行，财政立宪主义便能得以实现。③

笔者认为，针对我国目前纳税人权利的宪法缺失，为了完善我国税收立宪制度，从而更好地树立纳税人观念，立法论当然是其最理想的方式。但是理想的方式却往往并非现实的方式。如果通过立法论实现纳税人权利入宪就意味着必然要修改我国现行《宪法》，如此极有可能导致寄希望于立法论的入宪路径沦为空谈。其原因，一方面，在于现代宪治社会中宪法的修改应当是谨慎的，而宪法解释往往才是其常态；同时，修宪一般而言针对的是根本性事项，而解释宪法则可以涵盖宪法的所有内容。④ 另一方面，有学者总结了我国《宪法》修改具有缺少宪治优化整体思路、经济机制修补具体化、修改进程被动化等特点和不足。⑤ 从该学者的总结，我们明显可以看出，通过立法论实现纳税人权利入宪似乎遥遥无期。结合立

① 参见[日]铃木贤：《中国的立法论与日本的解释论——为什么日本民法典可以沿用百多年之久》，渠涛译，载渠涛主编：《中日民商法研究》第 2 卷，法律出版社 2004 年版，第 538 页。

② 参见张守文：《论税收法定主义》，载《法学研究》1996 年第 6 期。

③ 参见熊伟：《法治财政的宪法之维》，载《财经法学》2015 年第 6 期。

④ 参见本刊编辑部：《宪法修改问题笔谈》，载《法学研究》1999 年第 3 期。

⑤ 参见董和平：《宪法修改的基本经验与中国宪法的发展》，载《中国法学》2012 年第 4 期。

法论与解释论本身的特点、我国《宪法》修改的特点，[①]我们认为，解释论是我国纳税人权利入宪的现实路径选择。当然，也并不否定在合适的时机推动《宪法》第56条修改为，“中华人民共和国公民有依照法律纳税的权利和义务”。

第二节　树立纳税人观念的行政法整合

据我国行政法学者的考证，最早对行政法进行定义的是英国著名法学家奥斯丁，而首次将其作为一门独立学科进行研究的则是德国行政法学家奥托·迈耶。[②] 由于现代宪治和法治主要体现在国家和国民间的关系上，行政法最直接而具体地反映了国家和国民之间的关系，所以行政法治可以衡量一个国家宪治和法治的阶段和水平。而纳税人观念是现代宪治和法治的核心意识，纳税人观念理所当然应当体现在行政法之中。

一、宏观层面：行政法的契约化

（一）税法的去行政法化："税收债权债务关系说"的传统解读

行政法与税法具有深厚的历史渊源与现实基础，据考证，税法在历史上曾经被视为行政法的分支之一，其甚至与最具行政法特征之警察法并列。[③] 税法与行政法分离的实务标志是1918年德国设立了独立的帝国财务法院，而其分离的理论基础则是“税收债权债务关系说”的提出。最早将传统意义上属于私法的债引入税法领域的是德国学者阿尔伯特·亨泽尔，其于1926年3月在明斯特举行的德国法学家会议上针对行政法学家奥托·迈耶的“税收权力关系说”提出了“税收债权债务关系说”。这一观点后来得到了税法学界的广泛认可，并在法律实践中以课税要件成立时间的相关规定得以贯彻。“税收权力关系说”认为，税收法律关系成立的时间为税务行政机关确认的时间；而“税收债权债务关系说”则认为，税收法律关系的成立并非基于行政机关的确认，而是纳税人的行为符合税法

① 参见葛克昌：《税法基本问题（财政宪法篇）》，北京大学出版社2004年版，第36页。

② 参见胡建淼：《行政法学》，法律出版社2015年版，第7~9页。

③ 参见葛克昌：《税法基本问题（财政宪法篇）》，北京大学出版社2004年版，第6页。

规定之时其始成立。“税收债权债务关系说的提出和‘税收之债’概念在税法上的导入，对于建立富有现代法治精神的税收法制，推动税法理论创新，具有重大意义。”①

当然，对于“税收债权债务关系”的总体认同并不意味着不存在任何争议，对于税收实体法属于债权债务关系几乎是所有税法学者都认同的观点，当然其也是“税收债权债务关系说”之核心。但是对于税收程序法之定性却存在分歧，由此形成了税收债权债务关系一元论和二元论两种不同的观点。二元论充分认识到了在税收征收管理实践中广泛存在的行政权力，故而其认为债权债务关系更多的是表现在税收实体法领域，而在税收程序法中则更多地体现为权力关系。② 而一元论者基于法实践论的立场以及纳税人权利保护的终极价值取向，认为应当将税收债权债务关系贯彻于税收实体法与程序法中，不应当将其割裂。③

“税收债权债务关系说”被视为税法的重大理论发现，其对于税收、税法的本质以及税法的学科定位都提供了强有力的理论支撑，所以直到现在，几乎所有的财税法学者都将其作为税法的基本理论和研究范式之一。基于“税收债权债务关系说”的基本观点以及对行政权力的防范，我国财税法学界明确提出了税法私法化的命题，其核心观点为“税法的终极目标逐渐远离公法，而无限接近私法”。④ 由于传统公法与私法的划分，公法主要包括宪法和行政法，所以主张税法私法化，换一个角度而言，便是税法应当远离行政法。持有该观点的学者认为，税法的公法化是在传统的国家中心主义之下形成的“税收权力论”之结果，其不符合市场经济之下权利本位以及平等之价值要求。而只有将私法之权利义务对等以及权利保障等思想融入税法之中，方能正确认识税法之本质，亦方能实现现代之税收法治。⑤

---

① 施正文：《税收债法论》，中国政法大学出版社2008年版，第3页。

② 参见［日］金子宏：《日本税法》，战宪斌、郑林根等译，法律出版社2004年版，第21页。

③ 参见［日］北野弘久：《日本税法学原论》（第5版），郭美松、陈刚译，中国检察出版社2008年版，第174～175页。

④ 叶金育：《税法整体化研究——一个法际整合的视角》，北京大学出版社2016年版，第30页。

⑤ 参见罗俊杰、刘霞玲：《税法私法化趋势理论探源》，载《税务研究》2010年第4期。

(二)契约化而非去行政法化:"税收债权债务关系说"之实质

"税收债权债务关系说"的提出在税法的历史上具有重大意义,其引入我国对税法的实践和理论都具有重大的指引价值。但是我国学者基于"税收债权债务关系说"得出了税法应当远离行政法而私法化的结论,却是对"税收债权债务关系说"和行政法价值和功能认识的偏差。税法私法化并不能实现纳税人权利保障的目的,而契约化才是税收债权债务关系的实质,只有在税务行政关系乃至所有行政关系中体现契约化的理念,方能实现纳税人权利保护的目的,进而才能在行政法领域树立纳税人观念。

1. 纳税人权利保障:税法私法化不能承受之重

持税法私法化的学者认为,税法只有越远离行政法这一公法,而离私法越近,方能摒弃其基于国家而形成的权力主导色彩,也才能实现纳税人本位。可以说,主张税法私法化的学者的出发点是毋庸置疑的,但是美好的出发点如果忽略了客观事实,不仅会出现达不到目的的情况,而且还会适得其反。税法私法化命题的提出就是一个美好的幻影,纳税人权利保障是其不能承受之重。

一方面,税法私法化完全忽视了税法特征。公法和私法之说从乌尔比安提出之日起,其划分依据就存在"权力说"、"主体说"、"利益说"、"应用说"和"法律关系说"等众多学说,①但是毫无疑问,其中是否具有公权力的运行是两者之间的本质区别。虽然税收法律关系的成立始于纳税人行为符合税法之相关规定,但是税收债权债务实现之税收征管无疑却始终存在公权力运行之身影。当然,后文将论证到税收中公权力之运行并不意味着其本质是"权力关系"而否定"税收债权债务关系说"。但是基于税收和税法的特征,很难得出税法应当远离行政法而私法化的结论。

另一方面,税法私法化命题给私法强加了其本身不能完成之任务。税法私法化的提出在很大程度上是基于对行政权力防范的需要。但是税法私法化在实践中并不能起到防范公权力的目的,反而容易出现无法规范公权力的后果。税法是关于税收关系之法律,前面提到税收关系本身

---

① 参见付子堂主编:《法理学初阶》,法律出版社2005年版,第164~165页。

不可避免地带有公权力运行的身影，基于权力的特点导致其必然存在不平等性，而税法则需要平衡这种不平等。这就要求税法必须首先承认这种不平等性，继而通过法律规范来平衡征税机关和纳税人之间的关系，这就需要税法具有公法之定位方能完成。而私法本身的规定便是要求平等、自由的，其一方面无法通过权利倾斜性规定来实现平衡征税机关和纳税人之关系的目的，另一方面其意思自治的本质也无法规范公权力。故而，税法私法化的命题仅仅是一个美好幻想。

2.“权力说”：行政法价值及功能之误读

主张税法应当远离行政法而走向私法化的学者，除对私法抱有过高期望外，还对行政法的价值和功能存在误读。的确，在“税收债权债务关系说”提出之时，行政法在很大程度上表现为国家管理之需要，其主要体现国家意志。在此背景之下，要求税法远离行政法的确在理念上可以起到保护纳税人权利的作用。但是现代行政法早已抛弃单纯国家管理的取向，而是以规范行政权力运行从而保障公民权利作为其价值选择的。普遍认为，现代意义上的行政法是“规范行政权的法规范的总和”。美国著名行政法学家伯纳德·施瓦茨就曾一针见血地指出，“我们所说的行政法是管理行政机关的法，而不是由行政机关制定的法”。[①] 即使认同税法私法化的学者在其相关论述中也认同了现代行政是以权利保障为目的的。并且在存在政府权力运行的领域，只有通过包括行政法在内的公法才能实现权利保障的目的，而无法依靠基于意思自治的私法，因为公法为私法的意思自治提供了不受公权力侵犯的保障。

3.行政关系契约化：“税收债权债务关系说”之实质

前文分析到，随着“税收债权债务关系说”的兴起，国内开始有学者忽视了财税法的公法属性。然而与片面强调税法的公法职能一样，如果完全漠视税法的公法特征而人为地建构起私法化理论，也注定是一次无谓的付出。[②] 基于此，有学者在尊重其公法性质的基础上，开始探讨税法私

① 胡建淼：《行政法学》，法律出版社2015年版，第8页。

② 参见叶金育：《税法整体化研究——一个法际整合的视角》，北京大学出版社2016年版，第29页。

法化的限度。[①] 即使认为财税法应当属于独立之法律地位的民国法学家吴崇毅先生也肯定了其公法的性质。[②] 张怡教授认为,税收具有社会属性,“税收既不是一种单纯的物质和财富,也不是一种抽象的分配关系,而是一种受国家强制力驱使的具体的符合规范标准的行为”,[③]其实也肯定了税法的公法性质。

综上,在公法和私法两分的体系中,税法无疑是属于公法的,那么“税收债权债务关系说”是否就没有其存在的现实意义了?抑或说,“税收债权债务关系说”的实质既然不是要求私法化,那么又是什么?我们认为,虽然税法的公法性质毋庸置疑,税法私法化命题并不具有科学性以及理论和现实的可期待性,但是“税收债权债务关系说”依旧是税收法治的重要理论支撑。“税收债权债务关系说”的实质应当是税收关系的契约化,债权债务本身就是一种契约关系。虽然“契约”一词最早也是在私法中得以提出和运用的,但是契约化并不意味着私法化,因为契约包括了属于公法的社会契约。甚至有学者提出,“契约精神是现代法制的灵魂”。[④] “税收债权债务关系说”要求在行政关系中贯彻契约理念:在宏观层面,国家和全体纳税人是契约关系,纳税人通过缴纳税款让渡部分财产给政府,而政府通过税款的使用来保障纳税人的权益;在微观上,即在具体的税收征纳关系上乃至于所有行政关系中应当树立“为纳税人服务”的理念。

二、微观层面:行政执法的柔性化

有学者将税法价值分为3个层面:税法的平等价值、税法的公平价值以及税法的正当性。其中,税法的平等价值,主要是指税法面前人人平等的观念;税法的公平价值,是指税法规范本身应当符合横向和纵向的公平;税法的正当性问题则是关于税收本质的认识。[⑤] 其实,所有基于契约

---

① 参见陈治:《税法的私法化及其限度》,载《税务研究》2008年第3期。

② 参见吴崇毅:《财政立法原理》,商务印书馆1934年版,第8页。转引自杨大春:《中国近代财税法学史研究》,北京大学出版社2010年版,第73页。

③ 张怡、邓甲明主编:《财税法实务教程》,中国人民大学出版社2013年版,第101页。

④ 马新福:《社会主义法治必须弘扬契约精神》,载《中国法学》1995年第1期。

⑤ 参见李刚:《税法与私法关系总论——兼论中国现代税法学基本理论》,法律出版社2014年版,第167~190页。

化的国家行为几乎都存在上述3个层面的价值要求,即平等、公平和正当性,其涵盖了立法、执法乃至于司法。树立纳税人观念所要求的立法和司法的完善将在本书第五章中予以论述,故而本节主要论证树立纳税人观念对于行政执法方面的要求。

(一)行政柔性执法概述

目前,纳税人的税收遵从度不足在一定程度上就源于税收征管中的高权行政。前文提到,现代纳税人观念要求行政以及行政法必须体现契约的理念,具体到行政执法领域就是不能仅仅将行政相对人视为被管理者,而是应该基于纳税人观念将以人为本的理念贯彻到行政执法之中,具体而言就是要转变行政执法模式。即转变传统的单纯依靠强制性的执法方式,而在行政执法中多采取柔性执法的方式。

柔性税务执法,是指“税务机关遵循法律和正当程序,尊重纳税人的尊严和权利,采取非强制性、灵活性和人性化手段,以国家税权和国民税权实现行为互动中的均衡为目的,改善税收征纳关系,以人为本、平等理性的执法方式”。[①] 当我国的法律法规对于某一行政柔性执法行为有明确规定时,那么行政机关就必须依照相关法律法规进行柔性执法。如果法律法规并没有相关的具体规定,也并不意味着行政机关就完全不能柔性执法,此时行政机关可以根据一般法理以及行政法治基本要求而在其职权范围之内实行柔性执法。[②]

(二)柔性执法与纳税人观念的契合

柔性执法的方式之所以能够受到目前学术界的热捧,除根源于我国的社会背景外,还在于柔性执法其自身所具有的优点。首先,柔性执法相对强制性执法更具有正当性。虽然传统理论将强制性作为法律与道德相区分的一个重要特点,但是现代法律本身应当是以人为本的,而现代纳税人观念则要求行政机关应当遵循纳税人本位的理念,那么能够通过柔性执法解决的问题就必然要求尽量不要使用强制性执法的方式。其次,柔性执法的方式能够平衡行政机关与公民之间的关系。柔性执法避免了强制性执法所带来的公民地位受到压制的情况,从而更加体现出现代纳税

---

① 张怡等:《人本税法研究》,法律出版社2016年版,第223页。

② 参见田志明、侯昭华:《税收柔性执法探析》,载《税务研究》2015年第4期。

人观念中国家和纳税人之间的关系定位。最后,柔性执法方式更加有利于提高行政相对人的可接受性。从某种程度上讲,法律能否得以实施在于公民是否能够接受,柔性执法由于其内含以人为本的精神,故而更加容易为公民所接受,在税务行政关系中也就更加能够提升纳税人的税收遵从度。① 所以,行政柔性执法有利于树立纳税人观念。

(三)柔性执法的具体面向

1. 柔性执法的基本理念和原则

柔性执法方式是相对于传统强制性的"命令—服从"执法方式而提出的新型执法方式,前文提到其之所以能够符合现代纳税人观念,在于其具有以人为本和民主参与的理念和原则。柔性执法采取非强制性、灵活性和人性化的执法方式以代替命令式执法方式,其本身就体现了以人为本的理念。同时,柔性执法方式不再片面强调行政机关的单方性,而采取多种方式以实现行政相对人的参与,其实质上也是参与式执法。

2. 柔性执法的具体模式

在传统强制性的"命令—服从"执法方式之下,行政执法在很大程度上体现了行政机关的单方意志,行政机关与行政相对人缺乏必要的沟通,行政执法带有压制性,故而该模式之下的行政执法不能回应社会现实需求也就难以获得行政相对人的可接受性。强调灵活性和人性化的柔性执法可以最大限度地回应社会现实的需要,从而通过柔性执法的方式形成回应性执法的具体模式。② 当然,现代法治本身也应当是回应法,这在本书第三章和第五章有相关具体的讨论。

3. 柔性执法的具体手段

相对于传统强制性的"命令—服从"执法方式在具体手段上的单一性,柔性执法具有许多可资利用的手段,如行政和解、行政合同、行政指导等。③

---

① 参见侯登华、李双:《试论行政柔性执法的理论基础》,载《北京科技大学学报(社会科学版)》2010 年第 4 期。

② 参见王春业:《论柔性执法》,载《中共中央党校学报》2007 年第 5 期。

③ 由于本章重点在于论述如何在部门法中树立纳税人观念,即纳税人观念对于部门法的理念要求及其制度完善,故而没有专门论述税务柔性执法的相关问题,有关该问题的详细论述,参见张怡等:《人本税法研究》,法律出版社 2016 年版,第 218 ~ 242 页。

第三节　树立纳税人观念的民法整合

税法与作为私法典型代表的民法[①]之间的关系则可以套用《三国演义》主题曲中的"合久必分、分久必合"来描述。[②] 与一般观点所认为的税法独立于行政法所不同的是,事实上税法是从民法中独立而来的。第一次世界大战后,德国经济趋于崩溃而社会秩序相对混乱,一些不法商人借机发国难、牟取暴利。然而这些行为在当时民法中被认定为无效,故而当时作为民法附庸的税法也就无法对其经济行为进行课税。发国难财而获得的暴利居然不用缴纳税款,加之战后德国本身经济疲软,竟渐成了严重的财政危机,从而引发了德国民众的极大不满。在此背景之下,德国学者开始要求税法从民法的束缚之中独立出来,其中影响最大的要数巴尔(Ball)的《税法与私法》一书。而最终以德国《租税通则》第4条和第5条之规定所确定的经济观察法即实质课税原则,实现了税法与民法的分离。后来,由于实质课税原则的滥用导致税收法定受到极大的削弱乃至于徒具形式,故而第二次世界大战之中税法又重新向民法靠拢。[③]

而现有关于税法与民法关系的研究几乎都集中于民法对于税法的影响,[④]诸如税法对民法概念的借用与税法对民法原则的适用,以及税法对

---

① 学术上和各国立法实践中关于民法和商法的关系以及立法体例存在分歧,有学者认为,商法属于民事特别法故而在立法上采取民商合一的体例,而也有学者主张商法相对民法具有独立性,故而应当采取民商分离的立法体例。具体参见郭锋:《民商分立与民商合一的理论评析》,载《中国法学》1996年第5期;王利明:《民商合一体例下我国民法典总则的制定》,载《法商研究》2015年第4期;赵万一:《中国究竟需要一部什么样的民法典——兼谈民法典中如何处理与商法的关系》,载《现代法学》2015年第6期。本书采取传统的民商合一的观点,故而本书所说的民法包括商法,在本书中民法和民商法属于同一含义。

② 参见杨小强:《税法总论》,湖南人民出版社2002年版,第7~8页。

③ 参见葛克昌:《税法基本问题(财政宪法篇)》,北京大学出版社2004年版,第7~8页。

④ 其中最系统的两种专著为:叶金育:《税法整体化研究——一个法际整合的视角》,北京大学出版社2016年版;李刚:《税法与私法关系总论——兼论中国现代税法学基础理论》,法律出版社2014年版。

民法制度的移植等。[①] 而除在实质课税原则中偶有论及税法对民法的影响外，几乎再无专门论证税法对民法的影响的论述。这在很大程度上是由于新生的税法、税法学相对于历史悠久的民法、民法学总是显得“幼稚”，故而需要吸取民法成熟的理念和制度以尽快成长。但是前文提到，纳税人观念是一种社会共同观念，其需要在所有的部门法中得以树立方能实现。故而树立纳税人观念需要通过民法整合，即需要民法的相关理念和制度向纳税人观念的具体要求靠拢。

一、宏观层面：合理的产权安排

传统的经济学理论对市场的自我调节能力过于自信，同时在一定程度上甚至忽视了交易费用的存在。直到美国经济学家科斯提出了科斯三定律，经济学理论界和实务界才普遍关注交易费用与产权制度的安排。科斯三定律分别为：如果市场的交易费用为零，那么不需要产权安排，市场的运行自然会实现帕累托最优；当市场的交易费用为正的时候，不同的财产安排会有不同的交易费用，从而导致不同的资源配置效率；最后，没有合理的产权安排将会无法进行交易，同时政府对于财产的安排将优于私人之间的产权安排。[②] 科斯的 3 条定律是一个浑然一体的整体，第一定律是第二定律的铺垫，而第二定律突出了产权安排的重要性，第三定律则提供了产权安排的最优路径。

基于对交易费用和产权安排重视的科斯定律的借鉴，有学者提出了产权税收理论，与科斯定律分为 3 个层次相一致，产权税收理论也相应地分为 3 个层次。产权税收理论第一层次：如果市场信息对称且税收保持中性并且市场的交易费用为零，那么税收的存在不会对市场的资源配置产生任何影响。产权税收理论的第二层次：与科斯定律所提出的一致，市

---

① 参见汤洁茵：《民法概念与税法的关系探析》，载《山东财政学院学报》2008 年第 4 期；席晓娟：《略论民法基本原则的税法适用》，载《河北法学》2008 年第 5 期；杨小强：《论税法对民法债权保障制度的移用》，载《中外法学》1998 年第 2 期；杨小强：《日本地方税法中的民法适用及启示》，载《中央政法管理干部学院学报》1998 年第 4 期；郑丽清：《税法中民法担保制度之援用分析》，载《龙岩学院学报》2007 年第 4 期。

② 参见[美]约瑟夫·费尔德：《科斯定理 1 - 2 - 3》，李政军译，载《经济社会体制比较》2002 年第 5 期。

场交易费用为零只存在理论抽象出来的理想状态，在现实中当交易费用为正的时候，税收会对市场资源配置起到巨大的引导作用，简言之，资源总是向着税负较轻的领域和地区流动。产权税收的第三层次：税收制度本身是一种契约，其明确了税收征纳双方之间的权利及其保障和监督机制，现代的市场交易如果没有税收制度的安排，将无法保护双方的税收利益。①

一般认为，税法是侵权法，税收必然意味着纳税人财产的损失，然而税收和税法存在的本身就意味着对纳税人产权的确认和保障，②从本书第三章表3－1所展示的税收国家与其他类型的财政国家之区别可以明显地看出。国家的存在必然需要财政的支持方能有效运行，而国家财政的来源总体上可以分为国家自我经营和税收两种，国家自我经营可能会侵犯公民的经营权利并形成权力“寻租”的情况。而税收的收取首先就要确认公民的财产权，否则无法进行征税；而国家通过税收筹集财政也就脱离了经营领域，从而保障了公民的经营自由和利益。

从科斯定律以及基于科斯定律而形成的税收产权理论，我们可以明显地看出税法对于民法的深刻影响。前文提到，纳税人观念是基于对税收、税法制度理性认识而形成的以权利为核心的主体性观念。对税收、税法的“理性认识”必然要求其认识税法在产权安排中的重要地位，而“以权利为核心”以及“主体性观念”则要求产权安排必须突出纳税人之本位。故而，要想在民法领域树立纳税人观念就必须在民法中进行合理地产权安排。具体而言，包括以下3个方面。

1. 税法和民法都是纳税人财产保护法

产权税收理论第三层次提到，税收制度可以保障税收双方的税收利益，这是税法和民法最大的共同点，即税法与民法都是以纳税人财产权保护为其最终目的的。有学者以公共财产与私人财产的区分为依据而将财税法定位为公共财产法，③其就内含了税法应当是财产保护法之思想。如

① 参见蔡昌：《税道溯源》，中国财政经济出版社2018年版，第6～7页。

② 参见蔡昌：《税道溯源》，中国财政经济出版社2018年版，第14～16页。

③ 参见刘剑文、王桦宇：《公共财产权的概念及其法治逻辑》，载《中国社会科学》2014年第8期。

果说税法对于财产权的保障是一种基于宪治和法治整体性的结论，那么民法对于公民财产权的保障却是直接和微观层面上的。私权神圣和个人自治是传统民法的基本理念，[①]虽然其在现代受到社会化思潮的冲击，[②]但是其内含的权利保障依旧是民法的核心价值取向。所以，民法和税法都是纳税人财产保障之法，正是有了这一共同点才使纳税人观念的民法整合有了可能性。

2. 民商事交易制度建构应当将税收视为其交易成本的一部分

虽然在民商事交易中基于成本的考量，几乎都会将税收作为一种交易费用予以核算，但是在学术界却缺乏专门论述税收本身作为交易费用的文章，只有以交易费用研究征税费用和纳税费用从而为税收征管制度完善提供建议的尝试。[③] 同时，我国民商事制度的建构在一定程度上忽视了税收作为交易费用的性质。为了实现市场中民法与税法在财产权保障之间的衔接，以及在民商事交易中树立纳税人观念，应当在民商制度安排中清晰地体现税收这一交易费用，如法人的分类应当与纳税人分类存在内在一致性。

3. 民商事制度建构应当注重合理的产权安排

民商事制度的有效运行以及税收产权理论都要求社会具有合理的产权安排。然而，我国社会现实中存在大量的非正式产权和残缺产权，这都影响了纳税人观念在民法中的树立。所以，纳税人观念要求民法在产权制度上实行转型：废除那些损害产权主体利益的非正式产权从而使正式产权清晰化；对于那些残缺的产权，则需要不断完善相关制度使其完整化。[④] 如此，方能在民法中树立纳税人观念。

---

① 参见李莉、郑素梅：《论民法理念及其现实意义》，载《当代法学》2005 年第 3 期。

② 参见刘美希：《私权神圣理念的历史演变考》，载《河南省政法管理干部学院学报》2009 年第 3 期。

③ 参见王乔、龚志坚：《从税收征纳交易费用看税收征管制度改革》，载《税务研究》2010 年第 6 期；龚志坚、熊平园、舒成：《我国税收征管制度变迁的路径选择：基于税收征纳交易费用的分析》，载《税务与经济（长春税务学院学报）》2008 年第 5 期；龚志坚：《我国税收征纳交易费用的制度分析》，载《江西财经大学学报》2008 年第 6 期。

④ 参见蔡昌：《税道溯源》，中国财政经济出版社 2018 年版，第 8 ~ 13 页。

二、微观层面:实质课税原则的渗透

税收是公民经济自由的对价。一般而言,公民从事相关民商事交易而形成盈利,国家基于税收分享相关经济利益,故而税法可以视为在对民商事交易尊重的基础上而进行的社会再分配。然而,这并非意味税法在任何时候都会完全尊重当事人的民商事交易安排。前文提到,在第一次世界大战之后税法与民法相分离的史实,其在实质上就是税法对于民法相关规则的反驳,并由此诞生了实质课税原则。学界通说认为,实质课税原则源于第一次世界大战后德国的经济观察法。① 虽然学界对于实质课税原则的地位和适用范围存在广泛争议,②但是对其定义却达成了相对的共识。实质课税的基本含义为:在某些情况下,不能仅仅依靠民商事交易的外观和形式来决定是否课税以及如何课税,而应当通过这些外观和形式去寻求其经济实质和经济目的,并以此判断是否在实质上符合税法的课税要件之规定。③ 基于税法上之实质课税原则对于民商事交易的反驳,故而在民法中树立纳税人观念在微观层面主要表现为实质课税原则在民法中的渗透,具体而言,包括以下三个方面的内容。

1. 实质课税与民法概念解释

一般而言,必须先有民商事交易行为,而后国家才针对相应的行为、财产等进行征税,所以税法与民法拥有许多共同的概念,加之民法在行政法中的适用渐成一种常态,④故而共同概念的趋势将会越来越深入。基于实质课税原则,对于税法与民法的共同概念甚至是税法借用的民法概念,税法也不应当完全照搬民法的含义,而是应当通过实质观察赋予其经济实质。具体表现为,当税法与民法共同拥有一个概念时,首先应当在税法本身精神以及税种法的立法目的的指导下,结合税法整体的规定从系统解释的角度来明确该概念在税法之中的含义。当然,实质课税原则并非

---

① 参见刘剑文、熊伟:《税法基础理论》,北京大学出版社2004年版,第155~159页。

② 参见徐阳光:《实质课税原则适用中的财产权保护》,载《河北法学》2008年第12期;叶姗:《实质课税主义的理论价值确证》,载《学术论坛》2006年第2期;闫海:《绳结与利剑:实质课税原则的事实解释功能论》,载《法学家》2013年第3期。

③ 参见刘剑文主编:《财税法学研究述评(2005~2014)》,法律出版社2015年版,第55页。

④ 参见王贵松:《民法规范在行政法中的适用》,载《法学家》2012年第4期。

一定要求作出与民法相反的解释；相反，基于实质课税原则与税收法定之间的矛盾，有学者主张将其使用范围限制在立法领域。① 我们认为，由于税收法定是税法的帝王条款，为了协调实质课税与税收法定之间的紧张关系，实质课税原则在立法领域的运用当无异议，而税务征管中的实质课税却需要接受司法审查。

2. 实质课税与非法民事行为课税问题

在民事法律领域，当一个民事行为被认定为非法，则意味着其不具备民法上的效力，自然也不会产生行为人所预期的效果。而一般意义上先有纳税人之民商事行为，才有对于该民商事行为征税的可能性。似乎非法的民事行为就不能被课以税收，这些年一度闹得沸沸扬扬的“非法收入是否纳税”就是这一问题的现实表现。然而根据实质课税原则，只要该行为导致了行为人财产有增值的情况，而该增值又满足税法所规定的课税要件，则无论其是否合法都应当缴纳相应的税款，如财政部、国家税务总局于2006年1月发布的《关于加强教育劳务营业税征收管理有关问题的通知》(财税〔2006〕3号)就是一个明证。②

3. 实质课税与私法自治的界限

前文提到，私法自治与私权神圣是民法的基本理念之一，在涉税问题上的私法自治意味着公民可以选择或者创设相应的交易模式以实现获取税收优惠或者税收利益的目的，当然这也是公民享有的税收筹划权之必然要求。然而，税收筹划与税法规定的完善本身就呈现相互竞争、相辅相成之关系。而实质课税原则可能会基于经济观察而对公民的私法自治提出限制，抑或是对相关交易安排不予认可，以符合税法的实质精神。而被称为最高人民法院税务行政第一案的“德发税案”便是如此。

第四节　树立纳税人观念的刑法整合

刑法关涉国民之人身自由，而税法在于保障国民之财产权，似乎刑法与税法并无直接或必然联系。然而，刑法和税法却是现代法律体系中法

① 参见刘剑文、熊伟：《税法基础理论》，北京大学出版社2004年版，第164页。

② 参见刘剑文：《非法未必不征税》，载《中国税务》2006年第4期。

律保留要求最严格的两个部门法,[①]甚至被称为现代文明的两大基石。[②]同时刑法作为对违反第一次规范行为进行惩罚和救济的第二次规范,[③]其理所当然包括了对涉税犯罪的规范。虽然纳税人观念要求现代刑法必须遵循罪刑法定、罪刑相适应、刑事法律人性化等原则,但这些原则早已经成为刑法的基石和刑法学研究的原点,相关论述不计其数。所以,基于本书的核心,下文将主要从涉税犯罪的规定及其完善方向来论证如何在刑法领域中树立纳税人观念。

一、宏观层面:刑法与税法的协调

刑法作为第二次规范的属性必然导致其在涉税犯罪的规定之中需要衔接税法关于涉税违法行为的第一次规范。法治本身是一个规范系统,部门法之间需要在相关问题的规范中实现协调一致,所以只有刑法规范和税法规范实现了协调,方能有效地实现保护公民合法权利的目的,[④]也才能有利于在刑法中树立纳税人观念。

(一)我国涉税犯罪规范之梳理

由于涉税犯罪所具有的综合性以及刑法本身的第二次规范的特点,所以涉税犯罪的相关规范分布于税法与刑法之中。据相关学者考证,我国税法与刑法的涉税犯罪规范之间关系的演变,总体可以分为4个阶段,即刑事责任条款依附于税法相关规定的阶段、税法与刑法独立发展阶段、税法与刑法协调一致阶段以及税法与刑法分离阶段。[⑤] 其中,前3个阶段为我国税法与刑法关系之历史阶段,第四个阶段为我国涉税犯罪规范的现状。

---

① 参见杜宇:《刑法上之“类推禁止”如何可能?——一个方法论上的悬疑》,载《中外法学》2006年第4期。

② 参见张学博:《税收法定原则新论:从绝对主义到相对主义》,载《上海财经大学学报》2016年第4期。

③ 参见许其勇:《现代刑法的生存空间——从刑法的二次规范属性谈起》,载《刑法论丛》2012年第1期。

④ 刑法的最终目的也在于保障公民的权利,如有学者提出,刑法的定义应该为“国家以刑罚为手段,用以调整全体公民人权与公民个人人权之关系的刑事法律规范的总和”,参见陈忠林、王昌奎:《刑法概念的重新界定及展开》,载《现代法学》2014年第4期。

⑤ 参见金玲玲:《偷税犯罪立法研究——以刑法与税法之协调为进路》,吉林大学2009年博士学位论文,第3页。

1. 我国涉税犯罪规范的历史演进

第一，刑事责任条款依附于税法相关规定的阶段。新中国成立之后一段时期内，对于犯罪的惩罚主要依赖刑事政策和一些单行法中的刑事责任条款，所以这一阶段涉税犯罪的规定主要散见于税法的刑事责任条款之中。1950年政务院通过并颁布了《全国税政实施要则》，该实施要则规定了14个具体的税种并对涉税违法行为的处理确立了“依章惩处，进行教育；严禁滥行处罚和没收”的基本原则。在此之后，原政务院和财政部先后依据税种颁布了11个暂行条例和1个决定。总体而言，由于这一阶段没有独立的刑事立法，故而涉税犯罪规范主要体现在税法的刑事责任条款之中，当然也就不存在税法和刑法的协调问题。

第二，税法与刑法独立发展的阶段。这一阶段开始的标志便是新中国第一部《刑法》的颁布并实施，即1979年《刑法》的制定使我国告别了刑事立法空白的阶段。虽然1979年《刑法》对涉税犯罪作出了规定，但是该规定带有空白罪状的特点，即仅仅规定了偷税、漏税的刑罚而对何为偷税、漏税并未作出规定。前文提到，我国现代税制的建设是从20世纪80年代开始的，因而当时的税制存在不完善之处，与此同时，我国在实行改革开放基本国策之后经济迸发出了前所未有的活力，故而这段时间偷税、漏税行为频发。

第三，税法与刑法协调一致阶段。这一阶段开始的标志是我国1997年《刑法》的颁布并实施。总结了第二阶段刑法和税法在涉税犯罪规范方面的经验以及各行其是所带来的不利局面，结合我国改革开放之后由于社会剧烈变化所带来的偷税、漏税在手段以及数量方面的新变化，1997年《刑法》在其第201条对偷税、漏税作出了新的规定。① 而这一规定被

---

① 1997年《刑法》第201条规定，纳税人采取伪造、变造、隐匿、擅自销毁账簿、记账凭证，在账簿上多列支出或者不列、少列收入，经税务机关通知申报而拒不申报或者进行虚假的纳税申报的手段，不缴或者少缴应纳税款，偷税数额占应纳税额的10%以上不满30%并且偷税数额在1万元以上不满10万元的，或者因偷税被税务机关给予二次行政处罚又偷税的，处3年以下有期徒刑或者拘役，并处偷税数额1倍以上5倍以下罚金；偷税数额占应纳税额的30%以上并且偷税数额在10万元以上的，处3年以上7年以下有期徒刑，并处偷税数额1倍以上5倍以下罚金。扣缴义务人采取前款所列手段，不缴或者少缴已扣、已收税款，数额占应缴税额的10%以上并且数额在1万元以上的，依照前款的规定处罚。对多次犯有前两款行为，未经处理的，按照累计数额计算。

2001年修订的《税收征收管理法》予以接受并体现在第63条的规定之中。[①] 所以,这一阶段税法和刑法关于偷税、漏税的定义几乎是一致的,故而处于协调一致的阶段。

2. 我国涉税犯罪规范的现状

税法和刑法在涉税犯罪规范上的协调一致最终被十一届全国人大常委会第七次会议所通过的《刑法修正案(七)》(以下简称《刑法修正案(七)》)所打破。在《刑法修正案(七)》当中,“逃避缴纳税款罪”取代了传统的“偷税、漏税罪”,而对于“逃避缴纳税款”的手段以及入罪标准的规定都与以前的偷税、漏税罪存有很大的不同。虽然《刑法修正案(七)》关于涉税犯罪的修改在一定程度上适应了新时期的变化,具有一定的现实意义。但是,由于我国《税收征收管理法》尚未修改,其第63条依旧采取偷税、漏税的定义以及相关手段的列举。故而,导致我国税法与刑法在涉税犯罪的规范上再次出现分离。税法与刑法作为现代文明的两大基石,其关于涉税犯罪的规范存在分离、不协调的情况,必然影响税法和刑法的实施,从而不利于纳税人观念的树立。

(二)我国涉税犯罪规范之法际冲突

上文从历史演进和现行规范的角度分析了我国税法与刑法之间的关系,总体而言,我国税法和刑法经历从各自独立到协调一致再到分离的局面。然而,这一趋势并非历史的全貌,即并非就意味着我国税法与刑法将在分离的道路上越走越远,这一分离最主要的原因在于刑法对于相关规定进行了修改,而《税收征收管理法》的修改相对滞后。根据十三届全国人大的立法规划,《税收征收管理法》将在近期得以修改,其中对第63条进行修改使其与刑法相关规定一致是理论界和实务界的强烈呼声。然而,是否意味着当《税收征收管理法》第63条之规定靠近抑或是完全接受

① 《税收征收管理法》第63条规定,纳税人伪造、变造、隐匿、擅自销毁账簿、记账凭证,或者在账簿上多列支出或者不列、少列收入,或者经税务机关通知申报而拒不申报或者进行虚假的纳税申报,不缴或者少缴应纳税款的,是偷税。对纳税人偷税的,由税务机关追缴其不缴或者少缴的税款、滞纳金,并处不缴或者少缴的税款50%以上5倍以下的罚款;构成犯罪的,依法追究刑事责任。扣缴义务人采取前款所列手段,不缴或者少缴已扣、已收税款,由税务机关追缴其不缴或者少缴的税款、滞纳金,并处不缴或者少缴的税款50%以上5倍以下的罚款;构成犯罪的,依法追究刑事责任。

《刑法修正案(七)》的规范实质和形式,税法和刑法在涉税犯罪上就实行协调一致了?本书认为并非如此,目前税法和刑法在涉税犯罪规范上的冲突并非简单的规定不一致,而是具有内在的价值冲突,即税法与刑法的协调模式不合理。

前文分析过我国税法与刑法的协调一致表现在1997年《刑法》第201条和《税收征收管理法》第63条的规定具有一致性。但是仔细分析税法和刑法的立法及其协调一致的过程,便会发现其中存在"逆向协调"趋势。[①] 即要求税法根据刑法的相关规定而作出修改,就连目前《税收征收管理法》第63条的修改建议也是要求其与《刑法》第201条保持一致。当然基于法治系统论,税法和刑法本来也应该在涉税犯罪的规定上保持一致,但是其中却存在一个主动和被动的问题,即谁向谁保持一致的问题。无论对涉税犯罪作何种解释,其规范意义一定是违反国家税收管理相关规定且情节严重。故而涉税犯罪无论是表现为偷税、漏税,抑或是逃避缴纳税款,其首先都需要包括《税收征收管理法》在内的税法对其概念、特征作出明确规定,然后刑法根据税法的规定来完善自身关于涉税犯罪的相关规范。所以,我国目前的税法去协调刑法的模式不合理,存在税法和刑法的位阶倒错现象。[②]

(三)我国涉税犯罪规范之法际协调

前文分析了税法与刑法之间协调的重要性,以及我国税法与刑法相互关系的历史,并发现两者之间现存的协调模式并不合理。那么基于树立纳税人观念的要求以及完善涉税犯罪相关规定的现实考量,就必须寻求我国涉税犯罪之法际协调机制。考虑到税收法定和罪刑法定在现代法治中的基石作用,以及对我国税法与刑法"逆向协调"模式之反思,我们认为,我国涉税犯罪规范之法际协调应当是税收法定之下的罪刑法定模式。

税收法定之下的罪刑法定模式首先意味着在涉税犯罪中,税法与刑法协调的前提应当是税收法定,即坚持刑法规范向税法规范靠拢的原则。其中部分理由在上文已经提到,此外,之所以坚持刑法向税法协调还在于

---

① 参见金玲玲:《偷税犯罪立法研究——以刑法与税法之协调为进路》,吉林大学2009年博士学位论文,第17~18页。

② 参见杨小强:《中国税法:原理、实务与整体化》,山东人民出版社2008年版,第123页。

涉税犯罪本身的特点。传统刑法学理论将犯罪分为自然犯与法定犯，自然犯一般是指违反伦理道德、基本生活秩序的犯罪；而法定犯则是违反派生生活秩序的犯罪，其伦理道德性较弱。① “逃税罪侵犯的客体从形式上看是国家的税收征收管理秩序，从本质上看是国家税收分配秩序”，②很明显，在自然犯与法定犯的二分法之中，涉税犯罪属于法定犯而非自然犯，故而先需要税法对其进行明确规定。

税法不仅规定属于税收犯罪行为的偷税、漏税，其还包括尚未构成犯罪而属于税收违法行为的偷税、漏税以及税收规避和节税等行为，它们之间的具体区别详见表4－1。特别是，税法往往并不具体区分属于犯罪和违法的偷税、漏税行为，而仅仅规定“构成犯罪的，依法追究刑事责任”。所以，刑法在与税法相协调的过程中，除首先需要遵循税收法定原则外，还需要遵循罪刑法定原则以区分税收违法的罪与非罪的界限，这将是下文重点论证的内容。

表4－1 偷税、漏税和税收规避与节税之间的比较③

类型	规范依据		事实描述			价值分析	
	税收制定法	税法意图	目的	条件	手段	法律性质	法律后果
偷税、漏税	违反	违反	逃避履行纳税义务	征管疏漏	欺诈、不真实纳税	违法	行政、刑事处罚
税收规避	符合	违反	避免纳税义务成立	税法漏洞	非正常手段	脱法或不可接受	按调整纳税
节税	符合	符合	获取税收优惠	财税优惠	常规手段	合法或可接受	免予纳税

① 参见张明楷：《自然犯与法定犯一体化立法体例下的实质解释》，载《法商研究》2013年第4期。

② 周洪波：《危害税收征管罪——立案追诉标准与司法认定实务》，中国人民公安大学出版社2010年版，第5页。

③ 参见俞敏：《税收规避法律规制研究》，复旦大学出版社2012年版，第24页。

二、微观层面:涉税违法行为入罪标准厘定

前文提到,在刑法领域树立纳税人观念在宏观层面上要求刑法和税法的协调,而其中最直接和最明显的便是涉税犯罪规范的协调,而涉税犯罪规范之协调在微观层面则表现为涉税违法行为入罪的标准问题上,即涉税犯罪与涉税违法之间的关联与区别。

(一)涉税犯罪与涉税违法行为之关联

前文分析了我国税法与刑法对于税收违法行为都作出了相应的规定,所不同的是刑法仅仅规定了税收犯罪行为及其刑事责任,而税法却规定了所有的税收违法行为并以“构成犯罪的,依法追究刑事责任”的方式实现了税法与刑法的衔接。如表 4－1 所示,偷税、漏税并不必然构成刑事责任,其极有可能仅仅承担行政违法责任。虽然似乎在理论上刑事责任和行政责任的区分泾渭分明,但在实践中,两者却往往交织在一起从而难以区分。

涉税犯罪与涉税违法行为存在的关联性不仅表现在刑事责任与行政责任普遍存在的交织关系,同时还由于涉税犯罪和违法行为本身的特点所导致。一方面,前文提到过涉税犯罪属于法定犯而非自然犯,其是对国家税收征收管理秩序和国家税收分配秩序的破坏,而国家税收征收管理秩序和国家税收分配秩序的具体内容和表现却是在税法中予以明确规定的。另一方面,税法对于破坏国家税收征收管理秩序和国家税收分配秩序的行为并非仅仅设计了刑法制裁这一种模式,而是基于其情节的轻重分别采取了行政责任和刑事责任两种方式,情节的轻重本身又不是一个绝对、一目了然的区分标准。

(二)涉税犯罪与涉税违法行为之区别

虽然实践中涉税犯罪和涉税违法行为难以区分,但无论是从理论上还是实践中准确地区分两者却具有极其重要的意义。如果刑事责任被视为行政责任,那么就意味着犯罪嫌疑人逃过了刑法的制裁,为其所侵犯的相关法益没有得到保护和恢复,而刑法的威慑性和预防性也就无从谈起。如果行政责任被视为刑事责任,则意味着行政违法行为人的权利受到了极大损害,同时发动国家刑罚权是需要成本的,用刑事责任去解决行政违

法行为也就意味着国家司法资源的极大浪费，并且在社会中极易形成刑罚滥用的氛围，从而不利于树立纳税人观念。

法律责任对于法律的实施具有重要的保障作用，涉税犯罪与涉税违法行为最终必定落实为相关的刑事法律责任和行政法律责任。一般意义上也就是狭义上的法律责任，是指“由违反第一性的义务而引起的第二性的义务”。① 有学者从社会危害性、法律责任的功能和目的两个角度出发来区分民事违法、行政违法和刑事违法行为。从社会危害性角度，行政违法严重于民事违法，而刑事违法又严重于行政违法。在法律上，一般而言，违法必定伴随相应的责任，故而从法律责任的功能和目的的角度，民事责任注重关系的修复，行政责任注重秩序的维护和处理的效率要求，而刑事责任则注重报复和威慑。②

很明显，社会危害性以及相应法律责任目的和功能的不同是认为涉税犯罪与涉税违法性行为具有本质上区别的理论基础。而与此相反的另外一种观点则认为，涉税犯罪和涉税违法行为在其本质上都破坏了国家税收征管秩序和国家税收分配秩序，其并没有本质上的区别，而仅仅在量上具有差异而已。还有一种学说认为，涉税犯罪和涉税违法行为无论是在本质上还是量上都具有不同。③

笔者认为，3 种观点都有其道理，但是从法律的适用角度而言似乎量之区别的观点更加具有合理性。在涉税犯罪和涉税违法行为之中，其损害的法益应当都是国家税收征收管理秩序和国家税收分配秩序，而涉税违法行为转换成为犯罪行为则在于其数量上的差异，这一点从我国税收征收管理法和刑法的相关规定就可以轻易得出。同时有学者认为，只有数量上存在的差异达到质的差异时才能上升为犯罪，刑法所规定的入罪数额就是其实质差异的临界点。该观点在学理上的确具有重大的意义，但是何种差距才能达到实质之差异本身是一个高度不确定性的命题，故

① 付子堂主编：《法理学初阶》，法律出版社 2005 年版，第 196 页。

② 参见王文华：《行政犯罪与行政违法的界定及立法方式》，载《东方法学》2008 年第 4 期。

③ 关于涉税犯罪和涉税违法行为区别的 3 种学说的归纳来自相关学者对于行政违法行为和刑事犯罪行为区别的论述，具体参见冯江菊：《行政违法与犯罪的界限——兼谈行政权与司法权的纠葛》，载《行政法学研究》2009 年第 1 期。

而从法律适用的角度将数量的差异作为涉税犯罪和违法行为的标准具有现实的可操作性。

（三）涉税违法行为入罪之具体标准

科学确立涉税违法行为入罪标准，具有极其重大的意义，既可以防止国家税收征收管理秩序和国家税收分配秩序被破坏，也能保护纳税人的合法权益，是在刑法领域树立纳税人观念的具体要求。然而在现实生活中，本应该作为第二次规范的刑法却无论是在犯罪圈的划定、刑罚手段的配置以及刑法对经济行政的侵入方面都呈现了扩张表现。[①] 刑法学者普遍认为，基于刑法的补充性，现代法律日益呈现整体的制裁措施越来越轻以及严厉制裁措施的适用范围越来越小的趋势。[②] 刑法在涉税犯罪中的扩张明显不符合现代法治的要求。故而本书从以下三个方面讨论涉税违法行为入罪的具体标准。

首先，狭义上的入罪标准。前文提到，涉税犯罪与涉税违法行为的区别在于量之差异，故而狭义上的入罪标准应当从逃避缴纳税款的数额上进行规定，而之前的立法的确也采取了这种模式。然而现行刑法修改了之前具体数额加比例的做法而采取"数额较大""数额巨大"加比例的方式来作为入罪标准。一方面，无论是"数额较大"还是"数额巨大"都是一个高度不确定的概念，其有效实施必定依赖司法解释，会在一定程度上损害罪刑法定原则，从而不利于纳税人观念的树立。另一方面，采取比例的方式其本意也许是，在逃避缴纳税款的数额一定的情况下，需要缴纳税款越多的企业其比例就越低，故而单纯规定数额则更容易使其入罪。但是比例的方式却在实践中对大企业更加有利，容易出现其逃避的税款数额远远大于小企业，而小企业的行为入罪而大企业则不构成入罪的条件的情况。再者，缴纳税款越多的企业，其税务会计制度更加完善，很难解释其需要缴纳的税款越多导致其越容易入罪的现象，即使出现也只能说明其主观恶意更大。故而，我国在涉税犯罪的入罪条件上，一方面需要明确

---

① 参见杨小强：《中国税法：原理、实务与整体化》，山东人民出版社2008年版，第122～123页。

② 参见张明楷：《刑法在法律体系中的地位——兼论刑法的补充性与法律体系的概念》，载《法学研究》1994年第6期。

“数额较大”和“数额巨大”中的具体数额,另一方面改数额加比例的方式为“单纯数额”或者“数额或者比例”的方式更合理。

其次,出罪机制的协调。经过《刑法修正案(七)》,我国现行《刑法》在其第201条第4款中对于涉税犯罪建立了出罪机制,这是因为涉税犯罪属于法益可恢复性犯罪。[①] 故而,违法行为人如果能够恢复被其破坏的法益就可以不予追究,这体现了刑法人性化的理念,同时也体现了效率原则,并且最终有利于树立纳税人观念。从该出罪条款可以看到,出罪的前提是该税收违法行为必须经过税务机关的处理方有可能。然而现实生活中,一些税收犯罪行为在未经税务机关发现和处理之前,即由公安机关直接予以立案侦查了。如此,相关行为人会由于税收行政处罚程序的缺失导致其无法适用出罪条款,这样极易导致出罪条款被虚置。[②] 所以,应当在涉税犯罪侦查方面建立与出罪机制相协调的侦查模式,即税务犯罪应当先由税务机关初查,然后再由公安机关侦查。

最后,行政证据的转化。虽然现在涉税犯罪侦查中存在许多公安机关自行侦查的情况,但是“税务机关初查—公安机关侦查”的模式却是主流,同时,应当将其确立为涉税犯罪侦查的唯一模式。那么,其中便存在税务机关初查所认定的证据是否能够直接转化为公安机关侦查之证据的问题。在现实生活中,甚至税务执法文书都会被法院直接予以采纳,当然这主要是由于法院缺乏税务相关的专业知识。[③] 然而,行政证据的证明标准要求与刑事证据的证明标准要求存在很大区别,一般认为,行政证据要求强势的优势证据规则,而刑事证据则要求排除一切合理怀疑,故而不宜直接将税务执法认定的结果转换为刑事证据予以认定。基于证据证明标准的差异,我们认为,行政证据以及行政证据所形成的结论在转换为刑事证据之时应该经过刑法以及刑事诉讼法相关规定的审视,不宜直接转化。

---

① 参见庄绪龙:《论经济犯罪的“条件性出罪机制”——以犯罪的重新分类为视角》,载《政治与法律》2011年第1期。

② 参见刘荣:《刍议“逃税罪”案件行政程序与刑事程序的关系》,载《涉外税务》2010年第5期。

③ 参见许义娜:《论税务执法文书在涉税刑事案件中的法律地位和作用》,载熊伟主编:《税法解释与判例评注》第7卷,法律出版社2016年版,第303页。

本章小结

财政制度是国家治理的基础和重要支柱，正因如此，才有学者提出了财税法是领域法的观点。既然纳税人观念从根本上体现了国家和国民之间的关系，体现在国家制度建构的方方面面，那么纳税人观念的树立也理应遵从法治系统论的思路，采取法际整合的方式，即应当在所有的部门法之间予以贯彻和落实。宪法中纳税人观念的树立应当基于税收是公民基于宪法的规定支付公共服务之对价的观念，并通过解释论实现纳税人权利入宪。“税收债权债务关系说”是现代税法的基础理论，但是该理论的实质并非如通说所认为的税法的私法化和去行政法化，而是契约化。所以，纳税人观念在行政法中的树立，一方面应当以契约理论作为行政法的理念以改变其传统国家主义之下的“控制—命令”模式，另一方面在微观层面应当注重行政执法的柔性化。现代意义上民法和税法都是公民财产保护法，这是纳税人观念在民法中树立的前提与关键。基于纳税人观念的要求，民法应当进行合理地产权安排并且回应实质课税原则对其之渗透。涉税犯罪的规定是纳税人观念在刑法中树立的关键性制度支撑，从宏观层面应当注重税法与刑法的协调，而在微观层面则要科学地厘定涉税违法行为的入罪标准。

第五章 树立纳税人观念的税法理路

国家和人民的关系从不同角度可以有不同的面向,但无疑的是,在现代税收国家,税法是最能体现这一关系的法律体系。[①] 所以,树立纳税人观念不仅需要前文所提到的基于其他部门法互动的法际整合,还需要依赖我国税法的现代转型。“税法的转型是一个理想,也是一个过程。谓其理想,是因为税法的转型是建立在人们对现实不满的基础之上的,是人们不断追求的理想,且只要人类文明存在,这种理想就会一直存在;说其是现实,是因为税法的转型是一个无穷尽的过程,只有以税法制度的合理性来契合现实的发展,才可以符合税法转型的理性,因此税法的转型就是不断调试税法制度以契合社会现实的过程。”[②]因此,我国纳税人观念的树立除前文提到的宪法和部门法的整合外,还需要完善税法相关制度以符合树立纳税人观念的现实需求。

---

① 参见刘丽:《税权的宪法控制》,法律出版社2006年版,第8页。

② 张怡等:《人本税法研究》,法律出版社2016年版,第125页。

第一节　树立纳税人观念与税收基本法的制定

在本书第三章提到过我国税收法定存在制度缺失。且由于我国税法体系按照税种划分而实行的分裂立法模式存在协调性等问题，所以学术界和实务界主张通过制定税收基本法来完善税收法律体系、规范税收行为、协调单行税法以及税法与其他法律之间的关系等。[①] 根据对相关研究和历史的梳理，我国关于税收基本法制定的研究大致经历了 4 个阶段。第一个阶段为税收基本法提出酝酿时期，时间跨度为 1990 ~ 1993 年。在 1990 年，国家税务总局税制改革司提出制定税收基本法的设想之后，学术界开始论证我国制定税收基本法的现实意义并形成了一定的成果和初步草案。第二阶段为 1994 ~ 1998 年之税收基本法立法计划的批准与研究的初步发展时期。该时期最大的特点在于，税收基本法的制定被纳入了全国人大常委会的立法规划之中，故而激起了学术界和实务界的极大兴趣。一方面，学术界关于税收基本法制定的研究成果层出不穷；另一方面，截至 1997 年年底已经形成了税收基本法草案讨论的第六稿。第三个阶段为 1999 ~ 2003 年的相对停滞阶段。这一阶段由于税收基本法起草工作的停滞，导致学术界和实务界对这一问题的关注大不如前一时期。第四个阶段为 2004 ~ 2007 年，这一时期为税收基本法制定研究的全面发展阶段。其开始于税收基本法的制定再次被列入全国人大常委会的立法规划之中，该时期的代表性事件为成立《中华人民共和国税收基本法（税法通则）》（专家稿）的起草小组。虽然从我国税收基本法制定的经历以及我国最近几年全国人大常委会的立法工作规划来看，我国在短期之内制定出台税收基本法的可能性并不大。但是，基于我国税收法治的现状，我们可以毫不夸张地认为，树立纳税人观念的税法理路首要应当是期待我国税收基本法的出台，同时通过税收基本法的制定出台来促进税法改革。

---

① 参见刘隆亨、周红焰：《我国税收基本法制定的意义、特征和框架》，载《法学杂志》2004 年第 5 期。当然，税法基本法的名称一直存在分歧，主要有以下几种：税收基本法、税法通则、税收通则法、税收法、税法等。

一、纳税人本位:税收基本法的价值取向

随着改革开放之后市场经济体制的建立,基于社会对于人主体性价值的认识,已经有学者在一定层面上提出了我国税法应当树立纳税人本位的思想。财税法学者也相应地提出,“纳税人权利由税收的本质和目的决定,是人民主权在税收领域的具体体现,也是公民个人作为社会经济主体的价值实现”。① 据笔者进行考证,我国学者最开始明确提出纳税人本位的是云南财贸学院(现为云南财经大学)的李淳燕教授。李淳燕教授在其 1994 年发表的一篇文章中就旗帜鲜明地提出,纳税人本位是社会主义市场经济体制的理论基石,即建立和完善我国社会主义市场经济应当以纳税人作为其出发点和立足点。该学者从社会主义的“人民主体论”本质要求和市场经济“个人权利”的固有要求出发,认为纳税人本位是人民本位、权利本位和市场本位的融合和最佳体现。② 其进一步明确,纳税人本位是指“以纳税人为基准来架构整个经济体制;以纳税人的经济活动为经济基础来建构上层建筑,包括经济管理、政治管理、社会管理、法治管理以及道德规范;以纳税人作为生产力和生产关系的统一体,通过横向的自由联合与纵向的理性管理,组成一个充满生机与活力的国民经济肌体”。③ 著名青年财税法学者叶金育先生也提出了纳税人中心主义,但是其所提倡的纳税人中心主义主要体现在税法解释领域。④ 张守文教授在其主张的发展导向型税收立法中就曾经明确地指出,发展导向型税法就是要转变传统税法的单纯财政汲取功能,而更加注重保障和促进各类税法主体的发展。⑤ 当然最重要的税法主体必然是纳税人,而保障和促进纳税人的发展就是纳税人本位的一种具体体现。

---

① 刘剑文:《重塑半壁财产法:财税法的新思维》,法律出版社 2009 年版,第 98 页。

② 参见李淳燕:《纳税人本位论——社会主义市场经济体制的理论基石》,载《财贸经济》1994 年第 2 期。

③ 李淳燕:《纳税人本位论——社会主义市场经济体制的理论基石》,载《财贸经济》1994 年第 2 期。

④ 参见叶金育:《税法解释中纳税人主义的证立——一个债法的分析框架》,载《江西财经大学学报》2017 年第 4 期。

⑤ 参见张守文:《论“发展导向型”的税收立法》,载《法学杂志》2016 年第 7 期。

而关于纳税人本位最直接的诠释,无疑是张怡教授所提出的人本税法思想,其认为“以人为本的现代税法,是指将人本理念嵌入现代税法的构造中,以纳税人的权利保护为逻辑起点,通过规范和平衡国家征税权力与纳税人权利之间的关系来保障纳税人权利,并最终实现人的自由和全面发展的税收法律规范”。[①] 由此可见,在我国税收基本法制定中的纳税人本位价值取向主要包括以下几个方面:理念上遵循以人为本、税收征管实践中注重纳税人权利保障、税法的目的在于实现纳税人的自由全面发展。

前文提到,纳税人本位的树立不仅在于单方面保障纳税人的权利,而且能够引导纳税人对税收、税法制度树立理性认识,而对于税收、税法制度的理性认识是提高我国税收遵从度的根本。税收遵从度的提高既是一个国家纳税人观念的具体内容,也是重要衡量标准。早在改革开放之初,就有学者论证了在市场经济体制之下,税收对于资源配置的重要作用,其认为“几乎不存在一种重要资源的配置不是以这种或那种方式受税收的影响的”。[②] 实践和学术观点都认为,纳税人只有认为其缴纳的税收最终能够转换为其所享有的公共产品之时,纳税人才会心甘情愿地履行税收债务。纳税人享用公共产品的法律表达便是树立纳税人本位的理念、充分保障纳税人的合法权利。因此,“只有建立以纳税人权利为本位的税制,才能赢得纳税人的信任和支持,才能打破传统征纳双方‘猫与老鼠’的关系,进而建立良好的税收征纳关系,促进社会和谐”。[③] 有学者从税收权利和义务的辩证统一关系出发,认为增强纳税人纳税义务意识从而防止税收流失的有效办法和必然要求便是在纳税人本位基础上赋予并切实保障纳税人应当享有的权利。[④]

---

① 张怡等:《人本税法研究》,法律出版社2016年版,第48页。

② 李淳燕:《纳税人本位论——社会主义市场经济体制的理论基石》,载《财贸经济》1994年第2期。

③ 张怡等:《人本税法研究》,法律出版社2016年版,第172页。

④ 参见李淳燕:《纳税人本位论——社会主义市场经济体制的理论基石》,载《财贸经济》1994年第2期。

二、人格尊严保障:税收基本法的功能定位

(一)人格尊严保障:税收基本法功能定位的现实抉择

税收基本法制定的重要前提就是必须厘清其功能定位,税法的功能定位根据不同历史阶段可以分为自由主义时期的消极权利保障税法(自由国时期)、社会化问题凸显时期的回应型税法(社会国时期)。前文提到,基于我国整体社会的赶超性特点所带来的跨越性问题,在国家法治发展的过程中也有非常明显的表现,即本书第三章提到的自由国和社会国的重合。

学术界关于财税法功能定位的研究展现出了极大热情,一般认为,现代社会财税法的功能是三位一体的,即政治上的规范理财行为、社会上的促进社会公平和经济上的保障经济发展。[①] 也有学者将后两种功能统称为社会功能,其认为,从法学角度出发,财税法的功能包括规范功能和社会功能两种。[②] 这两种观点无疑颇具启发性,对于全面深入认识财税法的功能具有极大的指引性。但是我们认为,“法学是人学”,而财税法是纳税人权利保障之法,故而现代税法的核心功能应当是权利保障,而其社会功能则是基于对不同权利的不同保障程度和方式来得以实现的。所以,我们认为,自由国和社会国之下财税法的功能区分主要在于其对所保障的核心权利的选择。

德国联邦宪法法院通过判例的方式对社会国进行了定义,即“社会国家之宪法要求主要系对社会不平等之调整,且确保人性之尊严,即社会最低生活标准”。[③] 将人之法律图像从自由法治国时期的哲学人转向为社会人,社会国理论的集大成者是德国著名法学家、哲学家史坦恩(Lorenz von Stein)。[④] 有学者在总结我国财税法学发展历程时,将纳税人权利保障之法的证成作为财税法学科走向成熟和具备自觉学术立场的重要标志

---

① 参见刘剑文:《财税法功能的定位及其当代变迁》,载《中国法学》2015 年第 4 期。

② 参见侯卓:《财税法功能的“法律性”解构》,载《财经法学》2017 年第 1 期。

③ BVerfGE50,57(108).转引自葛克昌:《所得重分配——国家任务与团结互助社群》,载葛克昌:《租税国的危机》,厦门大学出版社 2016 年版。

④ 参见张道义:《社会理论与社会国理论:史坦恩的模式》,载《台大法学论丛》2010 年第 4 期。

之一。[①] 简言之，与自由法治国纳税人的法权是财产权而其功能定位是财产保障相对应，社会法治国之下纳税人的法权是社会权，而其功能定位是人格尊严。宪法学者夏正林先生经过总结认为，社会权的定义分为两种模式：一是根据国际人权公约和各国宪法性文件进行文本的规范分析从而总结出社会权的内容；二是从权利本身的价值出发，得出社会权是属于需要依靠国家积极作为方能实现的积极权利属性。[②] 由此可见，社会国之下的社会权需要政府积极作为方能实现。与此同时，社会国之下的财产权保障的价值取向也相应地出现了转变，"财产权所保障者系个人自由、人格发展与尊严维护，所保障者系'人'，而非特定动产、不动产"。[③] 是我国财税法的功能定位应当是保障人格尊严权。与社会国的概念是由德国人提出一样，将人格尊严予以宪法化的范例是德国《基本法》。基于对第二次世界大战中践踏人权现象的反思，德国《基本法》在制定之时就将人格尊严不需要任何法学上的解释而先于国家存在的思想予以规范化。[④] 一般认为，人格尊严的实现"有赖于个人与国家之间关系的理想定位"，对其进行保障"构成了国家存在的正当性基础，同时也是国家权力的界限所在"。[⑤] 虽然从根本上讲，人格尊严的基础是独立的具有主体意识的个人，但是在社会法治国之下，人格尊严并不必然排斥个人基于社会公共利益而对国家和社会应尽一定的义务。[⑥] 从人格尊严的定义可以看出，人格尊严的保障并不是基于个人自由而形成的对财产权的否定，而是在认可个人自由的基础上对财产权施加了一定的社会义务。这完全符合我国既要控制政府课税权的同时又要通过税收回应社会现实需求的时代

---

① 参见刘剑文、熊伟：《财税法学近十年发展之回顾与反思》，载刘剑文主编：《财税法论丛》第 10 卷，法律出版社 2009 年版，第 1 ~ 18 页。

② 参见夏正林：《社会权规范研究》，山东人民出版社 2007 年版，第 58 页。

③ 葛克昌：《税捐实质正当性与违宪审查》，载葛克昌：《租税国的危机》，厦门大学出版社 2016 年版。

④ 参见王进文：《"人的尊严"义疏：理论溯源、规范实践与本土化建构》，载《中国法律评论》2017 年第 2 期。

⑤ 王进文：《"人的尊严"义疏：理论溯源、规范实践与本土化建构》，载《中国法律评论》2017 年第 2 期。

⑥ 参见王进文：《"人的尊严"义疏：理论溯源、规范实践与本土化建构》，载《中国法律评论》2017 年第 2 期。

命题。

（二）税收基本法中人格尊严保障的具体面向

人格尊严权保障的范围非常广泛，主要是由于人格本身是一个涵盖范围极广的术语，因为只要使人成为人的权利都可以说，或多或少与人格尊严保障有千丝万缕的关系。但本书不在于完全列举和论述人格尊严保障的方方面面，而是基于我国自由国和社会国重合的阶段性来论证作为税收基本法功能定位的人格尊严保障。故而，我们认为，税收基本法中人格尊严保障最重要的两个面向是生存权和税收教育权，其中，生存权是传统人格尊严权的核心内容，而税收教育权则是实现税法人格尊严保障的重要路径。

1. 生存权

虽然对于人格尊严的定义纷繁复杂且在短期之内形成统一意见几乎是不可能的，但是无论如何变化，人格尊严的核心是人应当成为人，即人就是其存在及发展的目的、人应当是主体而非客体。从人格尊严的内涵可以看出，人格尊严要求人像人一样的生活，而其中的基础便是人要能像人一样生存，因为没有生存的保障，其他任何权利便会因为失去主体性而没有任何实际意义。社会国要求，“提供具有人格尊严之最起码之生存保障”。[①] 生存权，一般是指“每个人都有不受任意杀害，不遭到生命威胁的权利”，[②]可以说，生存权的法律保障是伴随近代法治的确立而得到认可的，如早在18世纪的美国《独立宣言》就将生存权归入每个人享有的不可转让之权利。但是对生存权的认识却经历了一个曲折过程。在自由国时期，基于小政府就是最大的善以及对人生存最大的威胁就是来自政府权力的滥用之认识，当时的人普遍认为，只要国家能够保障公民的自由权，基于对人的天赋理性的信任，认为自由的人一定能够实现其生存。在当时的社会条件之下，这一认识具有极大的合理性，也正是这种认可个人理性而形成的自由创业行为，最终形成韦伯所谓的“资本主义精神”，从而推动了资本主义社会的快速发展。

---

① 谢荣堂：《社会法治国基础问题与权利救济》，台北，元照出版有限公司2008年版，第8页。

② 王婷婷：《课税禁区法律问题研究》，法律出版社2017年版，第97页。

社会不可能是一成不变的,随着经济快速发展带来的社会资本高度集中,个人依靠其自身的努力再也不能保证一定能够实现其生存与发展了,即社会上的贫富差距日益扩大且出现了严重的固化现象,即社会国出现。社会底层人民在社会国之下,没有能力也没有机会可以通过自身的努力来保障其生存,自由国时期“强而智”的人之图像转而变成了社会国之下的“弱而愚”。[①] 社会现状和社会观念的变化最终必然会在法律上有所反映,于是乎,各国法律开始基于人格尊严保障的需要增加了许多社会权的内容,这些社会权主要赋予公民可以要求国家提供物质或者生活方面的服务。[②] 由此可见,社会国之下的生存权已经成为一项积极权利。

所以,生存权理应作为我国税收基本法应然功能定位的人格尊严保障之具体面向。因为树立纳税人观念的必然要求是现代社会将纳税人当作人来对待,即将纳税人视为主体而非客体,那么如果纳税人的生存权都无法得以保障,如何谈及纳税人观念?故而,纳税人之生存权保障理所当然是纳税人人格尊严保障的首要面向和前提性面向。同时,该生存权也必然和世界潮流一样具有积极权利的性质,特别是在我国离实现共同富裕尚有一定距离的当下。同时,我国现行《宪法》第 45 条第 1 款关于物资帮助权的规定可以视为作为积极权利的生存权之宪法基础。[③]

2. 税收教育权

根据前文的分析可以看出,突出纳税人的积极地位和主体性是社会国的必然要求。虽然纳税人观念的树立要求民主的政治体制以及其他符合市场经济的制度建构,但是并不意味着只要有了民主政治和市场经济体制,纳税人观念就会自然而然地形成,因为纳税人观念还要求纳税人具有理性自律的精神以及对于社会正义的追求。[④] 正因如此,有些学者才认

---

① 参见郭春镇:《法律中“人”的形象变迁与“人权条款”之功能》,载《学术月刊》2010 年第 3 期。

② 参见龚向和:《社会权的历史演变》,载《时代法学》2005 年第 3 期。

③ 我国现行《宪法》第 45 条第 1 款规定,中华人民共和国公民在年老、疾病或者丧失劳动能力的情况下,有从国家和社会获得物质帮助的权利。国家发展为公民享受这些权利所需要的社会保险、社会救济和医疗卫生事业。

④ 参见包子川、李初仕、陈光宇:《纳税人意识与依法治税》,载《税务研究》2003 年第 5 期。

为，纳税人观念应当包括“高度的角色意识、社会责任感和精神”。[①] “文化之于社会，不是外在的覆盖，乃是无孔不入的内在渗透。”[②]同时，税收领域的问题往往与整个社会的价值观念具有密不可分的关系，“财政不只是简单的技术或工具问题，而是塑造某种特定的现代经济、社会文化价值、公共官僚体制、特定的国家与社会关系的利器，与此同时，也塑造着这个国家的人民”。[③] 作为我国封建时期财政制度圣经的《盐铁论》就具有深厚的“义利之辨”的意识形态，[④]虽然我国建立起来了现代的财政制度，但是传统的“义利之辨”仍旧在一定程度上影响我国纳税人观念的树立。

综上，基于纳税人观念所包含的理性精神，结合我国目前纳税观念薄弱的现实情况，为了实现税收领域人格尊严保障的目的，借鉴消费者教育权理论，[⑤]我们认为，需要重视税收教育权的落实。夏勇先生指出，“只有社会成员对自己可以向公权者要求的东西或者公权者不得侵犯的东西有了感觉、认知和确信，他们才能对公权者享有权利”，[⑥]而在税法领域中，这个感觉、认知和确信的过程就需要通过税收教育权的落实来实现的。一般认为，税收教育权“是指纳税人享有获得有关纳税和纳税人权利保护方面的知识的权利。具体包括如下内容：(1)纳税人享有获得纳税密切相关的税收和税法方面的知识和信息的权利，以便纳税人能够比较透彻地了解自己的基本义务，清楚税收理念，实现国民从观念上形成自觉纳税的意识。(2)纳税人有权获得有关纳税人权利保护相关方面的法律知识，以便纳税人能够运用法律维护自身合法权益，增强对税收的认同感”。[⑦] 纳税人教育权既可以通过学校的学习得以实现，也可以通过税务机关的宣

---

① 杨力：《纳税人意识：公民意识的法律分析》，载《法律科学(西北政法学院学报)》2007年第2期。

② 毛云芳、林攀国：《现代税收文化内涵及其建设的再探讨》，载《税务与经济(长春税务学院学报)》2005年第1期。

③ 李炜光：《财政何以为国家治理的基础和支柱》，载《法学评论》2014年第2期。

④ 参见蓝元骏：《租税国家与财政宪法：对照〈盐铁论〉与〈租税国危机〉》，台湾大学2009年博士学位论文，第65~76页。

⑤ 参见应飞虎：《我国食品消费者教育制度的构建》，载《现代法学》2016年第4期。

⑥ 夏勇：《中国民权哲学》，生活·读书·新知三联书店2004年版，第236页。

⑦ 方赛迎：《人性维度的纳税人权利法律保护新探》，载《安徽大学学报(哲学社会科学版)》2006年第3期。

传得以落实。胡水君教授就旗帜鲜明地指出，我国法治社会尚未完全形成，为了实现法治中国的目标，我国需要加强法治道德和政治两个维度的建设。[①] 可以毫不夸张地说，税收教育权的落实是实现法治道德和政治两个维度建设的最佳模式。

三、法律议论：税收基本法的立法模式

一般认为，我国目前的立法体制是行政主导型，其具体表现是"国家立法行政化、行政立法部门化、部门立法利益化、部门利益合法化及其立法中的部门保护主义和地方保护主义"。[②] 由于税收体现了国家和纳税人之间的关系，故而在现行税收立法中国家主义色彩和行政主导尤其严重。为了树立纳税人观念，在制定税收基本法之时应当转变立法模式，以法律议论的立法模式替代行政主导的模式。

（一）规制科学：税收基本法立法模式抉择的基础

传统观点认为，政策的制定建立在科学理论的指引下，基于详尽的数据材料，并且能够完全契合所在社会的背景，而其结果也理所当然能够完美地实现其政策目的。而对于一项制度没有取得预期效果的大多数时候，也归咎于制定政策之时考量不周：要么是没有科学的理论指导，要么是调研统计分析不全面，抑或是脱离本土文化背景。[③] 上述的认识无疑富有洞见，对于完善我国法治建设具有非常重大的理论和实践意义。但是上述所有观点都具有一个共识，那便是认为无论理论基础、数据材料抑或是文化背景这些影响政策制定和法治建设的因素，都是能够为研究者、立法者所提前了解和知晓的，起码是可以通过充分的调研和学习所掌握的。事实果真如此吗？也许从长远来看，人类的认知能力是无限的，但是在一定的时间之内，人类的认知能力无疑是具有极大的局限性的，即在政策制定或者立法的过程中，制定者和立法者往往不能完全掌握所需规制对象的规律及其相关证据。并且这样的局面应当是常态的，甚至是所有的政策及法律制定都需要面临的问题。如何破解这一问题就成为关乎政策和

---

① 参见胡水君：《中国法治的人文道路》，载《法学研究》2012 年第 3 期。

② 周承娟：《基于税权的税收征纳关系探析》，载《税务研究》2010 年第 5 期。

③ 参见凌斌：《中国法学时局图》，北京大学出版社 2014 年版，"序言"。

立法有效性的重要前提。这一问题最开始被发现是由于人们在面对诸如生态、环境和公共卫生领域规制之时,所遭遇的技术性难题,即生态、环境和公共卫生的科学标准为何?现实的窘境呼唤理论的回应,规制性科学理论便应运而生。“规制性科学指在有限的时间内,根据极有限的、具有不确定性的科学证据、甚至是灰色文献,针对与科学有关的社会问题出台相关的标准和政策,具有显著的‘任务导向’特点。它尤其关注从实验室到科学政策之间那段不为常人所知的博弈过程。”[①]由此可见,规制性科学在专业领域较强的学科运用空间较大,财税法无疑具有极强的经济科学的专业要求,也带有明显的民主与专业平衡的问题。[②] 所以,税法的制定不可能一劳永逸,而只能是在不断的调整中回应现实的需求。

当然,我国税收基本法立法模式的抉择基础除税法本身所具有的规制科学的特征外,还有民主等一般参与式立法的共同原因,但是由于一般参与式的立法原因和理论基础已经有了相当多的研究,[③]所以本书仅论述规制科学对于税收基本法立法模式抉择的影响,但是并不意味着这是唯一原因。

(二)法律议论立法模式的具体机制

法律议论本来是一种法律研究的方法,其主要是针对传统法学研究中注重结构和功能的分析而质疑,从而形成的新研究方法,主张“聚焦沟通行为,立足于主观间性和话语博弈,建立一个兼顾沟通、程序以及权利共识指向的理论体系”。[④] 我们认为,以“程序—沟通—共识”为一体的法律议论也能指导立法,并成为一种立法模式。即建立科学合理的立法程序,在立法程序之下相关利益主体进行充分沟通,从而达成共识,而该共识就是最终的法律。有学者将交往理性运用到了法律发现机制之中,[⑤]建

---

① 韦敏、蔡仲:《规制性科学视角下我国PM 2.5标准制定中的“反向规制”》,载《科学学研究》2016年第11期。

② 参见徐阳光:《民主与专业的平衡:税收法定原则的中国进路》,载《中国人民大学学报》2016年第3期。

③ 参见佟吉清:《论我国立法公众参与的法理基础》,载《河北法学》2002年第5期;方世荣:《论行政立法参与权的权能》,载《中国法学》2014年第3期。

④ 季卫东:《法律议论的社会科学研究新范式》,载《中国法学》2015年第6期。

⑤ 参见王进文:《“人的尊严”义疏:理论溯源、规范实践与本土化建构》,载《中国法律评论》2017年第2期。

立“以程序要素为核心的法律商谈”[1]就是其具体表现。如此一来，经过法律议论模式而形成的法律规范必然体现民主性与科学性的结合，该模式生成之税法也就当然有助于树立纳税人观念。

首先，建立科学合理的程序。法律议论之下的程序并非是指税收征管程序而主要是指税收立法程序。基于社会国特征和规制科学原理而形成的回应型税法必然是以程序为主体的税法。英国著名右翼学者基恩就认为，社会的存在和发展有赖若干的程序保障。[2] 德国后现代著名哲学家哈贝马斯曾经富有洞见地指出，“立法的合法化负担从公民资格转移到了商谈性意见形成和意志形成过程的法律上建制化了的程序”。[3] 我国台湾地区著名财税法学家葛克昌教授就曾经强调财政政策立法程序的重要性，并且指出程序失当是导致现代税收国家危机的重要原因，“在代议多元化民主政治之正常与不正常的发展下，由于在程序上失去均衡，至决策立法之过程受损，在权力政治之作用之下，而走向国家任务膨胀之趋势已日益严重”。[4] 对此，有学者早有先见之明，针对我国税负过高的争论，提出了关键不是税率而是程序的著名论断。[5] 所以，法律议论式立法首先要求建立科学合理的程序。

其次，建立充分沟通的机制。无论如何解释税收和税法，其对于纳税人最直观的感受便是财产损失，而这是造成税收遵从度低的直接原因。然而，无论是在自由国还是社会国之下，税收都是不可避免的，其是政府赖以运行的基础，亦是文明的对价。既然税收是必须且不可避免的，那么对纳税人来说最关心的事情就是纳税人与国家之间的税收公平以及纳税人之间的税收公平问题。即国家应当征收多少税款，以及这些税款在不同纳税人之间应当如何划分的问题。有学者在考察中西方税制历史之

---

① 侯卓：《财税法功能的“法律性”解构》，载《财经法学》2017 年第 1 期。

② 参见陈弘毅：《法理学的世界》，中国政法大学出版社 2013 年版，第 258 页。

③ ［德］哈贝马斯：《在事实与规范之间——关于法律和民主法治国的商谈理论》，童世骏译，生活·读书·新知三联书店 2011 年版，第 159 页。

④ 葛克昌：《租税国危机及其宪法课题——财税改革之法律基础》，载《台大法学论丛》1991 年第 2 期。

⑤ 参见季卫东：《曹德旺现象，症结不在税率高低》，载腾讯网，https://cul. qq. com/a/20161226/022346. htm。

后，认为专制主义导致传统赋税基本理论的独立性丧失，并且不注重征税的正当性及其理由的论证。① 法律议论模式下的税收基本法制定应当在程序保障的基础上建立起相关主体沟通的机制，从而让相关主体充分表达其利益诉求，即呼应税收本来应当在讨价还价之中诞生并发展民主制度的历史经验。② 德国著名哲学家康德就将理性的公民经过充分讨论沟通之后是否同意，作为法治国家中法律正当性的重要标准。③ 如此，一方面可以提高立法的科学性和民主性，另一方面凸显了纳税人本位的现代纳税人观念。当然，税收立法中已经有了一定的尝试，如我国首次立法听证会就是在2005年《个人所得税法》工资薪金扣除标准讨论之时。④

最后，通过程序保障之下的充分沟通取得社会共识。包括税法在内的现代法律不应该仅仅是社会某一个阶层意志的反映，而应当是社会最大多数人的共识。虽然税法在最终和应然层面表现为权利保障法，但是在直观层面却是侵权法，为了树立纳税人观念就必须要让税法的规定成为社会共识，抑或是只有成为社会共识后才能上升为税法。因为“一个自由人只有在把征税目的看作是为了创造最终和谐，才能化解税收与个人自由之间的冲突”。⑤

第二节 树立纳税人观念与税收实体法的完善

前文提到了如何通过制定税收基本法促进我国税法的转型来树立纳税人观念，一方面，我国税收基本法在短期内制定的可能性并不大；另一方面，即使我国在未来制定出台了税收基本法也不能完全解决我国税法领域存在的问题。所以，树立纳税人观念还需要完善我国现行的税收实体法。

① 参见顾銮斋：《中西中古税制比较研究》，社会科学文献出版社2016年版，第87页。

② 参见季卫东：《杂谈“有产政府”思路对税制的影响》，载季卫东：《法制的转轨》，浙江大学出版社2009年版。

③ 参见陈弘毅：《法理学的世界》，中国政法大学出版社2013年版，第240页。

④ 参见刘剑文等：《财税法总论》，北京大学出版社2016年版，第103页。

⑤ [美]理查德·A.马斯格雷夫、艾伦·T.皮考克主编：《财政理论史上的经典文献》，刘守刚、王晓丹译，上海财经大学出版社2015年版，第52页。

一、税收法定的确立

(一)确立税收法定原则的背景

与税收产生的历史规律相一致,我国税收亦是随着国家的产生而产生的。但在封建专制主义之下,不可能形成现代意义上的税收法定原则。对于封建专制主义时期我国法律的现实情况,著名宪法学者王人博先生和法理学者程燎原先生曾经以面团为例予以说明。中国古代的法律就像皇帝手上一块软绵绵的面团,其呈现何种形状完全由皇帝本人意愿决定,可以随时改弦易张。[①] 我国古代总体而言税负相对较低,而税收对于民众来说并非其所关心的大事,民众一般能够缴纳大部分税赋,而官员往往也能接受民众只缴纳部分赋税的事实。同时,当民众和官员对于税收的数量和计税方式产生争执之时,也并非严格按照法律,而往往通过谈判并最终以妥协的方式予以解决。[②] 在专制主义时期,税法的执行以及其实际效果都不依赖税法的具体规定,而是在于统治者。当掌握政权的是德才兼备之人,政府的资金往往会自然而然地充足殷实,而财政腐败往往也与统治者本身的无能成直接正相关性。[③] 这和我国古代法律的执行是一致的,由此可见,我国古代没有形式意义上的税收法定,而实质意义上的税收法定就更是无从谈起了。所以,有学者指出,传统的农业文明导致政治上的无为而治、社会关系的家族制以及人与人之间的差序格局,这些都严重影响了现代纳税人观念的树立。[④]

1985年4月10日,在第六届全国人大三次会议上通过了全国人民代表大会《关于授权国务院在经济体制改革和对外开放方面可以制定暂行

---

① 参见王人博、程燎原:《法治论》,山东人民出版社1998年版,第113页。

② 参见[美]王国斌:《转变的中国:历史变迁与欧洲经验的局限》,连玲玲、李伯重译,江苏人民出版社2008年版,第189页。

③ 参见黄仁宇:《十六世纪明代中国之财政与税收》,生活·读书·新知三联书店2015年版,第454页。

④ 参见刘怡、杨长湧:《中国传统文化与纳税人意识》,载《北京大学学报(哲学社会科学版)》2006年第3期。

的规定或者条例的决定》,[①]国务院基于该决定制定了一系列的税收暂行条例并在事实上成为我国税收法律法规体系中的核心。

笔者认为,基于我国税收空白授权立法的现状,一方面,导致纳税人对于税收法定的认识存在制度性障碍;另一方面,由于税法合法性的先天不足也影响了我国的税收遵从度。无论哪一方面都会影响我国纳税人观念的树立。

(二)确立我国税收法定原则的路径

我国税收立法领域广泛存在的空白授权立法行为可以解释为,在改革开放初期基于国家法治建设的不足而作出的无奈之举,其带有浓厚的先行先试及总结经验的目的。但是,随着我国经济社会的发展,在税收立法经验已经较成熟的当下,税收立法的空白授权日益引起学术界和实务界的关注。学术界关于税收法定的文章不胜枚举,可以毫不夸张地说,只要研究税收制度和财税法学的学者都或多或少在这一问题上发表过自己的看法。而实务界对这一问题关注的代表性事件便是2013年有32名全国人大代表联名要求全国人大废除1985年的授权决定,从而收回授予国务院的税收立法权。[②]

当然,税法本身规范存在的合理性也是我国税收法定原则必须解决的现实性难题之一。所以,我国税收法定原则的确立必须解决两个问题,而这两个问题的解决本身又存在交叉和矛盾之处。第一个问题为收回税收授权立法的路径;第二个问题为税法形式法治与回应性法治之间冲突的协调。

1. 收回税收授权立法的路径

我国2015年修订的《立法法》将“税种的设立”“税率的确定”“税收征收管理”明确为立法保留事项以试图树立税收法定的形式法治一面。但是其面临的现实问题是全国人大1985年的授权决定尚未废除,而国务

① 全国人大常委会曾经在1984年9月18日授权国务院在实施国营企业“利改税”和改革工商税制的过程中拟定有关税收条款,并以草案的方式发布施行。一方面,由于基于1984年授权决定的税收暂行条例草案已经全部废除;另一方面,2009年第十一届全国人大常委会也已经废除了1984年的授权决定,故而在此不将其作为我国现行税收授权立法的规范性依据。

② 陈宝成:《人大代表建议税收立法权收归全国人大》,载财新网,http://china.caixin.com/2013-03-08/100498865.html。

院基于授权决定所制定的税收暂行条例依旧在实施，基于暂行条例的各种实施细则更是层出不穷。基于现实考量以及结合《贯彻落实税收法定原则的实施意见》，我们认为，收回税收授权立法的路径应当是渐进式的。即先由全国人大常委会按照税种的特点以及实践经验的积累情况，分别将目前是暂行条例的税收行政法规上升为法律，而一旦上升为法律之后，该暂行条例就相应地自然废除，同样，该暂行条例的实施细则等也理所当然被废除。等到目前由国务院制定的所有税收暂行条例都上升为法律后，全国人大再宣布废除1985年的授权决定。还有一个十分重要的问题是，即使税收暂行条例上升为法律，也并不意味着行政机关在实施税法时完全处于被动地位，不可避免地需要制定实施细则。而根据我国行政法治的经验，在税收征管实践中极容易出现实施细则代替税法的情况。所以，新上升为法律的税法必须要对实施细则制定的条件、允许解释的范围以及权限作出明确规定。①

2. 从立法保留到法律保障：形式法治和回应性法治的协调

基于我国税收法治发展的自由国和社会国相重合的现实，必然要求在确立税收法定原则之时注意协调形式法治和回应性法治的冲突。其中，协调的路径其实来自本章第一节分析的税收立法模式的变革，通过以“程序—沟通—共识”为具体机制的法律议论式的立法。其制定的规范必然能够在实行形式法治的同时，亦能最大限度地回应社会现实。因为将税收暂行条例上升为法律本身就是形式法治的要求，而法律议论所内含的“沟通”以取得“共识”的机制则能最大限度地听取和反映相关主体的利益诉求，从而实现回应性的要求。而基于法律议论而制定的税法对于纳税人权利保障也不再是法律保留这种仅具有形式法治的模式，而是法律保障这种兼具形式法治和回应性法治的模式。因此，法律保障的税收法定模式能够有力地回应自由国与社会国重合下树立纳税人观念的要求。

---

① 参见熊伟：《法治、财税与国家治理》，法律出版社2015年版，第241页。

二、税权的合理划分

一般认为,税权有广义和狭义之分,广义上的税权包括国家的税权和国民的税权,而狭义的税权仅仅包括国家的税权。[①] 狭义上的税权即国家的税权可以进一步划分为税收立法权、税收征收管理权和税收使用权。由于国民税权主要涉及税收领域国家与纳税人之间的关系,所以相关讨论可参见第四章第一节和本章第一节的相关内容。此处主要讨论国家税权的合理划分问题。一方面,由于在国家税权中税收立法权是其中最重要的权力,而税收立法权目前高度集中于中央;另一方面,地方政府享有一定程度的税收征管权和使用权。[②] 所以,我国税权合理划分的现实语境应当是授予地方一定程度的税收立法权。

1994 年之后,我们实行的“分税制”相对之前的财政包干制有很大的进步意义,在一定程度上建构起了现代国家的中央与地方关系。但是现行的“分税制”仍然表现为税权集中于中央,“这种过度集中的税权管理模式,很难符合中国各地复杂的经济情况和千差万别的税源状况,不利于地方政府事权和财权的统一,也不利于地方政府利用税收调控地方经济的健康发展”。[③] 从税法的回应性和我国社会现实情况出发,赋予地方税收立法权具有正当性,并且基于公共产品供给的层次性从而使其最终有利于树立纳税人观念。

(一)地方税权正当性证成

1. 完善地方政府职能从而提升其提供公共产品的能力

财政是国家治理的基础和重要支柱,而在税收国家中税收应当是财政收入的绝对主体,所以在某种意义上税收(包括税收的征纳、支出和监

---

① 参见张守文:《财税法学》,中国人民大学出版社 2014 年版,第 148 ~ 150 页。

② 虽然第十三届全国人大第一次会议通过了合并国税和地税的改革方案,其具体的方案尚未完全公开,但是明确了合并之后实现以国家税务局为主与省人民政府的双重领导体制,由此可以推断,地方政府依旧享有部分税收征收权。参见陈永乐:《国务院机构改革:国税地税机构合并,实行双重领导管理体制》,载新浪网,http://news. sina. com. cn/o/2018 - 03 - 13/doc - ifysfiuf9599569. shtml。

③ 朱大旗:《“分税制”财政体制下中国地方税权问题的研究》,载《安徽大学法律评论》2007 年第 2 期。

管)就是国家治理的基础和重要支柱。税法作为与宪治连接最紧密的体现治国理政功能的公共财产法,其是完善政府职能的重要前提,同时也是政府提供公共产品的经济基础。在不同宪治模式之下,政府的职能和提供公共产品的范围不同。在古典宪治主义时代,宪治最主要的甚至是唯一的目的就是限制政府的权力,只要政府的权力得到有效限制,那么人民的权利就会得到保障,政府只需要提供国防、司法和外交等公共产品,此时的税法就处于形式法治阶段。当环境、发展等社会化问题大范围的出现时,古典宪治主义也就被"新宪治论"所替代,"新宪治论"的核心观点是现代社会所要求的政府必须是"既受到制约的,又是能动进取的"。[①] 我们现阶段所推行的以"简政放权"为核心的政府职能转变并不是单纯为了限制政府权力,一是为了划清政府和市场乃至社会的关系以限制政府权力;二是只有政府从一些烦琐的本来不需要政府作为的事务中抽身出来,才能将有限的人力和物力用到需要政府积极作为的领域。所以税收法律制度必须回应我们转型时期的政府职能需要,赋予政府一定的税收立法权限以提供公共产品。同时,由于公共产品可以分为地方和中央两级,并且在实际生活中公民往往首先需求的是地方公共产品,所以基于"完善地方政府职能从而提升其提供公共产品的能力"的考虑,应当给予地方一定的税收立法权限。

2. 应对地区之间的资源分布和经济发展不均衡的现实情况

我国幅员辽阔导致了地区之间无论是在自然资源的分布还是经济发展状况方面存在不均衡的情况。同时,我国经济上属于发展中国家,政治上属于发展型国家,在此背景下国家和地方政府对于发展的任务就显得十分的迫切。"集中力量进行社会主义现代化建设"被写入现行《宪法》的序言就是这一时代背景的宪法回应。中央和地方政府对发展经济各有其职责范围,中央负责全国性的分配和宏观经济发展,而地方负有结合本地实际来调整资源分配和经济发展的重任。税法为了回应这一现实,可以将一些明显带有地方区域特点、税基较小、税源比较分散的税种立法权授予地方。只有地方享有一定范围的根据本区域资源分布和经济

---

① [美]斯蒂芬·L.埃尔金、卡罗尔·爱德华·索乌坦:《新宪政论——为美好的社会设计政治制度》,周叶谦译,生活·读书·新知三联书店1997年版,第39页。

发展境况而确立的税收立法权才能回应资源分布和经济发展不均衡的问题。

3. 完善我国财政制度,解决地方财政困境

无论是认为1994年“分税制”直接带来了地方政府日益依赖土地财政、地方债务面临失控、地方以费收税的情况,还是认为“分税制是一个理性化的制度变革,其建立了中央和地方之间关系的稳定互动框架,而以土地为中心的城市扩张模式是这次改革的意外后果”,①都不能否认现在地方政府所面临的财政困境在很大程度上是由于地方政府缺乏相应的税收立法权所造成的。为了回应这一现实,就应当在一定范围内赋予地方税收立法权限,通过地方税收立法权解决当前地方政府的财政困境从而完善我国的财政制度。

(二)地方税权建构的设想

1. 制定地方税法

前文论述了基于税法的回应性赋予地方税收立法权的正当性,但是地方政府立法权制度建构的模式是一个值得重视的问题——是由地方自主决定还是由中央统一规定?我国《宪法》规定的单一制国家结构形式以及我国税法面临形式法治和回应性相耦合的发展阶段,通过全国人大制定地方税法而地方人大及其常委会在地方税法所规定的原则、条件、范围之下制定地方税收条例是一种现实可行的模式。如此,一方面,通过中央制定的地方税法既保障了中央宏观调控的能力,同时也在一定程度上规范了地方税收立法权的行使从而减少亨廷顿所论述的转型国家腐败高发的问题;另一方面,赋予地方在地方税法下制定税收条例的权力,可以回应地方政府所面临的日益复杂且具有区域特性的收入分配、经济发展等社会化问题,也能解决土地财政、地方政府债务危机、以费收税等问题。

地方税法应当规定地方行使税收立法权之时必须受到一定的限制。其一,行使主体的限制,根据我国的现实考量,地方税收立法权的享有主体应当是省、自治区、直辖市的人大及其常委会而不应当是政府。其二,

① 孙秀林、周飞舟:《土地财政与分税制:一个实证解释》,载《中国社会科学》2013年第4期。

地方行使税收立法权不得形成贸易壁垒、不得妨碍全国统一市场的形成。其三,不得侵蚀中央税源,不得影响国家宏观调控。

2. 制定税收优惠法

无论是中央直接立法的税种还是地方根据地方税法在一定范围内行使立法权的税种,它们在具体的实施过程中都涉及税收优惠的问题。地方政府行使税收优惠权从某种角度上正是为了回应各区域具体问题的需要,所以单纯地清理税收优惠的道路由于不符合税法的回应性是不现实的。现实的路径选择应当是对税收优惠进行法治化和规范化,这样既满足税法形式法治的要求又能实现其回应性,符合我国税收法治的现状。而新制定的税收优惠法应当接受来自量能课税原则、比例原则、法定主义的评估。①

3. 其他地方税收立法权限

对于属于地方税法规定的税种,地方政府享有较完整的税收立法权,同时对于不属于地方税法规定的而应当由中央统一立法的税种,地方政府依然享有一些税收立法权限。第一,对于应当由中央统一立法并由中央享有的税种,地方政府对此的立法权限极小,主要集中在一些征收方式等非基本程序之上。第二,对于应当由中央统一立法并由中央和地方共享的税种,可以赋予地方一定幅度内的税率确定和税收减免的权力。第三,对于应当由中央统一立法并由地方享有的税种应当分情况对待,如税源广、税基稳定的税种则地方只享有一定幅度内的税率确定和税收减免的权力,其他税种则可以授权地方在中央立法的框架之内制定实施细则,同时实施细则必须报全国人大常委会备案。当然,地方所享有的这些立法权限除要受到中央关于该税种立法的制约外,还要受到税收优惠法的约束。

4. 其他配套制度

最重要的就是根据《预算法》的规定,稳步推行全口径预算,只有如此才能保证地方税收立法权真正实现税法治国理政的回应性。具体而言,需要做好政府公共预算、国有资产经营预算、社会保障预算之间的衔接关

---

① 参见熊伟:《法治视野下清理规范税收优惠政策研究》,载《中国法学》2014 年第 6 期。

系;需要加强人大对于重大事项的审批权等。

三、税负的结构优化

税负,是指纳税人的税收负担,从国家的角度即为国家应该从社会汲取的财政总额,而从纳税人的角度则是其财产的“损失”情况,其是国家和纳税人关于社会财富划分最直接的指标。故而,现实社会的税负总量如何以及如何分布无疑都深深地影响了纳税人观念的树立。

(一)我国税负结构的现状

一般认为,一个国家的税负结构包括两个方面的内容,一是总体的税负状况,二是税负在行业之间、区域之间、阶层之间的分布情况。与我国税收法治现状不佳相一致,我国税负结构在这两个方面都存在一定的问题。由于本书的第一章已经详细地说明了我国目前总体税负偏高的现状。所以,下文将主要分析我国税负在行业、区域和阶层之间的分布现状。

1.行业之间税负分布不尽合理

基于各个行业的利润水平不同以及国家基于宏观调控的需要而对各个行业之间的态度也存在较大差异的缘故,行业之间税负的差异本来就是税法的应有之义。但是,我国目前行业之间的税负差异却远非行业特征和国家宏观调控可以解释的,其实质上已经偏离了税法量能课税原则之要求,形成了税负行业分布不尽合理的现实。通过表5-1,我们可以发现,我国第一产业的税负较低,这主要是基于第一产业本身占国民经济的比重较低且我国在2004年之后取消了农业税的缘故。我国行业之间税负分布不合理主要表现在第二产业和第三产业的税负问题上,通过表5-1和表5-2我们可以发现,第二产业的税负除东部地区个别年份外都高于第三产业,而这与第三产业本身的快速发展不相适应。这主要是由于我国对第三产业一般都实行较低税率,而作为我国主体税种的流转税又主要向第二产业征收。[①] 于是,基于我国税制的安排,形成了第二产业和第三产业之间税负分布不尽合理的情况。

① 参见张怡等:《衡平税法研究》,中国人民大学出版社2012年版,第77~78页。

表 5－1　我国各行业之间的宏观税负①

年份	第一产业			第二产业			第三产业		
	税收（亿元）	GDP 增长率（%）	税负	税收（亿元）	GDP 增长率（%）	税负	税收（亿元）	GDP 增长率（%）	税负
2001	14.2	缺	0.091	8489.3	缺	17.15	6407.2	缺	14.36
2002	6.3	4.66	0.039	9598.5	8.86	18.29	6768.2	12.48	13.48
2003	4.8	5.11	0.028	11,844.2	15.84	18.97	8142.8	12.19	14.46
2004	4.7	22.78	0.022	15,002.2	18.37	20.3	10,181.6	15.45	15.66
2005	0.3	10.09	0.001	14,404	17.78	16.55	6372.7	12.23	8.73
2006	12.0	4.20	0.05	22,014.8	18.51	21.34	16,249.6	16.11	19.18

① 参见伍红：《优化我国宏观税负结构的思考》，载《企业经济》2007 年第 12 期。

2. 区域之间税负分布不尽合理

我国在改革开放之后经济取得了令世人瞩目的成绩，但是这些成绩是在"让一些地区先富起来"的策略之下取得的，由此导致了我国区域之间发展的不平衡。经济发达地区在经济基础、人才储备以及政治资源上都具有明显优势，故而区域之间发展的不平衡日益呈现扩大趋势，由此导致"强者越强、弱者越弱"的局面。根据税收公平和量能课税原则的要求，经济实力越强的地区应当承担越多的税负，反之，经济实力越弱则税负越小。通过表5－2的数据发现，我国东部地区的确税负最高，因为其经济实力最强大。然而，西部地区的税负却因为其产业较落后导致的价格"剪刀差"和税收"剪刀差"致使其税负高于中部地区，形成了我国税负区域之间分布的不尽合理。

表5－2　东部、中部、西部地区第二产业、第三产业税负①

单位：%

地区	第二产业税负						第三产业税负					
	2003年	2004年	2005年	2006年	2007年	2008年	2003年	2004年	2005年	2006年	2007年	2008年
全国	19.0	20.3	20.6	21.1	21.9	22.3	14.5	15.8	16.8	19.1	22.8	23.7
东部	19.9	20.3	20.2	20.2	20.9	21.6	17.8	19.1	19.7	21.6	27.1	28.4
中部	14.2	14.8	14.9	15.3	15.3	15.5	7.6	8.1	8.6	9.4	10.6	11.2
西部	17.9	18.3	18.1	18.3	19.2	20.1	9.9	10.5	11.3	12.7	14.0	14.9

3. 阶层之间税负差异较大

我国税负除在行业之间、区域之间分布不合理外，还在阶层之间存在同样问题。税负阶层之间分布不合理，是指税负违背了量能课税原则的基本内涵：具有较高经济实力的人承担较高税负，反之，较低经济实力的人承担较低税负。从表5－3可以看出，我国无论是东部、中部、西部还是最发达的东部直辖市，纳税人之间税负的差距都较明显。然而这种差距却带有明显的不合理，即由于税制设计以及高收入者税收筹划等原因导

① 参见张伦俊、李淑萍：《规模以上工业企业的行业税负研究》，载《统计研究》2012年第2期。

致低收入群体往往承担了较高税负，我国个人所得税沦为“工薪税”便是其典型体现。①

表5－3　我国区域之间的税负差泰尔指数②

年份	东部区域③	中部区域④	西部区域⑤	东部直辖市⑥	东北三省⑦
1994	0.0134	0.0136	0.1078	0.0091	0.0042
1995	0.0122	0.0139	0.0937	0.0062	0.0040
1996	0.0254	0.0131	0.0914	0.0117	0.0049
1997	0.0365	0.0120	0.0732	0.0157	0.0045
1998	0.0343	0.0128	0.0749	0.0149	0.0022
1999	0.0477	0.0086	0.0610	0.0205	0.0011
2000	0.0614	0.0079	0.0517	0.0174	0.0011
2001	0.0393	0.0061	0.0338	0.0087	0.0036
2002	0.0392	0.0083	0.0331	0.0075	0.0026
2003	0.0385	0.0100	0.0292	0.0127	0.0047
2004	0.0357	0.0157	0.0292	0.0117	0.0079
2005	0.0284	0.0289	0.0270	0.0088	0.0091
2006	0.0261	0.0276	0.0267	0.0073	0.0079
2007	0.0322	0.0283	0.0245	0.0168	0.0118
2008	0.0288	0.0384	0.0282	0.0157	0.0090

① 参见陈业宏、曹胜亮：《个人所得税法实质正义的缺失考量——以纳税人家庭经济负担为视角》，载《法学杂志》2010年第5期。

② 参见姜朋等：《我国区域间税负水平差异空间分布特征及分析》，载《税务研究》2017年第6期。

③ 所统计的东部地区包括河北、山东、江苏、浙江、福建、广东。

④ 所统计的中部地区包括山西、河南、安徽、江西、湖北、湖南、海南。

⑤ 所统计的西部地区包括陕西、甘肃、宁夏、青海、新疆、西藏、云南、贵州、四川（含重庆）、内蒙古、广西。

⑥ 所统计的东部三大直辖市为北京、天津和上海。

⑦ 所统计的东北三省为黑龙江、吉林、辽宁。

续表

年份	东部区域	中部区域	西部区域	东部直辖市	东北三省
2009	0.0273	0.0371	0.0269	0.0257	0.0108
2010	0.0248	0.0362	0.0236	0.0153	0.0165
2011	0.0221	0.0347	0.0204	0.0195	0.0075
2012	0.0204	0.0290	0.0185	0.0267	0.0093
2013	0.0202	0.0213	0.0163	0.0319	0.0054
2014	0.0226	0.0190	0.0183	0.0371	0.0025

(二)我国税负优化的路径

1.税制结构优化

税制结构是在一个国家的税收制度之中,所有税种之间的关系。[①] 税制结构对于树立纳税人观念具有非常重要的作用,因为即使社会总体税负相同,而税制结构不一致也会对纳税人的权利、“税痛”造成不同的影响。

税制结构有许多种分类,但是最常用也是对树立纳税人观念影响最大的莫过于直接税和间接税的比重问题。直接税和间接税的划分是由法国学者魁奈提出并由英国学者穆勒完善的,其以税负是否能够转嫁作为区分的标准。[②] 由于直接税的税负不能转嫁故而其纳税人的“税痛”感明显,加之在直接税的规范设计中都会将承担税负的人(负税人,此时纳税人与负税人是一致的)作为其法律关系的当事人从而明确规定其法律地位,故而以直接税为主体的税制结构容易树立纳税人观念。而间接税可以通过转嫁税负从而使负税人(此时纳税人与负税人是不一致的)对于所承担的税负几乎没有感觉,同时在其法律规范的设计上往往也没有明确其法律地位,即被排除在具体的税收法律关系之外,故而以间接税为主体的税制结构不利于树立纳税人观念。[③]

① 参见马国强:《税制结构基础理论研究》,载《税务研究》2015年第1期。

② 参见张守文:《财税法学》,中国人民大学出版社2014年版,第113页。

③ 参见[日]北野弘久:《日本税法学原论》(第5版),郭美松、陈刚译,中国检察出版社2008年版,第25页。

毫无疑问，我国税制结构是以间接税为主体的，[①]这种方式虽然在征收效率方面具有相当的优势，但是如前所述，不利于我国纳税人观念的树立，所以我国应当通过渐进式改革实现从以间接税为主到以直接税为主的税收结构。具体措施包括通过扩大增值税和消费税征税范围、降低增值税税率、提高消费税税率来降低间接税的比重；通过完善企业所得税、个人所得税、房产税以及开征社会保障税来提高直接税的比重。[②]

2. 税负衡平

我国目前税收领域的价值偏差在很大程度上是由于改革开放之后实行的非均衡经济制度所导致的，非均衡经济制度对于在短期内迅速提升我国经济总量和经济实力具有极其重大的历史功绩，但是其也带来了社会分配不公的现实，其中表现在税收领域就是本节前面所提到的税负分布不合理现象。基于我国经济制度的现实以及税法的现状，有学者创造性地提出了衡平税法的理念，衡平税法理论，是指“衡平权利（权力）和经济资源初始配置，进而达致社会财富公平分配的税法理论”。[③]

优化税制结构虽然对于解决我国目前的税负分布不合理问题具有十分重大的意义，但是其主要是通过间接方式来实现这一目标的，而改变目前税负分布不合理现状最直接有效的方式便是税负衡平。具体而言，包括衡平区域之间税负水平、衡平行业之间税负水平以及促使社会各阶层税负公平分配等，从而实现缓解乃至于改变我国税负分布不合理的现实情况。[④] 税负分布不合理极容易让纳税人产生税收不公平以及偷税、漏税的想法，从而不利于树立纳税人观念，而通过税负衡平来实现税负的公平合理分布则有利于纳税人观念的生成和树立。

---

① 参见李宁：《我国间接税占全部税收收入比重过大 深化税制改革很紧迫》，载中国财经时报网，http://www.3news.cn/24hot/2017/0417/194034.html。

② 参见陈卫林：《衡平税法机理研究》，西南政法大学2013年博士学位论文，第185～199页。

③ 张怡等：《衡平税法研究》，中国人民大学出版社2012年版，“代序”第2页。

④ 参见张怡等：《衡平税法研究》，中国人民大学出版社2012年版，第84页。

第三节 树立纳税人观念与税收征管法的完善

葛克昌教授认为，基于“租税正当性考虑，应优先于财政需求或课征技术，唯有符合租税正当性之租税有多重，吾人加以选择时，始斟酌财政需求及课征技术”。[①] 我们认为，前文提到的部门法整合、税收基本法制定以及税收实体法完善在很大程度上都是在论证税收之正当性，故而在前文论证的基础上本节讨论具体的课征技术。然而，并不能认为《税收征收管理法》对于树立纳税人观念仅具有工具性价值甚至是不重要的。前文提到目前我国税收法定原则缺乏明确的宪法依据，短期内制定出台税收基本法的可能性并不大，所以在实践中《税收征收管理法》就成为我国现行税收领域的基本法。加之税法目标和价值的实现在很大程度上都体现在税收征管的实践中，所以《税收征收管理法》相对税收实体法而言，对于纳税人是一种看得见的正义和公平。为此，为了树立纳税人观念就必须对我国《税收征收管理法》进行审视和完善。

一、征纳互信机制的建立

（一）征纳互疑的现状

税收征管实践中的征纳互信，简而言之就是征税方和纳税方都具有税收信用，同时也相信对方的税收信用。根据相关学者的归纳，税收信用，一般是指用税主体、征税主体以及纳税主体“在认真履行职能和应尽的义务过程中所作出的承诺而表现出来的诚信”。[②] 在抽象的抑或是宪法上的税收关系中，用税主体和征税主体都是指国家，而用税主体和征税主体区分的意义仅仅在具体的征纳关系之中，由于本书主要从税收法治而非具体的税收征纳法律关系出发，论证树立纳税人观念问题，故而本书的征税主体包括狭义上的征税主体和用税主体。

现代国家一般将国家和税收的本质视为契约：个人无法在社会中保

---

① 葛克昌：《税捐实质正当性与违宪审查》，载葛克昌：《租税国的危机》，厦门大学出版社2016年版。

② 黄润良：《构建税收信用体系初探》，载《税务研究》2002年第7期。

全和发展自身，于是通过让渡一部分权利组成国家，而国家存在的目的在于最大限度地实现个人的自由和发展。在这一对契约关系之中，税收是其中介和纽带，纳税人通过缴纳税款来保障国家的正常运行。一方面，国家依赖税款来运行则不再进入经营领域，不与民争利从而实现保障纳税人财产权的目的；另一方面，国家通过税款的使用回应纳税人的权利诉求，从而保障社会国之下纳税人的人格尊严。基于契约关系，征纳双方本身应当具有高度信任，在税收征管中则应当建立起征纳互信的机制。如此，才能回归税收的本质要求，也方能树立纳税人观念。

理论上完美的税收征管必定是完美的互信过程，然后由于前文提到的我国税收法治存在的不足导致征纳互信在我国现实中较虚弱，而征纳互疑是我国税收征管的常态。从征税方角度，征税机关总是认为纳税人具有偷税、漏税和逃税的原始冲动和原罪，其在很大程度上不相信纳税人会依法诚信纳税。各地普遍对于税务稽查实行的目标设定和奖励制度，本身就是建立在认为纳税人不会依法诚信纳税的基本认识之上的。该制度认为，稽查局没有发现或者没有发现足够多的偷逃税案件并不是因为纳税人依法诚信纳税了，而是由于稽查局的工作存在失职或者至少是不够努力所导致的。从纳税方角度，我国民众对于基层政府特别是基层执法部门存在不信任的状态，认为其执法必定存在徇私或者“寻租”。而税收最直接的面向便是对公民财产权的“侵犯”，故而纳税人对征税方的不信任更加明显。

（二）征纳互信建立之理念转变

信用在我国不仅具有悠久的历史传统，同时在现代社会中其重要性更是越发凸显。[①] 基于信用在现代社会的重要性，我国开始从顶层设计来推动信用制度的建立。在党的十九大报告中就明确提出“推进诚信建设”；中共中央、国务院《关于加强和创新社会管理问题的意见》提出“建立健全社会诚信制度”；[②]党的十八届三中全会提出“建立健全社会征信体系”；党的十八大报告中则提出“加强政务诚信、商务诚信、社会诚信和司

① 参见罗培新：《善治须用良法：社会信用立法论略》，载《法学》2016 年第 12 期。

② 刘涛、朱燕：《统一适用标准　规范操作程序——〈关于公布失信被执行人名单信息的若干规定〉的理解与适用》（上），载《人民法院报》2013 年 10 月 16 日，第 8 版。

法公信建设”。我们认为,要建立我国征纳互信的机制首先必须转变相关理念。

1. 税务行政中树立为纳税人服务的观念

征纳互信并不是一个简单的税收征纳技术性问题,而是根植于税收法治乃至于现代宪治民主之中的问题。所以一般都从政治学或者宪法学角度认为,行政机关(国家)与纳税人之间关系的现状是导致征纳互疑的根本原因,而主张从民主、法治和转变行政机关作风的角度,在理念上树立征纳互信的观念。① 的确,基于税收作为连接国家和纳税人之间关系的定位,以及前文论证过我国应当在税法领域树立纳税人本位的观念,税收征管中征纳互信机制的建立首先就应当是转变国家主义和行政主导的观念,从而在具体的征管实践中树立为纳税人服务的观念。如此,方能从根本上排除阻碍征纳互信机制建立的障碍,也才能够树立纳税人观念。

2. 树立惩罚威慑与正向激励相结合的观念

即法律片面强调通过事先的预设威慑力和事后的惩罚所带来的社会威慑力来保障其实施。当然,害怕法律的惩罚的确是守法的重要因素,甚至在一定时期内是最主要的因素。但是,如果仅仅是基于惩罚的威慑而被遵守的法律,一方面,必然在很大程度上不符合现代法治和宪治的要求;另一方面,基于威慑而被遵守的法律将会导致遵从度不高的现实,因为一旦有机会,人们可能会选择规避甚至直接违反法律。所以,仅仅是基于威慑而形成的税法,在征管实践中是极难实现征纳互信的,也就完全不可能实现树立纳税人观念的目的了。

所以,为了实现征纳互信并最终在税收征管中树立纳税人观念就必须转变税收征管的具体观念。一言以蔽之,就是变单纯地依靠惩罚而形成的威慑力为树立惩罚威慑与正向激励相结合的观念。一方面,通过加大税收稽查力度,对税收违法行为进行一如既往的高压态势以保障通过惩罚的威慑来阻止其偷税、漏税或者逃税;另一方面,则通过对税收信用良好的企业和个人实行一定的正向奖励,从而激励纳税人主动积极地诚信纳税。惩罚威慑与正向激励相结合的观念改变了单纯将纳税人视为税

① 参见蔡昌:《税收信用缺失的根源及治理制度设计》,载《税务研究》2014 年第 11 期。

收征管客体的做法，从而有利于实现纳税人本位的理念，并最终有利于树立纳税人观念。

（三）征纳互信建立之具体措施

在征纳互信法制建设方面，对于纳税人信用我国颁布了《纳税信用管理办法（试行）》（部分失效）、《重大税收违法案件信息公布办法（试行）》（已失效）、国家税务总局《关于明确纳税信用补评和复评事项的公告》、国家税务总局《关于完善纳税信用管理有关事项的公告》等法律规范。而在税务机关信用方面也颁布了国务院办公厅《关于推进重大建设项目批准和实施领域政府信息公开的意见》和《税务监察暂行规定》等法律规范。这些法律法规在树立征纳互信机制的具体措施上都进行了积极探索。我们认为，征纳互信机制虽然包括征税方的信用和纳税方的信用，但是在其机制建设中却不能将其截然分开，而事实上两者间的关系也并非泾渭分明。所以，应当从以下几个方面来完善征纳互信的具体措施。

1. 建立完善的纳税人利益表达机制

前文提到，税收法治的历史就是一部在斗争妥协之中形成民主的历史，税收集中体现了国家和国民以及国民之间的关系。无论是税收的征收还是使用都饱含纳税人的利益，①所以在现代民主和宪治之下，为了树立征纳互信的机制就必须首先在税法领域以及税收征管实践中建立和完善纳税人利益表达的机制。从价值的层面上看，在税收征管领域建立起纳税人利益表达机制是人民主权原则的具体体现，从而体现纳税人的主体地位；从实践的层面上看，只有充分尊重纳税人的利益表达才能提高纳税人对于税收征管的接受性，从而有利于诚信纳税；从规范层面上看，纳税人利益表达机制所形成的共识对征税方具有法律约束力，从而有利于诚信征税。所以，纳税人利益表达机制的建立和完善最终有利于实现征纳互信。

同时，有学者将公民意识分为对应公民消极权利的个体意识、对应公民义务的群体意识和对应积极权利和公众参与要求的主体意识。② 而纳

① 参见朱大旗：《现代预算权体系中的人民主体地位》，载《现代法学》2015 年第 3 期。

② 参见伍华军、周叶中：《我国公民意识及其培植研究》，武汉大学出版社 2014 年版，第 6～8 页。

税人利益表达机制无疑符合公民公众参与所要求的主体意识,前文提到,主体意识是纳税人观念的重要组成部分,故而通过纳税人利益表达机制的建立,其制度本身就体现了纳税人观念。

2. 建立互信奖惩机制

应当树立惩罚威慑与正向激励相结合的观念,而建立互信奖惩机制就是其具体化。惩罚机制在我国具有悠久的历史以及相对完善的制度建构,故而下文主要着墨于奖励机制。美国税务机关根据纳税人之具体情况将其分为知法自愿守法、有守法意愿但是不知法、知法但是不完全守法、故意违法4种类型,并根据4种类型纳税人的不同表现将其区分为信任、一般信任和不信任3个档次。同样,在日本也实行了纳税信用等级制度,其将纳税人区分为信用等级较高的蓝色和信用等级较低的白色,而蓝色纳税人在税收政策及具体申报程序上都享有白色纳税人所无法享受的优惠。而我国国家税务总局在2018年2月发布的《关于纳税信用评价有关事项的通知》就对M级企业提供了"取消增值税专用发票认证"和"税务机关适时进行税收政策和管理规定的辅导"两项奖励。结合国外和我国立法的实际,应当继续全面建立并深化互信奖惩机制。互信奖惩机制的建立,从国家的角度实现了监控税源从而保障国家财政收入的目的,而从纳税人角度则有利于引导纳税人提高其纳税信用等级从而有利于树立纳税人观念。

3. 建立税务信息公开制度

很多时候不信任源于相关信息的不公开。纳税人对于征税机关的不信任,认为其存在权力滥用及权力"寻租",在很大程度上可能是由于税收征管相关信息不公开所导致的。有学者认为,"税收互信意味着征纳税双方应该且必须根据税法规定,既相互传达与自己的涉税思想相符合、相一致的税收信息,也相互传达与自己的实际涉税行动相符合、相一致的税收信息"。[①] 所以,基于公开本身的价值以及税收信息对于征纳互信的重要性,建立征纳互信机制必然要求建立税务信息公开制度。对于那些不涉及个人隐私和国家安全和利益的税务信息应当主动公开,而对于涉及个

---

① 姚轩鸽:《税收互信简论——兼议当前税收互信建设存在的主要问题与对策》,载《税收经济研究》2017年第3期。

人隐私的信息则选择依申请公开，并且树立"公开为原则，不公开为例外"的原则。只有通过税务信息公开制度充分保障纳税人的知情权才能树立纳税人主体意识，从而有利于征纳互信的形成和纳税人观念的树立。

二、税收债权受偿位序的确立[①]

税收关系在现代社会被视为一种债权债务关系。在私法之债中会出现多个债权竞合的情况，为了应对这一现实问题逐渐形成了优先权这样"一项极具社会使命任务和人道主义精神的法律制度"。[②] 传统民法的优先权源于罗马法上对弱势群体利益保护的相关规定，现在普遍认为，优先权是"债权人基于法律的直接规定而享有的就债权人的总财产或特定动产、不动产的价值优先受偿的权利"。[③] 从优先权的定义可以明显地看出，在税法领域也同样存在优先权的问题，税法理论和立法实践都对税收优先权进行了探索。但是，目前的税收优先权制度只解决了税收之债和其他非税收之债竞合时的受偿位序问题，而在现实中可能出现的税收债权之间的竞合应该如何清偿却鲜有涉及。当税收债权出现竞合之时，其受偿位序的安排直接关系纳税人的权利保障以及纳税人与国家之间的关系，故而在税收征管法领域树立纳税人观念就必须科学合理地确定税收债权竞合的受偿位序。

（一）税收债权竞合受偿位序的立法不足

目前，我国在学理上关于税收优先权的定义很多，但是几乎都大同小异，基本上认同"税收优先权是指在国家享有的税收债权和其他债权同时存在的情况下，税收债权原则上优先于其他债权"，[④]只是在优先权行使的限制和具体位序有一定的差别。这一观点也深深地影响了我国现行立法，所以我国法律只规定了税收之债与非税收之债出现竞合之时应当如

---

① 本部分相关内容曾在《经济法学评论》上发表，但结合本文的论述以及国税、地税合并的现实，故而在结构和内容上都作了较大幅度的调整。参见廖呈钱：《税收债权竞合的受偿位序——以全面"营改增"后国税、地税合作办税为切入点》，载《经济法学评论》2017 年第 2 期。

② 申卫星：《我国优先权制度立法研究》，载《法学评论》1997 年第 6 期。

③ 崔建远：《我国物权法应选取的结构原则》，载《法制与社会发展》1995 年第 3 期。

④ 刘剑文、魏建国：《我国税法对国外税收优先权制度的借鉴》，载《法制日报》2001 年 5 月 20 日，第 3 版。

何清偿，而对于税收债权之间的竞合如何清偿的规定尚付阙如。但是考察目前有关税收优先权以及国地税联合办税的相关规定，可以为税收债权竞合的受偿位序提供一定的借鉴和参考。

1. 税收优先权立法考察

我国 2015 年修订的《税收征收管理法》第 45 条第 1 款规定："税务机关征收税款，税收优先于无担保债权，法律另有规定的除外；纳税人欠缴的税款发生在纳税人以其财产设定抵押、质押或者纳税人的财产被留置之前的，税收应当先于抵押权、质权、留置权执行。"这是我国法律中关于税收优先权最系统和明确的规定，从此规定可以看出，税收债权优于包括存在于欠款发生之后的担保权在内的其他普通债权。同时《税收征收管理法》第 38 条第 3 款规定，"个人及其所扶养家属维持生活必需的住房和用品，不在税收保全措施的范围之内"，结合法律的体系解释，该款规定可以视为对税收优先权施加的基于基本人权保障的限制。

《税收征收管理法》中提到的"法律另有规定除外"中的"法律另有规定"主要是指《企业破产法》第 113 条、《海商法》第 22 条和《商业银行法》第 72 条第 2 款。这 3 部法虽然在具体规定中有相互矛盾的地方，但是却拥有两条共同的原则：共益费用优先于其他债权，甚至在很多时候还是绝对优先；共益费用之外，职工工资、养老保险、医疗保险、伤残补助等费用优先于其他债权，即基于保障基本人权原则。

2. 联合办税立法考察①

税收债权竞合在很大程度上发生在国税债权和地税债权之间，关于国税、地税联合办税的规定中虽然没有明确规定税收债权竞合的清偿位序，但是也涉及税收债权清偿的相关规定。国家税务总局在 2015 年 12 月发布了《国家税务局地方税务局合作工作规范(2.0 版)》(以下简称《合作工作规范》)。《合作工作规范》第 21 条对"联合开展欠税管理"的相关问

---

① 虽然第十三届全国人大审议通过的《国务院机构改革方案》将国税和地税两套税收征管机构实行了合并，但是由于税种分为中央税和地方税，这种合并仅仅是征管机关的合并，中央税债权(国税债权)和地方税债权(地税债权)依旧存在。而之前关于国税、地税联合办税的规定虽然随着征管机关的合并将无现实意义，但其所确立的一些规则对于税收债权竞合的受偿位序具有借鉴意义。

题进行了详细规定;对于同时欠国税和地税税款的纳税人,通过建立欠税管理联动机制来共同发布欠税公告、共同采取清缴措施;在《合作工作规范》第32条对"协同税收保全和税款执行"的相关问题进行了详细规定,确立了"及时通报联合稽查对象有关逃避纳税义务行为和税款执行异常情况,按需同步采取税收保全措施或税收强制执行措施"的合作方式。

2016年6月6日国家税务总局印发了《国家税务局地方税务局联合稽查工作办法(试行)》(以下简称《联合稽查办法》)的通知。虽然《联合稽查办法》的大多数内容都是对《合作工作规范》的概括和重复,但是其对于税收债权竞合的受偿问题提出了一个模糊的解决方案——其第44条规定,"国家税务局、地方税务局拟同步采取强制执行措施或提请人民法院采取强制执行措施时,应当就各税种应缴税款追缴方案达成共识,并共同协调税款执行"。

3. 现行立法总结

也许是因为税收债权竞合的情况在税收征管的现实中并不紧迫,抑或是受到"国税和地税同为国家的征税机关,本身并没有优劣之分,不同税种的税款之间,也没有优劣之分,所以不应片面地规定国、地税之间的受偿顺序,或是各个税种的受偿顺序"①观点的影响,现行立法对于这一问题除《联合稽查办法》外没有作出任何明确的规定。但是现行立法确定的某些原则却可以作为确立税收债权竞合清偿位序的参考:第一,有担保优先于无担保;第二,共益债务优先于其他债务;第三,保障基本人权原则;第四,中央税并不必然优位于地方税,这从《联合稽查办法》规定的"协商税款执行"可以看出。

(二)确立税收债权竞合受偿位序的考量因素

无论我国现行立法中税收债权竞合受偿位序的立法缺失是基于何种原因导致的,这一问题都需要完善。要确立我国税收债权竞合受偿位序不仅应当考虑制度效率、征管成本等方面的因素,最重要的是要体现纳税人观念,故而就必须考量四个方面的因素:以人为本的税法理念、税收公平原则、保护第三人合法利益以及我国地方的财政现状。

---

① 易奉菊:《税收优先权在实践中存在的问题》,载《涉外税务》2003年第10期。

1. 以人为本的税法理念

从公民角度来说，税收意味着对公民财产权利的“侵害”，“国家征税行为涉及每一个纳税人的私有财产权”。[①] 谚语有云：人生唯有两件事情不可避免——死亡和税收。既然税收是对公民合法财产的“侵犯”，那为什么还需要税收，税收的正当性又何在？古今中外的学者分别以社会契约论、“交换说”和公需论、国家职能需要论等理论对税收和税法的正当性进行了论证。理论的论证总是来自对现实的抽象概括，税法的发展历史经历了君王的恣意到形式法治的严格控制并最终走向了回应社会需求的回应性法律的历程。在这样一个历史进程中，税收和税法逐渐摆脱了国家主义的桎梏，转而投入人本主义的怀抱。人本主义的税法理念“将纳税人从国家权力的枷锁中解放出来，重新确立每一个人作为个体的纳税人的主体价值和人格尊严……这为税法现代化危机的破解提供了契机”，[②] “抛弃传统的国家财政权力的立场，回到纳税人立场上来认真地构筑租税概念”。[③]

以人为本的税法理念为税收债权竞合受偿位序提供了合法性的界限，要求在进行清偿之前必须遵循基本人权保障的原则，即只有在保障纳税人的基本生存条件的前提下才能进行税收债权的清偿。基本人权保障原则是税收债权竞合清偿位序得以启动的前提条件，如果纳税人的基本人权都得不到保障，那么税收债权就没有启动的必要，税收债权竞合的受偿位序也就无从谈起。以人为本的税法理念对税收债权竞合清偿位序的第二个要求是，当纳税人的财产不足以清偿多个税收债务时，从保障纳税人权利的角度出发，应当就对当事人财产损害最轻的税收债权优先清偿。虽然从表面上看，无论哪个税收债权优先受偿对于当事人来说损害的财产都一样——因为财产不足以清偿所有债务，按照任何位序都是将现有的所有财产用于清偿，然后债权才能消灭。但从长远看，先清偿不同税收

---

① 陈征：《国家征税的宪法界限——以公民私有财产权为视角》，载《清华法学》2014 年第 3 期。

② 张怡等：《人本税法研究》，法律出版社 2016 年版，第 44 页。

③ ［日］北野弘久：《日本税法学原论》（第 5 版），郭美松、陈刚译，中国检察出版社 2008 年版，第 116 页。

债权所带来的对纳税人财产的实质损害是不同的，即对纳税人以后经济生活的影响不同。如是优先清偿所得税还是优先清偿财产税，即使数量一样，也会因为两种税的特征不同而对纳税人财产的实质“侵害”不同。因此，只有真正体现以人为本的税法理念，即前文提到的以纳税人为本位的价值取向，方能在税收征管法领域树立纳税人观念。

2. 税收公平原则

税收公平原则是作为“神和人的事务，正义与非正义的科学”的法学在税收领域的必然体现。“课税是否平等，须依其衡量标准；依个人之支付能力以课税，即为衡量标准。每一个纳税义务人与其他纳税义务人的纳税能力，究竟是相类似或不同，量能课税原则即为其指针。”[①]传统观点认为，税收公平原则包括以下三个方面的内容：税法坚持“法律面前人人平等”的普遍适用性；税法针对同等经济状况和纳税能力的人适用同样税负的横向公平原则；针对经济状况和纳税能力具有实质不同的人适用不同税负的纵向公平原则。[②] 其实，税收公平原则还应该包括税种设置本身应当符合量能课税的原则，即一个税种的设置应该体现出公平的价值。各个税种虽然总体上都符合税收公平原则的要求，但由于税种之间的特点以及功能的不同，所以在体现税收公平原则上也存在一定的差异。为了体现税法的以人为本理念，在出现税收债权竞合的情况时，最能体现税收公平原则的税种应当优先受偿。诚然，在税收债权竞合的情况下，无论采取什么样的受偿位序对于纳税人目前的财产侵害都是一样的，但是以税收公平作为衡量的标准可以最大限度地减少对纳税人财产的实质性损害，同时也有利于维护整个法律体系的公平理念。

3. 保护第三人合法利益

“税收债权债务关系说”来自民法学上债的理论，民法在债务清偿中注重对第三人合法权益的保护，这一立法理念也值得税法借鉴。在税收优先权的研究中，学者已经注意到了对交易安全的保护，有学者认为，“如果过分强调税收债权优于私法上的债权受偿，也可能妨碍交易安全”，[③]这

---

① 葛克昌：《税法基本问题（财政宪法篇）》，北京大学出版社2004年版，第122页。

② 参见吕忠梅、陈虹：《经济法原论》，法律出版社2008年版，第511~512页。

③ 刘剑文、熊伟：《税法基础理论》，北京大学出版社2004年版，第46页。

里的交易安全其实在很大程度上就表现为保护第三人合法权益。其实，不仅在税收之债与非税收之债的受偿位序安排上有可能会损害第三人的合法权益，税收债权竞合情况下清偿位序的安排也有可能会损害第三人的合法权益。税收信息对于第三人来说是一种相对封闭的信息，这种封闭性极易给第三人的合法权益带来潜在的威胁，而这种潜在的威胁在包括税收债权竞合在内的税收债权清偿之时就会变为现实。基于此，我国《税收征收管理法》第46条规定，“纳税人有欠税情形而以其财产设定抵押、质押的，应当向抵押权人、质权人说明其欠税情况。抵押权人、质权人可以请求税务机关提供有关的欠税情况”，这一条规定被有些学者称为税收优先权公示制度。[①] 我国关于税收优先权公示制度的规定较笼统从而导致其缺乏可操作性，其中最重要的是，公示制度的效力没有予以明确。即没有经过公示的税收债权是否应当享有优先权这一问题，法律没有作出明确规定，而在实践中，广州和深圳两地的法院对此作出了相反的判决。[②] 由于税收信息相对具有封闭性，要求第三人主动收集交易对象的欠税信息既不可能也不经济，所以从保障第三人合法权益出发应该否定未经公示的税收债权具有优先性，即未经公示的税收债权不能享有税收优先权且只能视为普通债权。表现在税收债权竞合的受偿位序上就是，公示的税收债权优于未经公示的税收债权。

4. 我国地方财政现状

1994年实行以“加强中央宏观调控能力”作为重要指导思想的“分税制”改革后，地方财政面临困境。首先是地方债务面临风险。据财新网报道，地方债务规模已经突破20万亿元以上。可见，地方债务存在规模大并由此极易导致风险高等风险。其次是地方政府严重依赖土地财政。根据财政部公布的2014年财政收支情况显示：地方卖地收入已经超过地方公共财政收入的一半。最后是以费收税。“为了应对财政压力，地方政府往往借助于收费权而变相收取各种费用，这些虽然增加了地方的收入，但实际上对中央的税基是一种严重的侵蚀。”[③]当税收债权竞合发生在中央

---

① 参见张欣：《浅议我国税收优先权制度》，载《税务研究》2005年第3期。

② 参见易奉菊：《税收优先权在实践中存在的问题》，载《涉外税务》2003年第10期。

③ 刘剑文、熊伟：《税法基础理论》，北京大学出版社2004年版，第46页。

税和地方税之间时,中央税和地方税是否存在优先位序以及存在怎样的优先位序就必须考虑地方财政面临的困境。而基于公共服务供给的层次性,地方财政状况将会影响纳税人观念的树立。

(三)税收债权竞合受偿位序的设想

基于树立纳税人观念的总体要求,在以人为本的税法理念、税收公平原则思想的指导下,结合第三人权益保护和我国地方财政现状,可以从以下几个方面建构我国税收债权竞合的受偿位序。

1. 共益性质税收债务之位序

共益债务,是指"人民法院受理破产申请后基于债务人本身和债务人财产所发生的费用的总称"。[①] 由于共益债务是为了保障所有债权人的利益而产生的债务,所以各国立法基本上都确定了在破产债权清偿中共益债务处于最优位序的原则,"对于受其利益的全体债权人均具有优先的效力,不仅优先于一般优先权,而且优先于特别优先权"。[②] 我国《企业破产法》等法律也确立了共益债务最优的原则。税收债务中也存在共益债务的情况:在企业破产清算时,清算组在法律范围内进行的一些必要活动可能涉及增值税、所得税等;清算组对企业财产进行的拍卖和变卖也需要缴纳所得税。这些税收债务是属于为了维护所有债权人的利益而产生的,应当属于共益债务,根据共益债务最优原则,这些税收之债应当处于税收债权竞合清偿位序的最优位。

2. 特殊税收债权之位序

由于某些税种的性质以及其具有的特殊功能定位,所以在实践中其处于优先地位。将土地增值税作为特殊税收债权享有优先位序符合我国经济社会的现实。土地增值税是"就其土地增值额征收的一种财产税",[③] 对土地增值额课税的合法性在于,土地的增值在很多时候并非由土地使用者进行投资后产生的投资收益,而是由于城市化、人口聚集以及国家规划等原因导致的。所以这种并非由个人劳动或投资而产生的增值收益应

① 付翠英:《论破产费用和共益债务》,载《政治与法律》2010 年第 9 期。

② 欧世龙、詹才琴:《税收优先权的顺位分析》,载《行政与法(吉林省行政学院学报)》2004 年第 11 期。

③ 张守文:《财税法学》,中国人民大学出版社 2014 年版,第 277 页。

当通过税收的方式归全社会共享。[①] 从土地增值税的合法性可以看出，土地增值税的开征与一个国家的经济社会发展状况有极其紧密的关系。一般而言，土地价格相对比较平稳之时是不具备开征条件的，所以无论是韩国、我国当初开征土地增值税的现实考量都是为了抑制炒地等投机行为从而强化对房地市场的规范和管理。[②] 我国最近数年来“地王”的频现以及房价呈高位运行的现实，社会对土地增值税和房产税（试点）发挥社会稳定的调节功能寄予厚望。土地增值税极强的政策功能和我国社会经济的现实无疑是授予其相对优位的受偿位序的现实基础。

3. 税收担保请求权、税收保全请求权与税收交付请求之位序

根据《民法典》和《企业破产法》的相关规定，有担保的债权优于无担保的债权，所以在税收债权竞合的情况下税收担保请求权优于税收支付请求权。税收保全请求权，有学者又称其为税收扣押请求权，根据我国法律，其是指在责令纳税人限期缴纳税款的期间，纳税人有明显的转移、藏匿财产和收入的行为，又不能提供纳税担保的情况下，根据法律规定对纳税人的财产进行扣押、查封等。根据税收保全的定义就可以明显地得出结论，即税收保全请求权优先于税收交付请求权。而由于税收保全所采取的扣押、查封等措施都是在拒不提供税收担保的情况下采取的，所以税收担保请求权应当优先于税收保全请求权，否则税收担保就没有意义了。综上，税收担保请求权优先于税收保全请求权，税收保全请求权优先于税收交付请求权。

4. 税收交付请求权竞合之位序

税收交付请求权出现竞合的情况，其位序如何，应当以税收公平原则为基础，以量能课税原则作为衡量标准。所得税作为一种以扣除相关费用的纯收益为课税对象的税种，其税基最能体现纳税人的税负能力，其是与税收公平原则连接最紧密的税种。财产税不是以纯收入、净所得为课

① 参见李力、周充：《土地增值税的征收应缓行》，载《财经科学》2007 年第 4 期。

② 参见金完镒：《对不动产转让所得的重复课税现状和改善的课题》，载刘剑文主编：《财税法论丛》第 15 卷，法律出版社 2015 年版；葛克昌：《台湾地区房地产奢侈税“立法”及其宪法界限》，载刘剑文主编：《财税法论丛》第 15 卷，法律出版社 2015 年版；张守文：《财税法学》，中国人民大学出版社 2014 年版，第 277 页。

税对象的，导致其与税收公平原则的关系并没有所得税那么亲密。但是一般而言，财产的多寡基本上可以代表纳税人的税负能力。流转税作为一种将流转过程中的流转额作为课税对象的税种，由于存在“有销售无利润”的情况，所以流转额并不代表真实的税负能力，流转税面临来自税收公平原则中量能课税的质疑。所以，基于以人为本的税法理念和税收公平原则，税收支付请求权竞合的受偿位序应当是，所得税优于财产税，财产税优于流转税。

5. 中央税和地方税竞合之位序

中央税和地方税债权竞合也被称为国税与地税债权的竞合，当中央税和地方税债权出现竞合之时应当如何处理，有部分学者认同基于日本税法变迁而得出的“国税和地方税之间不存在优先劣后关系［昭和 25 年（1950 年）以前，曾规定国税优先于地方税］”的结论；①但是大多数学者认为，“在分税制的情况下，确立国税优于地税原则也是有必要的”。② 认同中央税和地方税不存在优先问题的观点回避了现实生活中可能出现的竞合清偿位序问题。中央税优先论者的理由分为三个方面：基于世界各国的共同规定，中央税起着宏观调控的作用因而其代表比地方税更大的公共利益，③以及“地方保护主义盛行，税收被地方政府不断侵蚀，中央税收流失严重，财政赤字连年居高不下”。④ 对于国外立法确定的中央税优先原则，有学者对此提出了质疑，认为这是对国外立法的误读，因为国外采取的是中央税和地方税分开立法的方式，其“优先在通常意义上并不是针对地方税而言的。同样，地方税优先在通常意义上也不是针对国税而言的”。⑤ 中央税的确起到了宏观调控的作用，但是中央税和地方税债权竞合多是发生在公司破产的情况，此时税收的宏观调控作用很弱，并且在特殊税收债权已经优位的情况下，基于宏观调控而授予中央税债权优先地

---

① ［日］金子宏：《日本税法》，战宪斌、郑林根等译，法律出版社 2004 年版，第 479 页。

② 曹艳芝：《论税收优先权的效力冲突》，载《中国法学》2004 年第 5 期。

③ 参见赵建国：《刍议税收优先权的法律位序》，载《行政与法（吉林省行政学院学报）》2006 年第 4 期。

④ 曹艳芝：《我国税收优先权制度存在的缺陷及其完善》，载《税务与经济（长春税务学院学报）》2005 年第 1 期。

⑤ 张守文：《论税收的一般优先权》，载《中外法学》1997 年第 5 期。

位似乎并没有充分的理由。1993 年颁布的《关于实行分税制财政管理体制的决定》规定，“将维护国家权益、实施宏观调控所必须的税种划分为中央税；将同经济发展直接相关的主要税种划分为中央与地方共享税；将适合地方征管的税种划分为地方税，充实地方税税种，增加地方税收入”，[①]从中央税、地方税和共享税的划分标准可以看出，中央税并不比地方税更能代表公共利益。认为中央财政赤字连年居高不下而应该赋予中央税优先的观点并不符合我国财政现状，中央财政困难在 1994 年“分税制”之前的确存在且非常严重，甚至出现“中央财政没钱了，向地方借债”的情况。[②]但是“分税制”之后，随着财权上移和事权下压，地方政府“财政收入远远无法满足其财政支出的需要。2012 年……地方财政自给系数仅为 0.58”。[③] 我国地方财政的现实是，地方政府日益依赖土地财政、地方债务面临失控、地方以费收税。为了回应这一现实就应当树立地方税优先的原则。并且税收的合法性在根本上表现为，税收被用于为社会提供公共产品，公共产品可以分为地方和中央两级，在实际生活中公民往往首先寻求的是地方公共产品。所以，为了树立纳税人观念，基于“完善地方政府职能从而提升其提供公共产品的能力”的考虑也应当地方税优先。

基于前文分析，我国税收债权竞合的受偿位序可以作以下安排。第一，只有经过公示的税收债权才享有税收优先权，所以经过公示的税收债权优于未经公示的税收债权。第二，对于已经公示的税收债权出现竞合的情况应当遵循“共益性质税收债权最优、特殊税收债权次之、税收担保请求权优先于税收保全请求权、税收支付请求权最后”的受偿位序。第三，税收支付请求权竞合的情况应当遵循所得税优于财产税、财产税优于流转税的位序。第四，当同一位序之间出现中央税和地方税债权竞合的情况时则坚持地方税优先的原则。这样的位序安排既与我国现行法律中的优先权制度相协调，又符合以人为本理念、税收公平原则、基本人权保障的要求，还能回应我国地方财政困境的现实需求，从而有利于我国树立

---

① 刘剑文：《财税法——原理、案例与材料》，北京大学出版社 2015 年版，第 45 页。

② 参见贾康、刘克崮：《中国财政改革三十年：亲历与回顾》，经济科学出版社 2008 年版，第 322 页。

③ 贾康、刘薇：《财税体制转型》，浙江大学出版社 2015 年版，第 89 页。

纳税人观念。

三、纳税人救济制度的完善

有权利就必定要求有救济,没有救济就相当于没有权利。所以树立纳税人观念必须完善我国税收救济制度。

(一)建立纳税人诉讼制度

与现代税收法治基本理论和制度首先发源于域外相一致,纳税人诉讼制度也属于"舶来品"。据相关学者的考证,纳税人诉讼大约形成于19世纪中后期的美国,其主要功能为公民对国家税权使用情况的监督。在当时的美国出现了以纳税人的名义提出诉讼的情况,并要求法院对政府违法、违规使用税款的行为进行制止。[①] 虽然国内外关于纳税人诉讼的规定和研究结论纷繁复杂,但是其观点共同性大于分歧性。一般认为,纳税人诉讼是公民针对政府违法或者不当的财政行为,虽然该行为与自身没有直接的利益关系,但是为了维护公共利益,而向人民法院提起诉讼要求制止政府相关行为的一种诉讼模式。

从纳税人诉讼的定义我们可以看出,纳税人诉讼具有以下几个方面的特点。其一,纳税人诉讼是一种公益诉讼,原告提起诉讼的目的在于纠正政府违纪或者违法使用税款的行为而非原告本身的权利受到损害。其二,纳税人诉讼是一种客观诉讼,即纳税人诉讼的原告并非以自身权利作为诉讼请求,而在于谋求客观法律之价值或目的。其三,纳税人诉讼是一种代表诉讼,原告并非以其个人身份提出诉讼请求,在本质上其是广大纳税人的代表。[②] 正是由于纳税人诉讼的这些特点,所以有学者认为,纳税人诉讼有利于保障纳税人权利、制约政府权力和促进民主的建设。[③] 从纳税人诉讼的内涵、特征和功能可以看出,建立我国纳税人诉讼制度有利于树立纳税人观念。建立我国纳税人诉讼主要应当从以下几个方面入手。

---

① 参见李艳芳:《美国的公民诉讼制度及其启示——关于建立我国公益诉讼制度的借鉴性思考》,载《中国人民大学学报》2003年第2期。

② 参见陈晴:《以权利制约权力:纳税人诉讼制度研究》,法律出版社2015年版,第54~60页。

③ 参见汤喆峰:《财政宪法学视角下的纳税人诉讼制度研究》,载《昆明理工大学学报(社会科学版)》2017年第6期。

1. 确立原告资格

首先，基于纳税人诉讼的特点，其原告是整体纳税人之代表，故而不需要原告与所诉之财政行为具有直接利害关系。因为政府任何的财政行为必然与整体纳税人有关系，而作为其代表之原告就不必再作此要求。其次，原告可以是自然人也可以是检察院或相关组织，这源于对我国民事公益诉讼和行政公益诉讼的相关规定的总结，当无异议。最后，我国现行立法对于诉讼和公益诉讼的主体一般表述为公民、法人和其他组织，这就意味着外国人不能在我国提起纳税人诉讼。然而，纳税人诉讼顾名思义，其原告必然要是我国的纳税人，无论是居民纳税人还是非居民纳税人。同时，纳税人诉讼本身具有公益性和客观诉讼的特点，其不在于谋求原告的个人利益，故而应当以纳税而非公民为标准来界定纳税人诉讼的主体，从而授予在我国已经履行纳税义务的外国人以原告资格。

2. 确立受案范围

广义上的纳税人诉讼甚至可以等同于违宪审查加行政公益诉讼的范围，因为政府违纪和违法使用公共财政的行为既可以是由于立法的原因，也可能仅仅是由于具体行政行为的原因，更有可能是基于抽象行政行为的原因。我国纳税人诉讼的受案范围应当仅仅包括政府违纪和违法使用财政资金的具体行为以及规章以下有关财政资金使用的规范性文件和抽象行政行为，不应当包括属于违宪审查的对法律、法规的诉讼。当然，这并不意味着法律、法规中违反《宪法》和上位法使用财政资金的行为不应当被审查，而是不应当通过纳税人诉讼的方式予以审查。

3. 明确举证责任和费用

由于纳税人诉讼具有公益诉讼的特点且在实践中往往表现为行政诉讼，故而基于公益诉讼和行政诉讼的一般证据规则，应当加重被告的举证责任。具体而言，原告的资格以及被诉财政行为的存在由原告举证，此外，诸如被诉行为的合法性和合理性等由作为被告的行政机关负责举证。同样，基于纳税人诉讼的公益性质，除滥用诉权行为外，不应当缴纳诉讼费用，并且在胜诉的情况下还应当适当奖励原告。①

---

① 参见施正文：《我国建立纳税人诉讼的几个问题》，载《中国法学》2006年第5期。

（二）完善税务行政复议制度

行政复议和行政诉讼是行政法领域的两大救济制度。简言之，税务行政复议是纳税人对税务机关所作出的具体行政行为表示不服，认为其侵犯了自己的合法权益之时，申请上一级税务机关对原行政行为进行复议的行为。纳税人申请行政复议一般是要求上一级税务机关改变或者撤销原行政行为。行政复议作为一种行政救济制度和手段，相对行政诉讼具有明显优势。其一，现代社会行政日益专业化，导致法院对相关行政行为的审查基于专业性的原因不得不保持一定的谦抑性，而税法的专业性更是远远强于一般的法律，故而税务行政复议在专业性方面具有优势。其二，税务行政复议是由原税务机关的上一级税务机关作出的，其所作出的复议决定对于原税务机关具有极大的约束性，从而基本上愿意积极主动地履行，而税务行政诉讼判决的履行却并不会如此顺利。

虽然税务行政复议具有极强的优势，但是其也存在明显的不足。首先，税务行政复议具有强烈的行政主导色彩，其中纳税人的参与权有限；其次，税务行政复议在行政机关内部进行，基于上下级的利益关系，其独立性和中立性广受质疑；最后，我国目前采取的是复议不停止执行的制度，要求必须先行缴纳税款，这将严重影响纳税人的权利。

为了发挥税务行政复议的实效以树立纳税人观念，应当从以下几个方面完善税务行政复议制度。第一，改变目前复议不停止执行的规定，避免出现由于无法缴纳税款而得不到救济的情况，也不必担心纳税人会在复议期间转移财产以逃避税款的缴纳，因为除先行缴纳制度外还有扣押、担保等制度可以确保复议后税款的缴纳。第二，改变税务复议的方式，即引入辩论式方法以改变传统税务行政复议权力主导的色彩，同时还可以增加税务行政复议的可接受性。

（三）完善税务行政诉讼制度

在现代社会之中，司法救济是权利的最后一道保障，所以税务行政诉讼是保障纳税人权利实现从而树立纳税人观念的重要制度支撑。前文提到，我国税务行政案件最近几年一直保持在400件左右。

基于树立纳税人观念的要求，结合我国税务行政诉讼的现状，应当从以下几个方面来完善我国税务行政诉讼制度。首先，与税务行政复议一样需要修改现行缴纳税款制度。其次，设立专门的税务法庭，以应对税法案件较强专业性的需求。最后，逐步减少税务行政机关对司法机关的干预，并加强对拒不履行判决义务的税务行政机关的强制执行力度。当然，设立专门的税务法庭存在一定的质疑，反对者的理由为，我国税务案件较少、存在替代性方案以及税务行政诉讼制度本身也存在问题。然而，税务行政案件少并不意味着税务争议少，这些税务争议之所以最后没有能够上升为税务行政案件，在于缺乏科学完善的税务诉讼制度作为支撑；同时基于税务行政复议的特点，似乎也不存在现实的可供选择的替代方案；行政诉讼制度存在的问题也可以通过渐进式改革得以完善。① 故而，设立税务法庭是一种现实选择。

本章小结

纳税人观念的树立除前文提到的部门法整合外，还需要完善财税法相关制度以符合树立纳税人观念的现实需求。首先，应当期待我国税收基本法的制定，制定税收基本法之时应当以纳税人本位为其价值取向，以人格尊严保障为其功能定位，并推动立法模式向法律议论式转变。其次，应当从税收法定的确立、税权的合理划分以及税负的结构优化来完善我国税收实体法。最后，在税收征收管理的实践中，应当建立征纳互信的机制，在此基础上科学地确立税收债权竞合的受偿位序，并完善纳税人救济制度。只有如此，方能从价值取向、功能定位、立法模式到具体的实体法规定以及征管实践中树立纳税人观念。

① 参见张怡：《衡平税法研究》，中国人民大学出版社2012年版，第338～341页。

结　语
——建构现代税收国家的展望

根据熊彼特—希克斯—诺斯的相关研究表明，人类社会上发生的每次税改，无论是以什么名义进行的，其直接抑或是长远的目标都是为了增税。[①]经济学家大卫·李嘉图认为，“赋税是一个国家的土地和劳动的产品中政府支配的部分；它最后总是由该国的资本中或是由该国的收入中支付的”，[②]所以“凡属赋税都有减少积累能力的趋势”，[③]最终李嘉图得出“任何形式的赋税都只是流弊与流弊之间的选择问题”之结论。[④] 似乎税收天然就是魔鬼，或者说其存在是人类不可避免的恶。然而也有学者认为，“实质意义之法治国，本质上须同时成为租税国”。[⑤] 因为从收入面讲，只有国家成为税收

---

① 参见张守文：《财税法疏议》，北京大学出版社 2016 年版，第 168 页。

② 王亚南主编：《资产阶级古典政治经济学选辑》，商务印书馆 1979 年版，第 539 页。

③ 王亚南主编：《资产阶级古典政治经济学选辑》，商务印书馆 1979 年版，第 540 页。

④ 许建国、蒋晓蕙、蔡红英：《西方税收思想》，中国财政经济出版社 2016 年版，第 69 页。

⑤ 葛克昌：《税法基本问题（财政宪法篇）》，北京大学出版社 2004 年版，第 5 页。

国家,那么国家才不至于介入经营领域,公权力才不会无休止地侵犯私有财产;从支出面讲,只有国家成为税收国家,国家才有经济实力以应对社会问题,同时方能为公民的权利提供保障,毕竟权利的实现也是需要成本的;从理念上讲,只有国家成为税收国家,纳税人方能对国家实行有效的监督,从而实现驯服“利维坦”的目的。

然而,并非有税收就一定是税收国家,一般认为,税收国家诞生于资本主义社会。顾准先生认为,“资本主义并不纯粹是一种经济现象,它也是一种法权体系。法权体系是上层建筑。并不是只有经济基础才决定上层建筑,上层建筑也能使什么样的经济结构生长出来或生产不出来”;[①]还认为,资本主义之所以从古希腊罗马文明而不是在其他文明产生,也在于其他文明没有古希腊罗马建立在公民权利基础上的法权体系。[②] 也正是基于没有建立在公民权利基础上的法权体系,才导致基于战争而造成的财政压力,在古代中国没有形成建基于特许状的自由城市,而是呈现“普天之下,莫非王土;率土之滨,莫非王臣”的局面。[③] 由此可见,权利保障才是税收国家的实质和精神内核之所在。从这个角度来说,社会主义国家理应能够并且能够更好地建设税收国家。

人类历史表明,权利是需要权利主体争取的。这个权利争取的过程在很多时候被视为一个国家和社会现代化的过程。著名哲学家、香港中

---

① 顾准:《资本的原始积累和资本主义发展》,载顾准:《顾准文集》,华东师范大学出版社2014年版。

② 参见顾准:《资本的原始积累和资本主义发展》,载顾准:《顾准文集》,华东师范大学出版社2014年版。

③ 如雄才大略的汉武帝为了让“烽火甘泉”的现象得到彻底解决而发动了长达40多年的对匈奴的战争,汉武帝出击匈奴对于汉民族的形成以及中国民族大融合起到了极其重要的作用,但是也一度导致汉帝国的财政濒临崩溃。而缺乏法权系统的汉帝国并没有基于此走向和西方一样的自由城市特许状赎买制度,汉庭通过杨可告缗以及垄断铸币权而在体制内“完美”地解决了这一财政问题。当然本书并不在于否定汉武帝的财政改革,相反他的财政改革及所形成的财政体制成为支撑中国封建社会2000年的关键之一。同时,对于当时的情况来说,极有可能是最符合彼时的做法,但是不可否认汉武帝所建立的财政体制造成了“中国的工商业在重负之下始终无法得到完全的发展”的局面。同时,在很大程度上也阻碍了后世中国的现代化之路,因为对工商业的重税在很大程度上导致了我国一直无法通过自身内在的发展摆脱农业社会。关于汉武帝的财政改革及其影响具体详见郭建龙:《中央帝国的财政密码》,鹭江出版社2017年版,第1~26页、第63~78页。

文大学原校长金耀基先生就曾经言明人的现代化在一个国家现代化中的重要地位。由此,纳税人观念可以成为区分一个国家是专制国家抑或是现代税收国家的标准,而非形式上的税收所占比例。纳税人观念的树立,包括在宪法、其他部门法和财税法领域的树立,无疑是我国构建现代税收国家的关键和突破点,抑或是唯一可取的道路。当然,树立纳税人观念以建构现代税收国家,除文中提到的制度完善,还需要注重整体社会进步和社会意识的提升。

通过"纳税人观念"之法意研究,即纳税人观念的树立从而建构现代的税收国家,方能通过实现财政作为国家治理基础和重要支柱的功能定位来最终实现国家的法治化。

法学从本质上讲是人学,唯有树立纳税人观念方能展望我国现代税收国家的建立,方能期待中国特色法治社会的建成。

参考文献

一、著作类

1.［德］弗里德里希·李斯特：《政治经济学的国民体系》，陈万煦译，商务印书馆1961年版。

2.［德］古斯塔夫·拉德布鲁赫：《法律智慧警句集》，舒国滢译，中国法制出版社2001年版。

3.［德］哈贝马斯：《在事实与规范之间——关于法律和民主法治国的商谈理论》，童世骏译，生活·读书·新知三联书店2011年版。

4.［德］黑格尔：《法哲学原理》，范扬、张企泰译，商务印书馆1982年版。

5.［德］康德：《历史理性批判文集》，何兆武译，商务印书馆1990年版。

6.［德］罗尔夫·施托贝尔：《经济宪法与经济行政法》，谢立斌译，商务印书馆2008年版。

7.［德］马克斯·韦伯：《经济行动与社会团体》，康乐、简惠美译，广西师范大学出版社2004年版。

8.［法］雷蒙·阿隆：《社会学主要思潮》，葛秉宁译，上海译文出版社2015年版。

9.［法］孟德斯鸠：《论法的精神》（上册），张雁深译，商务印书馆1961年版。

10.［法］孟德斯鸠：《论法的精神》（下册），张雁深译,商务印书馆 1963 年版。

11. [法]托克维尔:《旧制度与大革命》,冯棠译,商务印书馆 1997 年版。

12. [美]L. 亨金:《权利的时代》,信春鹰等译,知识出版社 1997 年版。

13. [美]B. 盖伊·彼得斯:《税收政治学——一种比较的视角》,郭为桂、黄宁莺译,江苏人民出版社 2008 年版。

14. [美]C. 莫里斯、D. 布迪:《中华帝国的法律》,朱勇译,江苏人民出版社 2010 年版。

15. [英]E. E. 里奇、C. H. 威尔逊主编:《剑桥欧洲经济史》(第 5 卷),高德步等译,经济科学出版社 2002 年版。

16. [美]E. 博登海默:《法理学:法律哲学与法律方法》,邓正来译,中国政法大学出版社 2004 年版。

17. [美]埃利奥特·阿伦森:《社会性动物》,郑日昌等译,新华出版社 2001 年版。

18. [美]伯尔曼:《法律与宗教》,梁治平译,生活·读书·新知三联书店 1991 年版。

19. [美]查默斯·约翰逊:《通产省与日本奇迹——产业政策的成长(1925 ~ 1975)》,金毅、许鸿艳、唐吉洪译,吉林出版集团有限责任公司 2010 年版。

20. [美]查尔斯·亚当斯:《善与恶:税收在文明进程中的影响》,翟继光译,中国政法大学出版社 2013 年版。

21. [美]查尔斯·A. 比尔德:《美国宪法的经济观》,何希齐译,商务印书馆 1989 年版。

22. [美]道格拉斯·C. 诺斯:《经济史中的结构与变迁》,陈郁等译,上海三联书店、上海人民出版社 1991 年版。

23. [美]费正清、赖肖尔主编:《中国:传统与变革》,陈仲丹等译,江苏人民出版社 2012 年版。

24. [美]弗朗西斯·福山:《信任:社会美德与创造经济繁荣》,彭志华译,海南出版社 2001 年版。

25.［美］汉密尔顿、杰伊、麦迪逊:《联邦党人文集》,程逢如、在汉、舒逊译,商务印书馆 1980 年版。

26.［美］卡尔·A. 魏特夫:《东方专制主义:对于极权力量的对比研究》,徐式谷等译,中国社会科学出版社 1989 年版。

27.［美］理查德·A. 马斯格雷夫、艾伦·T. 皮考克主编:《财政理论史上的经典文献》,刘守刚、王晓丹译,上海财经大学出版社 2015 年版。

28.［美］黛博拉·布罗蒂加姆等主编:《发展中国家的税收与国家构建》,卢军坪、毛道根译,上海财经大学出版社 2016 年版。

29.［美］马修·戴弗雷姆:《法社会学讲义——学术脉络与理论体系》,郭星华、邢朝国、梁坤译,北京大学出版社 2010 年版。

30.［美］迈克尔·罗斯金等:《政治科学》,林震等译,中国人民大学出版社 2009 年版。

31.［美］曼瑟·奥尔森:《权力与繁荣》,苏长和、嵇飞译,上海人民出版社 2005 年版。

32.［美］明恩溥:《中国人的气质》,刘文飞、刘畅旸译,译林出版社 2011 年版。

33.［美］史蒂芬·霍尔姆斯、凯斯·R. 桑斯坦:《权利的成本——为什么自由依赖于税》,毕竞悦译,北京大学出版社 2004 年版。

34.［美］斯蒂芬·L. 埃尔金、卡罗尔·爱德华·索马坦:《新宪政论——为美好的社会设计政治制度》,周叶谦译,生活·读书·新知三联书店 1997 年版。

35.［美］斯科特·戈登:《控制国家——西方宪政的历史》,应奇、陈丽微译,江苏人民出版社 2001 年版。

36.［美］唐(Tang W. F.):《中国民意与公民社会》,胡赣栋、张东锋译,中山大学出版社 2008 年版。

37.［美］王国斌:《转变的中国:历史变迁与欧洲经验的局限》,连玲玲、李伯重译,江苏人民出版社 2008 年版。

38.［美］伊曼纽尔·沃勒斯坦:《沃勒斯坦精粹》,黄光耀、洪霞译,南京大学出版社 2003 年版。

39.［日］坂入长太郎:《欧美财政思想史》,张淳译,中国财政经济出版社 1987 年版。

40. [日]北野弘久:《日本税法学原论》(第 5 版),郭美松、陈刚译,中国检察出版社 2008 年版。

41. [日]金子宏:《日本税法》,战宪斌、郑林根等译,法律出版社 2004 年版。

42. [日]青木昌彦、吴敬琏编:《中国经济新转型》,姚志敏等译,译林出版社 2014 年版。

43. [匈]雅诺什·科尔奈:《社会主义体制——共产主义政治经济学》,张安译,中央编译出版社 2007 年版。

44. [英]阿伦·布洛克:《西方人文主义传统》,董乐山译,生活·读书·新知三联书店 1997 年版。

45. [英]弗里德利希·冯·哈耶克:《自由秩序原理》(下),邓正来译,生活·读书·新知三联书店 1997 年版。

46. [英]罗素:《西方哲学史》(上卷),何兆武、李约瑟译,商务印书馆 1963 年版。

47. [英]洛克:《政府论》(下篇),叶启芳等译,商务印书馆 1964 年版。

48. [英]密尔:《代议制政府》,汪瑄译,商务印书馆 1982 年版。

49.《建国以来毛泽东文稿》(第 6 册),中央文献出版社 1992 年。

50.《马克思恩格斯全集》(第 3 卷),人民出版社 1960 年版。

51.《马克思恩格斯全集》(第 6 卷),人民出版社 1961 年版。

52. 马克思、恩格斯著,中共中央马克思恩格斯列宁斯大林著作编译局编译:《马克思恩格斯全集》(第 1 卷),人民出版社 1995 年版。

53. 毛泽东著、中共中央文献研究室编:《毛泽东文集》(第 8 卷),人民出版社 1999 年版。

54. 法学教材编辑部《西方法律思想史编写组》编:《西方法律思想史资料选编》,北京大学出版社 1983 年版。

55. 蔡昌:《税道溯源》,中国财政经济出版社 2018 年版。

56. 蔡定剑:《宪法精解》,法律出版社 2006 年版。

57. 陈峰:《中国宪政史研究纲要》,贵州人民出版社 2003 年版。

58. 陈清秀:《税法总论》,台北,翰芦图书出版有限公司 2001 年版。

59. 陈晴:《以权利制约权力:纳税人诉讼制度研究》,法律出版社 2015 年版。

60. 陈薇芸:《社会福利与所得税法》,台北,翰芦图书出版有限公司 2009 年版。

61. 陈征:《国家权力与公民权利的宪法界限》,清华大学出版社 2016 年版。

62. 樊静:《中国税制新论》,北京大学出版社 2004 年版。

63. 费孝通:《乡土中国 生育制度》,北京大学出版社 1998 年版。

64. 冯友兰:《中国哲学简史》,涂又光译,北京大学出版社 2010 年版。

65. 付子堂、赵树坤等:《发展中法治论——当代中国转型期的法律与社会研究》,北京大学出版社 2013 年版。

66. 付子堂主编:《法理学初阶》,法律出版社 2005 年版。

67. 付子堂主编:《法理学进阶》,法律出版社 2006 年版。

68. 高军:《纳税人基本权研究》,中国社会科学出版社 2011 年版。

69. 葛克昌:《国家学与国家法》,台北,月旦出版股份有限公司 1996 年版。

70. 葛克昌:《税法基本问题(财政宪法篇)》,北京大学出版社 2004 年版。

71. 葛克昌:《租税国的危机》,厦门大学出版社 2016 年版。

72. 顾銮斋:《中西中古税制比较研究》,社会科学文献出版社 2016 年版。

73. 顾准:《顾准文集》,华东师范大学出版社 2014 年版。

74. 郭建龙:《中央帝国的财政密码》,鹭江出版社 2017 年版。

75. 何珊君:《法社会学新探——一个学科框架与知识体系的构建》,北京大学出版社 2014 年版。

76. 何兹全:《中国文化六讲》,北京大学出版社 2008 年版。

77. 胡建淼:《行政法学》,法律出版社 2015 年版。

78. 胡玉鸿、许小亮、陈颐:《法学流派的人学之维》,北京大学出版社 2013 年版。

79. 黄俊杰:《税捐正义》,北京大学出版社2004年版。

80. 黄仁宇:《十六世纪明代中国之财政与税收》,生活·读书·新知三联书店2015年版。

81. 季卫东:《法制的转轨》,浙江大学出版社2009年版。

82. 贾康、刘克崮:《中国财政改革三十年:亲历与回顾》,经济科学出版社2008年版。

83. 贾康、刘薇:《财税体制转型》,浙江大学出版社2015年版。

84. 姜昕:《比例原则研究——一个宪政的视角》,法律出版社2008年版。

85. 蒋碧昆编著:《中国近代宪政宪法史略》,法律出版社1988年版。

86. 金耀基:《从传统到现代》,法律出版社2017年版。

87. 金耀基:《中国文明的现代转型》,广东人民出版社2016年版。

88. 黎江虹:《中国纳税人权利研究》,中国检察出版社2014年版。

89. 李昌麒、岳彩申主编:《经济法学》,法律出版社2013年版。

90. 李昌麒、岳彩申主编:《经济法论坛》第12卷,法律出版社2014年版。

91. 李昌麒主编:《经济法理念研究》,法律出版社2009年版。

92. 李刚:《税法与私法关系总论——兼论中国现代税法学基本理论》,法律出版社2014年版。

93. 李可、罗洪洋:《法学方法论》,贵州人民出版社2003年版。

94. 李龙主编:《宪法基础理论》,武汉大学出版社1999年版。

95. 李萍主编:《财政体制简明图解》,中国财政经济出版社2010年版。

96. 李炜光:《大家的财税学》,中央广播电视大学出版社2016年版。

97. 李炜光:《税收的逻辑:纳税人应该知道的基本财政常识》,世界图书出版公司2011年版。

98. 李永成:《经济法人本主义论》,法律出版社2006年版。

99. 凌斌:《中国法学时局图》,北京大学出版社2014年版。

100. 刘剑文、熊伟:《财税法专题研究》,北京大学出版社2007年版。

101. 刘剑文主编:《财政法学》,北京大学出版社2009年版。

102. 刘剑文、熊伟:《财政税收法》,法律出版社 2017 年版。

103. 刘剑文、熊伟:《税法基础理论》,北京大学出版社 2004 年版。

104. 刘剑文:《财税法——原理、案例与材料》,北京大学出版社 2015 年版。

105. 刘剑文:《强国之道——财税法治的破与立》,社会科学文献出版社 2013 年版。

106. 刘剑文:《重塑半壁财产法:财税法的新思维》,法律出版社 2009 年版。

107. 刘剑文等:《财税法总论》,北京大学出版社 2016 年版。

108. 刘剑文主编:《财税法论丛》第 10 卷,法律出版社 2009 年版。

109. 刘剑文主编:《财税法学前沿问题研究 6——依法治国与财税法定原则》,法律出版社 2016 年版。

110. 刘剑文主编:《财税法学研究述评(2005 ~ 2014)》,法律出版社 2015 年版。

111. 刘剑文主编:《财税法学研究述评》,高等教育出版社 2004 年版。

112. 刘剑文主编:《财政税收法》,法律出版社 1997 年版。

113. 刘剑文主编:《纳税主体法理研究》,经济管理出版社 2006 年版。

114. 刘蓉、刘为民:《宪政视角下的税制改革研究》,法律出版社 2008 年版。

115. 刘守刚:《财政经典文献九讲——基于财政政治学的文本选择》,复旦大学出版社 2015 年版。

116. 吕忠海、陈虹:《经济法原论》,法律出版社 2008 年版。

117. 马骏:《中国公共预算改革:理论性与民主化》,中央编译出版社 2005 年版。

118. 泮伟江:《当代中国法治的分析与建构》,中国法制出版社 2012 年版。

119. 钱穆:《现代中国学术论衡》,生活 · 读书 · 新知三联书店 2001 年版。

120. 钱穆:《中国文化史导论》,商务印书馆 1994 年版。

121. 渠涛主编:《中日民商法研究》第 2 卷,法律出版社 2004 年版。

122. 瞿同祖:《中国法律与中国社会》,中华书局 2003 年版。

123. 施正文:《税收债法论》,中国政法大学出版社 2008 年版。

124. 施治生、刘欣如主编:《古代王权与专制主义》,中国社会科学出版社 1993 年版。

125. 史际春、邓峰:《经济法总论》,法律出版社 2013 年版。

126. 孙春增主编:《法理学要义》,北京大学出版社 2008 年版。

127. 孙凤仪:《公民社会与公共财政——良政与善治的政治经济学分析》,知识产权出版社 2014 年版。

128. 孙健编著:《中华人民共和国经济史:1949 ~ 90 年代初》,中国人民大学出版社 1992 年版。

129. 王磊:《税收社会学》,经济科学出版社 2011 年版。

130. 王人博、程燎原:《法治论》,山东人民出版社 1998 年版。

131. 王人博:《宪政的中国之道》,山东人民出版社 2003 年版。

132. 王人博:《中国近代的宪政思潮》,法律出版社 2003 年版。

133. 王婷婷:《课税禁区法律问题研究》,法律出版社 2017 年版。

134. 王亚南主编:《资产阶级古典政治经济学选辑》,商务印书馆 1979 年版。

135. 韦森:《大转型:中国改革下一步》,中信出版社 2012 年版。

136. 伍华军、周叶中:《我国公民意识及其培植研究》,武汉大学出版社 2014 年版。

137. 夏勇:《中国民权哲学》,生活 · 读书 · 新知三联书店 2004 年版。

138. 夏勇主编:《走向权利的时代——中国公民权利发展研究》,中国政法大学出版社 1999 年版。

139. 夏征农、陈至立主编:《辞海》,上海辞书出版社 2009 年版。

140. 夏正林:《社会权规范研究》,山东人民出版社 2007 年版。

141. 谢荣堂:《社会法治国基础问题与权利救济》,台北,元照出版有限公司 2008 年版。

142. 熊伟:《法治、财税与国家治理》,法律出版社 2015 年版。

143. 熊伟主编:《税法解释与判例评注》(第 7 卷),法律出版社 2016 年版。

144. 徐大同主编:《西方政治思想史》,天津教育出版社 2002 年版。

145. 徐杰主编:《经济法论丛》(第 1 卷),法律出版社 2000 年版。

146. 徐孟洲主编:《税法》,中国人民大学出版社 1999 年版。

147. 徐秀义、韩大元主编:《现代宪法学基本原理》,中国人民公安大学出版社 2001 年版。

148. 许建国、蒋晓蕙、蔡红英:《西方税收思想》,中国财政经济出版社 2016 年版。

149. 杨大春:《中国近代财税法学史研究》,北京大学出版社 2010 年版。

150. 杨小强:《税法总论》,湖南人民出版社 2002 年版。

151. 杨小强:《中国税法:原理、实务与整体化》,山东人民出版社 2008 年版。

152. 叶金育:《税法整体化研究——一个法际整合的视角》,北京大学出版社 2016 年版。

153. 殷陆君编译:《人的现代化》,四川人民出版社 1985 年版。

154. 於兴中:《法治东西》,法律出版社 2015 年版。

155. 俞敏:《税收规避法律规制研究》,复旦大学出版社 2012 年版。

156. 张恒山:《义务先定论》,山东人民出版社 1999 年版。

157. 张洪涛:《国家主义抑或人本主义——转型中国法律运行研究》,人民出版社 2008 年版。

158. 张守文:《财税法疏议》,北京大学出版社 2016 年版。

159. 张守文:《财税法学》,中国人民大学出版社 2014 年版

160. 张守文:《经济法学》,中国人民大学出版社 2014 年版。

161. 张守文主编:《经济法研究》(第 15 卷),北京大学出版社 2015 年版。

162. 张文显主编:《法理学》,法律出版社 2007 年版。

163. 张文显:《法哲学范畴研究》,中国政法大学出版社 2001 年版。

164. 张怡、邓甲明主编:《财税法实务教程》,中国人民大学出版社 2013 年版。

165. 张怡等:《衡平税法研究》,中国人民大学出版社 2012 年版。

166. 张怡等:《人本税法研究》,法律出版社 2016 年版。

167. 赵旭东:《法律与文化:法律人类学研究与中国经验》,北京大学出版社 2011 年版。

168. 周刚志:《财政转型的宪法原理》,中国人民大学出版社 2014 年版。

169. 周洪波:《危害税收征管罪——立案追诉标准与司法认定实务》,中国人民公安大学出版社 2010 年版。

170. 朱福惠主编:《转型时期的宪法课题:中国宪法学研究会论文集》,厦门大学出版社 2008 年版。

二、期刊类

1. [德]彼得·巴杜拉:《论自由法治国和社会法治国中的行政法》,曾文远译,载《人大法律评论》编辑委员会编:《人大法律评论》2013 年卷·第 2 辑,法律出版社 2013 年版。

2. [美]约瑟夫·费尔德:《科斯定理 1－2－3》,李政军译,载《经济社会体制比较》2002 年第 5 期。

3. [日]铃木贤:《中国的立法论与日本的解释论——为什么日本民法典可以沿用百多年之久》,渠涛译,载渠涛主编:《中日民商法研究》第 2 卷,法律出版社 2004 年版。

4. 包子川、李初仕、陈光宇:《纳税人意识与依法治税》,载《税务研究》2003 年第 5 期。

5. 陈爱蓓:《司法的第三维度:社会学维度——从法意与民意的纠结谈起》,载《社会科学研究》2010 年第 5 期。

6. 蔡昌:《税收信用缺失的根源及治理制度设计》,载《税务研究》2014 年第 11 期。

7. 曹艳芝:《论税收优先权的效力冲突》,载《中国法学》2004 年第 5 期。

8. 陈丹:《宪法税概念之论争》,载《税务研究》2008 年第 10 期。

9. 陈国文:《社会结构与税法秩序——税收法定主义的社会起源》,载刘剑文主编:《财税法学前沿问题研究 6——依法治国与财税法定原则》,

法律出版社2016年版。

10. 陈树森:《博弈与和谐:穿行于法意与民意之间的司法》,载《法律适用》2009年第9期。

11. 陈业宏、曹胜亮:《个人所得税法实质正义的缺失考量——以纳税人家庭经济负担为视角》,载《法学杂志》2010年第5期。

12. 陈征:《国家征税的宪法界限——以公民私有财产权为视角》,载《清华法学》2014年第3期。

13. 陈治:《税法的私法化及其限度》,载《税务研究》2008年第3期。

14. 陈忠林、王昌奎:《刑法概念的重新界定及展开》,载《现代法学》2014年第4期。

15. 丛中笑:《税收国家及其法治构造》,载《法学家》2009年第5期。

16. 崔建远:《我国物权法应选取的结构原则》,载《法制与社会发展》1995年第3期。

17. 崔威:《中国税务行政诉讼实证研究》,载《清华法学》2015年第3期。

18. 邓成明:《论人民主权与公民的民主权利》,载《广东社会科学》2005年第4期。

19. 张馨:《我国财政职能观评述》,载《财经问题研究》2001年第11期。

20. 董和平:《宪法修改的基本经验与中国宪法的发展》,载《中国法学》2012年第4期。

21. 董延林、孙宇:《法律本位之演进论略》,载《学习与探索》1998年第2期。

22. 杜承铭、朱孔武:《“信访权”之宪法定位》,载《辽宁大学学报(哲学社会科学版)》2006年第6期。

23. 杜宇:《刑法上之“类推禁止”如何可能?一个方法论上的悬疑》,载《中外法学》2006年第4期。

24. 方赛迎:《人性维度的纳税人权利法律保护新探》,载《安徽大学学报》2006年第3期。

25. 方世荣:《论行政立法参与权的权能》,载《中国法学》2014年第

3 期。

26. 冯江菊:《行政违法与犯罪的界限——兼谈行政权与司法权的纠葛》,载《行政法学研究》2009 年第 1 期。

27. 付翠英:《论破产费用和共益债务》,载《政治与法律》2010 年第 9 期。

28. 傅郁林:《法学研究方法由立法论向解释论的转型》,载《中外法学》2013 年第 1 期。

29. 高培勇:《公共财政:概念界说与演变脉络——兼论中国财政改革 30 年的基本轨迹》,载《经济研究》2008 年第 12 期。

30. 葛克昌:《社会福利给付与租税正义》,载《台大法学论丛》1996 年第 2 期。

31. 葛克昌:《租税国危机及其宪法课题——财税改革之法律基础》,载《台大法学论丛》1991 年第 2 期。

32. 葛克昌:《租税国——宪法之国体》,载《经社法制论丛》1989 年第 3 期。

33. 龚向和:《社会权的历史演变》,载《时代法学》2005 年第 3 期。

34. 龚志坚:《我国税收征纳交易费用的制度分析》,载《江西财经大学学报》2008 年第 6 期。

35. 龚志坚、熊平园、舒成:《我国税收征管制度变迁的路径选择——基于税收征纳交易费用的分析》,载《税务与经济(长春税务学院学报)》2008 年第 5 期。

36. 顾准:《资本的原始积累和资本主义发展》,载顾准:《顾准文集》,华东师范大学出版社 2014 年版。

37. 郭春镇:《法律中"人"的形象变迁与"人权条款"之功能》,载《学术月刊》2010 年第 3 期。

38. 郭锋:《民商分立与民商合一的理论评析》,载《中国法学》1996 年第 5 期。

39. 郭湛:《人的主体性的进程》,载《中国社会科学》1987 年第 2 期。

40. 韩大元:《宪法与社会共识:从宪法统治到宪法治理》,载《交大法学》2012 年第 1 期。

41. 何海兵:《我国城市基层社会管理体制的变迁:从单位制、街居制到社区制》,载《管理世界》2003 年第 6 期。

42. 贺电、马楠:《当代中国法哲学研究范式的新发展——从权利本位范式到平衡范式》,载《社会科学战线》2014 年第 1 期。

43. 侯登华、李双:《试论行政柔性执法的理论基础》,载《北京科技大学学报(社会科学版)》2010 年第 4 期。

44. 侯卓:《财税法功能的“法律性”解构》,载《财经法学》2017 年第 1 期。

45. 胡建:《和谐社会视阈下的政治认同建设探析》,载《西南民族大学学报(人文社会科学版)》2012 年第 2 期。

46. 胡水君:《中国法治的人文道路》,载《法学研究》2012 年第 3 期。

47. 黄如桐:《私营企业主不是社会主义劳动者》,载《真理的追求》2000 年第 11 期。

48. 黄润良:《构建税收信用体系初探》,载《税务研究》2002 年第 7 期。

49. 季卫东:《法律议论的社会科学研究新范式》,载《中国法学》2015 年第 6 期。

50. 季卫东:《杂谈“有产政府”思路对税制的影响》,载季卫东:《法制的转轨》,浙江大学出版社 2009 年版。

51. 姜峰:《权利宪法化的隐忧——以社会权为中心的思考》,载《清华法学》2010 年第 5 期。

52. 姜朋等:《我国区域间税负水平差异空间分布特征及分析》,载《税务研究》2017 年第 6 期。

53. 靳文辉:《论地方政府间的税收不当竞争及其治理》,载《法律科学(西北政法大学学报)》2015 年第 1 期。

54. 赖勤学:《纳税人主权观——新一轮税改的理念精义》,载《经济体制改革》2004 年第 5 期。

55. 黎江虹:《经济法主体研究:以纳税人为视角》,载张守文主编:《经济法研究》第 15 卷,北京大学出版社 2015 年版。

56. 李步云:《现代法的精神论纲》,载《法学》1997 年第 6 期。

57. 李淳燕:《纳税人本位论——社会主义市场经济体制的理论基石》,载《财贸经济》1994 年第 2 期。

58. 李刚、周俊琪:《从法解释的角度看我国〈宪法〉第五十六条与税收法定主义——与刘剑文、熊伟二学者商榷》,载《税务研究》2006 年第 9 期。

59. 杨寿堪、李建会:《现代科学主义与人本主义哲学的基本特征及其走向》,载《学术月刊》2001 年第 11 期。

60. 李景鹏:《中国公民社会成长中的若干问题》,载《社会科学》2012 年第 1 期。

61. 李莉、郑素梅:《论民法理念及其现实意义》,载《当代法学》2005 年第 3 期。

62. 李龙、周叶中:《宪法学基本范畴简论》,载《中国法学》1996 年第 6 期。

63. 李路路:《"单位制"的变迁与研究》,载《吉林大学社会科学学报》2013 年第 1 期。

64. 李少伟:《法律观念与法律制度的互动——法制现代化实现的内在动力》,载《河北法学》1998 年第 6 期。

65. 李慎之:《中国文化传统与现代化》,载《战略与管理》2000 年第 4 期。

66. 李炜光:《财政何以为国家治理的基础和支柱》,载《法学评论》2014 年第 2 期。

67. 李文彬、张龙平:《非典型税收国家:当代中国的表现与陷阱》,载《广东行政学院学报》2012 年第 4 期。

68. 李艳芳:《美国的公民诉讼制度及其启示——关于建立我国公益诉讼制度的借鉴性思考》,载《中国人民大学学报》2003 年第 2 期。

69. 李中:《中国文化传统与现代化——兼论中国的专制主义》,载《太平洋学报》2001 年第 3 期。

70. 廖呈钱:《回应性:地方税收立法制度的一种理论支撑》,载《现代经济探讨》2016 年第 8 期。

71. 廖呈钱:《税收债权竞合的受偿位序——以全面"营改增"后国税、

地税合作办税为切入点》,载《经济法学评论》2017 年第 2 期。

72. 廖呈钱:《人之图像变迁与纳税人权利保障》,载史际春主编:《经济法学评论》第 19 卷,中国法制出版社 2019 年版。

73. 林来梵、朱玉霞:《错位与暗合——试论我国当下有关宪法与民法关系的四种思维倾向》,载《浙江社会科学》2007 年第 1 期。

74. 林浣芬:《我国计划经济体制的基本形成及其历史特点》,载《党的文献》1995 年第 2 期。

75. 刘锋:《我国公民的纳税意识》,载《税务研究》2005 年第 11 期。

76. 刘济勇、张楠:《财政视角下洋务运动与明治维新的比较研究》,载《西部论坛》2013 年第 2 期。

77. 刘剑文、王桦宇:《公共财产权的概念及其法治逻辑》,载《中国社会科学》2014 年第 8 期。

78. 刘剑文、熊伟:《财税法学近十年发展之回顾与反思》,载刘剑文主编:《财税法论丛》第 10 卷,北京大学出版社 2009 年版。

79. 刘剑文:《财税法功能的定位及其当代变迁》,载《中国法学》2015 年第 4 期。

80. 刘剑文:《财税改革的政策演进及其内含之财税法理论——基于党的十八大以来中央重要政策文件的分析》,载《法学杂志》2016 年第 7 期。

81. 刘剑文:《非法未必不征税》,载《中国税务》2006 年第 4 期。

82. 刘剑文:《论领域法学:一种立足新兴交叉领域的法学研究范式》,载《政法论丛》2016 年第 5 期。

83. 刘剑文:《中国税收立法研究》,载徐杰主编:《经济法论丛》第 1 卷,法律出版社 2000 年版。

84. 刘连泰:《宪法上征收规范的效力是否及于征税:一个比较法的观察》,载《现代法学》2009 年第 3 期。

85. 刘隆亨、周红焰:《我国税收基本法制定的意义、特征和框架》,载《法学杂志》2004 年第 5 期。

86. 刘美希:《私权神圣理念的历史演变考》,载《河南省政法管理干部学院学报》2009 年第 3 期。

87. 刘荣:《刍议“逃税罪”案件行政程序与刑事程序的关系》,载《涉外税务》2010 年第 5 期。

88. 刘旺洪:《依法治国与公民法律观念》,载《法学家》1998 年第 5 期。

89. 本刊编辑部:《宪法修改问题笔谈》,载《法学研究》1999 年第 3 期。

90. 刘怡、杨长湧:《中国传统文化与纳税人意识》,载《北京大学学报(哲学社会科学版)》2006 年第 3 期。

91. 刘怡、易滢婷:《范拉伊模式下的纳税人意识研究》,载《财贸经济》2005 年第 7 期。

92. 刘作翔:《现代法律观念的培植是实现法治国家的观念基础》,载《法学研究》2007 年第 4 期。

93. 龙晟:《社会国的宪法意义》,载《环球法律评论》2010 年第 3 期。

94. 鲁篱:《税法功能论》,载《现代法学》1996 年第 1 期。

95. 路风:《单位:一种特殊的社会组织形式》,载《中国社会科学》1989 年第 1 期。

96. 罗俊杰、刘霞玲:《税法私法化趋势理论探源》,载《税务研究》2010 年第 4 期。

97. 罗培新:《善治须用良法:社会信用立法论略》,载《法学》2016 年第 12 期。

98. 马国强:《税制结构基础理论研究》,载《税务研究》2015 年第 1 期。

99. 马新福:《社会主义法治必须弘扬契约精神》,载《中国法学》1995 年第 1 期。

100. 毛云芳、林擎国:《现代税收文化内涵及其建设的再探讨》,载《税务与经济》2005 年第 1 期。

101. 欧世龙、詹才琴:《税收优先权的顺位分析》,载《行政与法(吉林省行政学院学报)》2004 年第 11 期。

102. 申卫星:《我国优先权制度立法研究》,载《法学评论》1997 年第 6 期。

103. 沈琳、黄雅靖:《中国内地的税负究竟有多重》,载《经济研究导刊》2012 年第 19 期。

104. 单飞跃、王霞:《纳税人税权研究》,载《中国法学》2004 年第 4 期。

105. 施正文:《我国建立纳税人诉讼的几个问题》,载《中国法学》2006 年第 5 期。

106. 舒国滢:《当代西方法学的综合趋向》,载《法学研究》1987 年第 5 期。

107. 孙凌:《论住宅权在我国宪法规范上的证立——以未列举宪法权利证立的论据、规范与方法为思路》,载《法制与社会发展》2009 年第 5 期。

108. 孙秀林、周飞舟:《土地财政与分税制:一个实证解释》,载《中国社会科学》2013 年第 4 期。

109. 汤洁茵:《民法概念与税法的关系探析》,载《山东财经学院学报》2008 年第 4 期。

110. 汤喆峰:《财政宪法学视角下的纳税人诉讼制度研究》,载《昆明理工大学学报(社会科学版)》2017 年第 6 期。

111. 田志明、侯昭华:《税收柔性执法探析》,载《税务研究》2015 年第 4 期。

112. 佟吉清:《论我国立法公众参与的法理基础》,载《河北法学》2002 年第 5 期。

113. 王春业:《论柔性执法》,载《中共中央党校学报》2007 年第 5 期。

114. 王贵松:《民法规范在行政法中的适用》,载《法学家》2012 年第 4 期。

115. 王焕清:《纳税人意识与税收环境优化》,载《铜陵学院学报》2005 年第 4 期。

116. 王进文:《“人的尊严”义疏:理论溯源、规范实践与本土化建构》,载《中国法律评论》2017 年第 2 期。

117. 王磊:《人权的宪法保护的几个误区》,载《法学家》2004 年第 4 期。

118. 王利明:《民商合一体例下我国民法典总则的制定》,载《法商研究》2015 年第 4 期。

119. 王乔、龚志坚:《从税收征纳交易费用看税收征管制度改革》,载《税务研究》2010 年第 6 期。

120. 王绍光、马骏:《走向“预算国家”——财政转型与国家建设》,载《公共行政评论》2008 年第 1 期。

121. 王绍光:《从税收国家到预算国家》,载《读书》2007 年第 10 期。

122. 王胜利:《新中国成立以来公有制经济发展历程解析》,载《长白学刊》2011 年第 4 期。

123. 王婷婷:《范式与路径:中国财政治理法治化研究》,载《财经法学》2016 年第 1 期。

124. 王婷婷:《课税禁区的范畴、机理与建构路径》,载李昌麒、岳彩申主编《经济法论坛》第 12 卷,法律出版社 2014 年版。

125. 王伟、武中哲、成锡军:《国内学术界关于“单位制”的研究综述》,载《发展论坛》2001 年第 3 期。

126. 王文华:《行政犯罪与行政违法的界定及立法方式》,载《东方法学》2008 年第 4 期。

127. 韦敏、蔡仲:《规制性科学视角下我国 PM 2.5 标准制定中的“反向规制”》,载《科学学研究》2016 年第 11 期。

128. 温辉:《受教育权入宪研究》,载《法学家》2001 年第 2 期。

129. 温建辉、余丽英:《论“纳税人”概念与“四项基本原则”的对立》,载《重庆与世界》2010 年第 13 期。

130. 吴建、舒美芹:《从人道主义的发展来揭示发展的人道主义》,载《前沿》2012 年第 3 期。

131. 伍俊斌:《分权制衡理论的发展逻辑及其意义》,载《前沿》2011 年第 1 期。

132. 伍红:《优化我国宏观税负结构的思考》,载《企业经济》2007 年第 12 期。

133. 武士:《对“死亡税率”之说应理性看待》,载《中国商界》2017 年第 3 期。

134. 颜德如:《严复翻译之评析:以孟德斯鸠〈法意〉首段为例》,载《福建论坛(人文社会科学版)》2012 年第 11 期。

135. 席晓娟:《略论民法基本原则的税法适用》,载《河北法学》2008 年第 5 期。

136. 肖建国:《从立法论走向解释论:〈民事诉讼法〉修改的实务应对》,载《法律适用》2012 年第 11 期。

137. 肖君拥、黄宝印:《人民主权宪法原则简论》,载《河北大学学报(哲学社会科学版)》2013 年第 1 期。

138. 熊伟:《法治财政的宪法之维》,载《财经法学》2015 年第 6 期。

139. 熊伟:《法治视野下清理规范税收优惠政策研究》,载《中国法学》2014 年第 6 期。

140. 徐阳光:《民主与专业的平衡:税收法定原则的中国进路》,载《中国人民大学学报》2016 年第 3 期。

141. 徐阳光:《实质课税原则适用中的财产权保护》,载《河北法学》2008 年第 12 期。

142. 徐阳光:《预算国家:财政法治的理想——源自美国的经验与启示》,载《环球法律评论》2009 年第 3 期。

143. 许其勇:《现代刑法的生存空间——从刑法的二次规范属性谈起》,载《刑法论丛》2012 年第 1 期。

144. 许义娜:《论税务执法文书在涉税刑事案件中的法律地位和作用》,载熊伟主编:《税法解释与判例评注》第 7 卷,法律出版社 2016 年版。

145. 薛国中:《秦汉以来中国专制主义社会及其特点》,载《武汉大学学报(人文科学版)》2012 年第 2 期。

146. 薛国中:《中国专制主义政治的形成与发展》,载《社会科学论坛》2010 年第 20 期。

147. 闫海:《绳结与利剑:实质课税原则的事实解释功能论》,载《法学家》2013 年第 3 期。

148. 晏莉、吴国平:《税收优先权之位序研究》,载《四川大学学报(哲学社会科学版)》2001 年第 4 期。

149. 杨灿明、赵福军:《财政分权理论及其发展述评》,载《中南财经大学学报》2004 年第 4 期。

150. 杨春时:《中国现代化进程中的民族主义和国家主义》,载《海南师范大学学报(人文社会科学版)》2002 年第 1 期。

151. 杨力:《纳税人意识:公民意识的法律分析》,载《法律科学(西北政法学院学报)》2007 年第 2 期。

152. 杨小强:《论税法对民法债权保障制度的移用》,载《中外法学》1998 年第 2 期。

153. 杨小强:《日本地方税法中的民法适用及启示》,载《中央政法管理干部学院学报》1998 年第 4 期。

154. 杨晓东、韩刚:《分权制衡原则的历史演变及当代启示》,载《长春市委党校学报》2008 年第 4 期。

155. 杨志勇:《"死亡税率"是假,但企业税负难题是真》,载《中国经济周刊》2016 年第 50 期。

156. 姚轩鸽:《税收互信简论——兼议当前税收互信建设存在的主要问题与对策》,载《税收经济研究》2017 年第 3 期。

157. 叶金育:《国税总局解释权的证成与运行保障》,载《法学家》2016 年第 4 期。

158. 叶金育:《理解中国的税收法治意识——基于税收宣传的实证考察》,载《人大法律评论》2013 年第 2 期。

159. 叶金育:《税法解释中纳税人主义的证立——一个债法的分析框架》,载《江西财经大学学报》2017 年第 4 期。

160. 叶姗:《实质课税主义的理论价值确证》,载《学术论坛》2006 年第 2 期。

161. 易奉菊:《税收优先权在实践中存在的问题》,载《涉外税务》2003 年第 10 期。

162. 尹恒、朱虹:《县级财政生产性支出偏向研究》,载《中国社会科学》2011 年第 1 期。

163. 应飞虎:《我国食品消费者教育制度的构建》,载《现代法学》2016 年第 4 期。

164. 于浩:《共和国法治建构中的国家主义立场》,载《法制与社会发展》2014 年第 5 期。

165. 于语和、刘志松:《天意 法意 人意——乡土社会法治化的困惑与民间法的命运与选择》,载《西南民族大学学报(人文社科版)》2007 年第 6 期。

166. 喻中:《中国宪法蕴含的七个理论模式》,载《浙江社会科学》2009 年第 8 期。

167. 张道义:《社会理论与社会国理论:史坦恩的模式》,载《台大法学论丛》2010 年第 4 期。

168. 张富强:《论税收国家的基础》,载《中国法学》2016 年第 2 期。

169. 张恒龙、陈宪:《当代西方财政分权理论述要》,载《国外社会科学》2007 年第 3 期。

170. 张军:《中国企业面临死亡税率?》,载《中国经济报告》2017 年第 2 期。

171. 张伦俊、李淑萍:《规模以上工业企业的行业税负研究》,载《统计研究》2012 年第 2 期。

172. 张明楷:《刑法在法律体系中的地位——兼论刑法的补充性与法律体系的概念》,载《法学研究》1994 年第 6 期。

173. 张明楷:《自然犯与法定犯一体化立法体例下的实质解释》,载《法商研究》2013 年第 4 期。

174. 张守文:《经济法学的发展理论初探》,载《财经法学》2016 年第 4 期。

175. 张守文:《论“发展导向型”的税收立法》,载《法学杂志》2016 年第 7 期。

176. 张守文:《论税收的一般优先权》,载《中外法学》1997 年第 5 期。

177. 张守文:《论税收法定主义》,载《法学研究》1996 年第 6 期。

178. 张守文:《税制变迁与税收法治现代化》,载《中国社会科学》2015 年第 2 期。

179. 张文显、于宁:《当代中国法哲学研究范式的转换——从阶级斗争范式到权利本位范式》,载《中国法学》2001 年第 1 期。

180. 张文显:《法律社会学的法概念》,载《社会学研究》1989 年第

2 期。

181. 张翔:《财产权的社会义务》,载《中国社会科学》2012 年第 9 期。

182. 张翔:《个人所得税作为财产权限制——基于基本权利教义学的初步考察》,载《浙江社会科学》2013 年第 9 期。

183. 张欣:《浅议我国税收优先权制度》,载《税务研究》2005 年第 3 期。

184. 张新宝:《侵权责任法学:从立法论向解释论的转变》,载《中国人民大学学报》2010 年第 4 期。

185. 张学斌:《我国公民纳税意识:现状、原因及对策》,载《财经论丛(浙江财经学院学报)》1998 年第 3 期。

186. 张学博:《税收法定原则新论:从绝对主义到相对主义》,载《上海财经大学学报》2016 年第 4 期。

187. 张怡、谭志哲:《我国近 30 年“依法治税”的理论言说——基于法律话语的分析》,载《西南政法大学学报》2012 年第 3 期。

188. 张怡:《论非均衡经济制度下税法的公平与效率》,载《现代法学》2007 年第 4 期。

189. 张怡:《税收法定化:从税收衡平到税收实质公平的演进》,载《现代法学》2015 年第 3 期。

190. 张云洁:《试论我国的计划经济》,载《陕西财经学院学报》1985 年第 1 期。

191. 赵建国:《刍议税收优先权的法律位序》,载《行政与法(吉林省行政学院学报)》2006 年第 4 期。

192. 赵万一:《从民法与宪法关系的视角谈我国民法典制订的基本理念和制度架构》,载《中国法学》2006 年第 1 期。

193. 赵万一:《再谈民法与宪法的关系》,载《清华法学》2009 年第 2 期。

194. 赵万一:《中国究竟需要一部什么样的民法典——兼谈民法典中如何处理与商法的关系》,载《现代法学》2015 年第 6 期。

195. 赵忠诚、周平川、李菲:《浅谈增强我国公民纳税意识的目标与途径》,载《税务研究》1999 年第 9 期。

196. 郑丽清:《税法中民法担保制度之援用分析》,载《龙岩学院学报》2007 年第 4 期。

197. 郑尚元:《社会法的定位和未来》,载《中国法学》2003 年第 5 期。

198. 周承娟:《基于税权的税收征纳关系探析》,载《税务研究》2010 年第 5 期。

199. 周颖:《我国税负是否过重》,载《合作科技与经济》2009 年第 9 期。

200. 朱大旗:《“分税制”财政体制下中国地方税权问题的研究》,载《安徽大学法律评论》2007 年第 2 期。

201. 朱大旗:《现代预算权体系中的人民主体地位》,载《现代法学》2015 年第 3 期。

202. 庄绪龙:《论经济犯罪的“条件性出罪机制”——以犯罪的重新分类为视角》,载《政治与法律》2011 年第 1 期。

三、博士学位论文

1. 陈卫林:《衡平税法机理研究》,西南政法大学 2013 年博士学位论文。

2. 高军:《纳税人基本权研究》,苏州大学 2010 年博士学位论文。

3. 金玲玲:《偷税犯罪立法研究——以刑法与税法之协调为进路》,吉林大学 2009 年博士学位论文。

4. 蓝元骏:《租税国家与财政宪法:对照〈盐铁论〉与〈租税国危机〉》,台湾大学 2009 年博士学位论文。

5. 刘雪松:《公民文化与法治秩序》,黑龙江大学 2005 年博士学位论文。

6. 赵书文:《公民身份与养老保障的平等——以单位制变迁为视角》,西南政法大学 2014 年博士学位论文。

7. 马珺:《对公共财政的多维考察》,中国社会科学院 2000 年博士学位论文。

8. 谭志哲:《当代中国税法理念转型研究——从“依法治税”到税收法治》,西南政法大学 2012 年博士学位论文。

9. 王建平：《纳税人权利及其保障研究》，湖南大学 2008 年博士学位论文。

10. 王义保：《专制主义的政治学分析——以中国古代专制主义为例》，吉林大学 2008 年博士学位论文。

11. 伍俊斌：《公民社会建构的基础理论研究》，中共中央党校 2007 年博士学位论文。

12. 夏丹波：《公民法治意识之生成》，中共中央党校 2015 年博士学位论文。

四、报刊、网站类

1. 刘剑文、魏建国：《我国税法对国外税收优先权制度的借鉴》，载《法制日报》2001 年 5 月 20 日，第 3 版。

2. 王丽颖：《罗斯福当年如何增税》，载《国际金融报》2015 年 2 月 16 日，第 22 版。

3. 郝如玉、曹静韬：《〈立法法〉修订对税收法定意义重大》，载人民网，http://theory.people.com.cn/n/2015/0319/c40531-26716620.html。

4.《2017 年全国财政支出：教育社保医卫成“前三甲”》，载搜狐网 2017 年 3 月 7 日，https://www.sohu.com/a/128114775_435996。

5.《国税总局局长：宏观税负有提升需要和空间》，载财股网 2010 年 10 月 4 日，https://www.caiguu.com/caijing/hongguan/7758.html。

6. 陈永乐：《国务院机构改革：国税地税机构合并，实行双重领导管理体制》，载新浪网，http://news.sina.com.cn/o/2018-03-13/doc-ifysfiuf9599569.shtml。

7.《上半年，欧元区 19 国 GDP 为 6.6 万亿美元，被中国反超，何时超欧盟?》，载网易新闻网 2019 年 9 月 15 日，https://3g.163.com/news/article_cambrian/EP4A61CQ0515W6FH.html。

8. 胡浩、刘慧、吴嘉林：《完善和发展以宪法为核心的中国特色社会主义法律体系——全国人大相关负责人回应人大立法工作热点问题》，载新华网，http://www.xinhuanet.com/politics/2018lh/2018-03/12/c_1122526186.htm。

9. 李宗泽、王欢:《日本公布2010年GDP数据 被中国赶超退居世界第三》,载新浪财经网,http://finance. sina. com. cn/j/20110214/08519369574. shtml。

10. 陈宝成:《人大代表建议税收立法权收归全国人大》,载财新网,http://china. caixin. com/2013-03-08/100498865. html。

11.《十三届全国人大一次会议批准国务院机构改革方案》,载新华网,http://www. xinhuanet. com/politics/2018-03/17/c_1122549771. htm。

12. 李宁:《我国间接税占全部税收收入比重过大 深化税制改革很紧迫》,载中国财经时报网,http://www. 3news. cn/24hot/2017/0417/194034. html。

13. 万鹏、秦华:《吴邦国:我国已如期形成中国特色社会主义法律体系》,载人民网,http://theory. people. com. cn/n/2013/0308/c49150-20726969. html。

14.《习近平:构建中国特色哲学社会科学》,载央视网,http://news. cctv. com/2016/05/22/ARTIvrMJ1roGaCewYo8Bm Oxr160522. shtml。

15. 洪克非:《民告官:超预算购车成被告》,载岳阳人大网,http://www. yyrd. com. cn/rddk/200709/115. html。

16. 季卫东:《曹德旺现象,症结不在税率高低》,载腾讯网,https://cul. qq. com/a/20161226/022346. htm。

17. 季卫东:《界定法社会学领域的三个标尺以及理论研究的新路径》,载爱思想网2005年4月14日,http://www. aisixiang. com/data/6464. html。

18. 王东京、李莉:《筵席税遭遇尴尬》,载中青在线网,http://zqb. cyol. com/content/2003-11/23/content_776124. htm。

五、外文参考文献

1. DECD, *Taxpayers' Rights and Obligations: A Survey of the Legal Situation in DECD Countries.*, OECD, 1990.

2. Geoffrey Brennan & James M. Buchanan, *The Power to Tax*,

Cambridge University Press,1980.

3. Chantal Stebbings, *The Victorian Taxpayer and the Law*, Cambridge University Press,2009.

4. Wolfram G. , *Taxpayers Rights and the Fiscal Constitution*, in Politics,Taxation,and the Rule of Law,Springer US,2002.

5. Albregtse Dirk et al. , *Taxpayer Protection in the European Union* (Papers Presented at an EFS Conference,Rotterdam,13 and 14 May 1996).

6. Chang O. H & Nichols. D. R et al. , *Taxpayer Attitudes Toward Tax Audit Risk*,Journal of Economic Psychology,Vol. 8,1987.

7. Michael Kwass, *A Kingdom of Taxpayers: State Formation, Privilege,and Political Culture in Eighteenth-Century France*,The Journal of Modern History,Vol. 70,1998.

8. Fjeldstad O. H. & Heggstad K. K. , *Building Taxpayer Culture in Mozambique, Tanzania and Zambia: Achievements, Challenges and Policy Recommendations*,Chr. Michelsen Institute Report(2012).

后　记

本书是在我的博士学位论文基础上修改而形成的。一直以为后记是一本书或者博士学位论文最有意思的部分也是最难写的部分,因为这里才是读者和作者真正能够沟通的地方,更重要的是,残留着笔者回不去的青春印记。所以,当拿到一本新书或者一篇博士学位论文之时,我总是习惯先看后记。犹记得在读硕士之时看到一篇博士学位论文的后记,首段就是简单的一句“攻博之路,甘苦自知”。当时还觉得有些谐谑,攻博期间才发现其堪称至理名言。时至如今,博士学位论文写作期间的情景还不时浮现在脑海:在博士学位论文写作期间所吃泡面可能超过了数年之和;我是一个极其不爱喝可乐的人,然而在论文写作中有一天突然发现可乐的冲劲似乎可以保持清醒,竟然数天不进滴水,全喝可乐;犹记得有一天状态奇好,连续坐在电脑旁十几个小时,码字数千,结果 Word 软件故障重启后数千字竟然荡然无存,内心的崩溃不是三言两语可以言表的。在春日山花烂漫、夏日满目青翠、秋日层林尽染、冬日银光耀眼之时,一人孤坐桌前的感受是常人难以体会的;但是突然灵光一闪,写出几句自己满意的语句的兴奋之情也是难为其他领域之人所能了解的。

我出生于重庆东北部的一个小山村，基于小时候的成长经历，我对于目前学界将农村描绘成为世外桃源，而将大多数农民特别是具有“豪强”性质的农民形容为憨厚、淳朴，表示出相当的质疑。

对于人的价值尊重和强权的制约，渐渐从朴素的正义感变成了我学习和思考的根本出发点。无论是硕士阶段选择宪法学为专业而以“全口径预算”为硕士学位论文，还是在攻读博士学位期间选择财税法学为研究方向而在博士学位论文中讨论“纳税人观念”问题，抑或工作之后围绕纳税人权利发表相关论述，似乎都是我这一学习和思考立场的具体面向和必然抉择。所以，我近乎顽固地坚持“法学是人学”——对于人之价值的尊重是法学的基本立场。

翻开图书馆最近十几年出版的任何一本财税法学教材或者专著就会明显地看出，纳税人权利在其中的重要地位，税法乃是纳税人权利保障之法已然成为学界共识，近些年纳税人本位的思想也渐成财税法的核心理念之一。学科上财税法学的日益显学，理念上纳税人权利的“元点”定位，都无法掩盖现实中纳税人的处境。现有关于制度建构和完善的建议似乎并没有给出令人满意的答案，目前财税法治建设的现状无疑就是明证，但是似乎是财税法治“破局”的前提。伴随对于问题的思考以及向导师张怡教授多次请教和商谈之后，最终将博士学位论文定为《“纳税人观念”之法意研究》。以“纳税人观念”作为破解上述问题的切入点，通过“法意”研究探讨我国为什么缺乏“纳税人观念”产生的社会基础，讨论纳税人在历史演变中从蒙昧到觉醒、最后成为自觉主体所依存的社会基础，并以此为基础探讨如何在我国树立纳税人观念，并最终建构税收国家。希望通过该问题的研究为我国财税法治乃至法治建设寻找一个适当的切入点。但是在博士学位论文写作和本次修改的过程中，自身社会学、政治学、人类学等其他学科知识的薄弱也在一定程度上导致本书虽然数易其稿但依旧存在诸多的缺失和不足。“知耻近乎勇也”，这些缺失和不足将会鞭策我在以后的学习和研究中更加努力。

本书的成形离不开导师张怡教授的言传身教。至今记得 2014 年 5 月，怀着忐忑的心情给张怡老师发了一封希望跟随她攻读博士学位的邮件，几天之后老师在回复的邮件中首先表示“迟复甚歉”，儒雅谦谦的学者形象映入脑海。在学术上，老师兼容并蓄，总是通过深入浅出、简单朴实的方式将精深的学术思想传授于我们。“中国问题”“中国语境”是张怡老师一直以来对于学术研究的基本要求，无论是“养护者受益理论”的提出，还是“衡平税法”的构建都可以清晰地看出。这些深深地影响了我以及本书的思路，当然学生尚学艺未精。在生活中，老师几乎很少为自己考虑，而是处处为学生着想，无论是在知道我长期重感冒时要求我必须加强身体锻炼的“命令”，还是在2017年我面临人生重大挫折之时陪我在校园一圈一圈地散步以开导我，甚至我和张怡老师不定期的散步和谈心都已经成为我的一个习惯，这些都让学生如沐春风。我身边的同学曾经多次不无羡慕地说道，“张老师对你实在是太好了”！“学术上的严师，生活中的慈母”是对张怡老师最贴切的描述。

感谢张绪保老师对于我学术、生活以及为人处世的关心和悉心指导。当我2017年面临人生重大挫折之时，张绪保老师帮我分析应当如何处理并积极开导我的情绪，使我能够走出那一段时光，不然本书恐怕很难在此时展现到各位面前。张绪保老师在发现我性格中存在不足时，指导我如何弥补自己的不足以更好的状态迎接接下来的人生。

西南政法大学经济法学院是一个历史辉煌、学风严谨、学术精深的团队。感谢开题组的许明月教授、唐烈英教授、邓纲教授对于选题的肯定以及提出的写作建议，感谢预答辩组的黄茂钦教授、王怀勇教授、胡元聪教授对论文提出的宝贵意见，正是有了这些真知灼见才使学生可以进一步深化对本选题的思考和写作。感谢卢代富教授、岳彩申教授、江帆教授、盛学军教授、王煜宇教授、胡大武教授、陈步雷教授、叶明教授的传道授业解惑，因为各位老师的无私奉献才有了学生今日的进步。感谢厦门大学的徐国栋教授、华南理工大学的陈红彦教授对论文的建议，这些中肯的建议使论文增色不少。感谢西南政法大学经济法学院陈治教授、蒋亚娟副教授、李玉虎副教授、彭致强老师以及商学院葛静老师，在与各位老师的相处之中，无论是为人还是为学，我都受益良多。

感谢我的硕士研究生导师贵州大学公共管理学院的卢正涛教授。2011年9月是您将我这个调剂生收入门下，不然我可能早已与学校无缘了。硕士期间您悉心教导，毕业之后您依旧关心和支持我的每一个选择。虽然硕士毕业之后,我们仅有数次见面,但是每次和您聊天总能解开心中疑惑。

2018年7月我在西南政法大学完成了从学生到老师的身份转变,在高校进人要求日益严格的当下,能够在西南政法大学实现这一转变无疑是非常幸运的。为人师无论是在内在知识储备还是在外在表达技巧上的要求,都与学生时代不可同日而语。一度在网上盛传的“没有一位大学老师没有做过有关教学状况不佳的噩梦”便是对初为人师者惴惴不安心态最形象的描述。幸运的是有张怡教授、卢代富教授、盛学军教授、张波副教授、蒋亚娟副教授、詹珺晰副教授、曹泮天副教授的言传身教,才使自己很快就有了“教学是一种享受的”的感慨。

导师张怡教授曾经多次提到西南政法大学老一代教师对她的影响,也正是有了众多老师的教导才使我更加坚定为人师的抉择。师道的传承,大抵就是如此吧。

感谢杜坤师兄、尹亚军师兄、邓尧师兄、曾远师兄、何峰师兄、廖明月师兄以及同窗好友钟颖博士、吴华升博士、陈鸣博士、卿烈蓉博士、徐新星博士、唐立文博士、宣潇然博士、杨丽梅博士、唐军博士、王文文博士、羊海燕博士、何兆飞博士、陈建博士、刘亚丽博士在学习和工作中给予的帮助。感谢一起学习、一起觅食、分享快乐、分担忧愁的周骁然博士、房建恩博士、向超博士、徐超博士、何松龄博士、陈耿华博士、刘恒科博士、薛艳华博士。

感谢我的好友、本科室友何淡如,我们相识于广西民族大学校园,在我读博期间,坚持每个月请我吃大餐以改善营养。2017年在知道我遇到困境之时,当时正在上班的你直接驱车几十公里来到我的学校,陪我在校园逛了数小时,直到发现我状态好转才回家。感谢我的本科好友、荷兰莱顿大学 Advanced Master 宋鹤年律师,你时不时地鞭策和关心是我前进路上不可缺少的动力。

犹记得2007年8月当大家知道我所学为法学之后,纷纷认为这是一个非常有前途的专业。然而,后来选择读研、攻博以试图在学界教坛谋求一份安身立命的职位,却被认为是年轻不懂事。幸甚,在作出这样没有“上进心”的“不懂事”决定之时,父母总是我最坚强的后盾。在当前教育花费日益上升的情况下，作为农村娃的我能够安心在学校攻读博士学位，父母的付出是不言而喻的。感谢爱妻邓雁平女士，她内外皆秀，不但承担着我以“搞学术”为名而忽视的家务，还为我也许并不能创造多少“GDP”的“码字事业”感到欣喜。

2017 年 8 月从小极其“溺爱”我的外公仙逝，我一直没有做到最好，但是您老人家总是视我为骄傲。外公的小黑板伴随我的童年成长。十数年在外求学导致我未能陪伴您的晚年，待我即将毕业，您却仙逝，“子欲养而亲不待”。犹记得，2007 年当我背上行囊前往八桂大地求学之时，作为一生经历众多苦难都未皱眉的铁汉在车站流下了眼泪。我博士期间您已经进入重病阶段，您无数次在 ICU 昏迷中呼喊我的名字，但是当我赶回来之时，您却异常坚强和“淡定”地说，“不要担心我，好好回校学习”。

本书能够顺利在滋养了无数法律人的法律出版社出版，首先需要感谢学院给予的大力支持，同时对陈妮副编审和毛镜澄编辑甘愿为他人作嫁衣而付出的辛勤劳动表示感谢和敬意。

也许很少有学校的学生和老师会像西南政法大学学生一样以作为“西政人”为自豪。虽然在现实层面，西南政法大学不是一所完美的学府，但是每一个“西政人”心中都有一个至高无上的西南政法大学。愿此生立身行道、不负韶华，无愧于“西政人”这一称呼。

感谢只有留在心中，言至于此也应当结束了，以免显得矫情。

谨以此书献给我的外公！

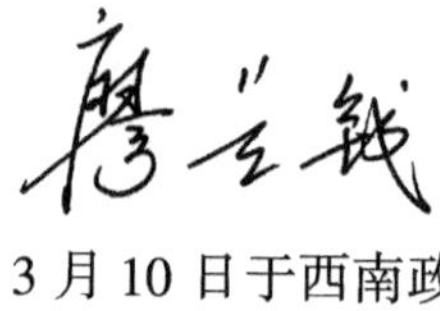

2021 年 3 月 10 日于西南政法大学